北京市前门外国语学校

BEIJING QIANMEN FOREIGN LANGUAGE SCHOOL

课堂春晓

在教育中
守望生长

主编
贾贺博

副主编
程剑

中国文联出版社

图书在版编目（CIP）数据

课堂春晓：在教育中守望生长 / 贾贺博主编．
北京：中国文联出版社，2025. 6. -- ISBN 978-7-5190-5872-2

Ⅰ．G632.0

中国国家版本馆 CIP 数据核字第 2025WG6105 号

主　　编　贾贺博
副 主 编　程　剑
责任编辑　张　甜
责任校对　秀点校对
装帧设计　姜　磊

出版发行　中国文联出版社有限公司
社　　址　北京市朝阳区农展馆南里 10 号　邮编　100125
电　　话　010-85923091（总编室）　　　010-85923025（发行部）
经　　销　全国新华书店等
印　　刷　三河市龙大印装有限公司

开　　本　710 毫米 ×1000 毫米　　　　1/16
印　　张　22.5
字　　数　378 千字
版　　次　2025 年 6 月第 1 版第 1 次印刷
定　　价　68.00 元

版权所有·侵权必究
如有印装质量问题，请与本社发行部联系调换

序

构建有生命力的课堂
努力成就每一个学生

教育，是一场关于"生长"的旅程，教师，是引领学生努力攀登智慧高峰的同行者与筑梦人。生长课堂，则是北京市前门外国语学校追求的课堂改革样态，它承载着干部教师们的不断思考、实践与创新，寄托着学校"成就每一个学生"的教育理想，也正是这样一所学校，它吸引着我的目光。

"居中观外，知行合一"是学校的办学理念。学校扎根本土，汲取外部先进理念，始终坚持知行并进，努力培养具有广阔视野与实践能力的新时代学子。在办学理念的引领下，学校积极探索课堂教学改革，以大单元设计、跨学科融合、实践探究等多维设计为抓手，致力于为学生提供更高效、更有温度的学习体验。

《课堂春晓——在教育中守望生长》一书，正是在这一改革历程中所结出的硕果。全书汇集了学校干部教师的教学智慧，内容丰富，广博精深，既包括课题论文，又有系列教学设计方案，还有诸多反思总结。这些成果是干部教师专业成长的见证，更是学校教研水平持续提升的写照。

学校以整体性和关联性为原则，扎实推进大单元教学设计，克服零散知识的碎片化，建立完整的知识图谱，培养学生的系统思维。以整合性和协同性为原则，积极探索跨学科教学设计，注重学科之间的融合与知识迁移，提供多元化真实情境，帮助学生在真实情境中解决复杂问题。以丰富性和联通性为原则，持续改进实践活动教学设计，让课堂延展到社会与生活，提供各类场域中的体验机会，让学生在体验中形成素养。

优化的教学设计不仅凸显了教师们深厚的专业功底与创新精神，也充分体现了他们对教育教学改革的深度思考与不懈努力。他们用智慧和行动，推动课堂教学从知识传授走向能力培养，从单一学科走向多元融合，从枯燥被动走向生动生成。

这本书正如办学理念所倡导的，始终注重学生视野的开拓与实践能力的培养，而这一理念同样也贯穿于干部教师的成长之中。每一份精心打磨的教学设计，每一篇经过反思形成的论文，都承载着干部教师们的教育智慧与理想，体现着他们在生长课堂上的深耕与创造。透过这本书我们可以看到，干部教师用真诚的努力和教育情怀，为学校的课程改革注入了鲜活的力量，并带来了丰硕的成果。相信这本书不仅会成为广大基础教育干部教师专业发展的参考，也能为更多教育同人提供借鉴与启发，武装头脑，持续探索课堂教学改革的新路径。

"教有所思，思有所行，行有所获"，希望学校面向未来持续扎根课堂，继续秉持"居中观外，知行合一"的办学理念，立足学生，守望每一个孩子的成长，有更多的著作涌现，助力孩子们奔向更广阔的未来。

北京教科院课程中心主任　王凯

2025年1月6日

目录

001　课程方案

003　北京市前门外国语学校课程建设实施方案
　　　贾贺博　程　剑

029　竹 zhi 生长·向 young 而生
　　　贾贺博　蔡　文　任艳鑫　韩　旭　程　剑

041　核心素养导向下的劳动课程群开发与实践
　　　贾贺博　程　剑　韩　旭　陈艾汐　曹翔宇

055　北京市前门外国语学校前门课程的开发与实践
　　　程　剑　李　雪　肖　芳　赵艳梅　姜　珊　杨　薇

075　教学论文

077　从"心"开始，育见"美"好
　　　　　——心理健康教育中的美育渗透
　　　孔丽颖

081　跨学科融合视角下的美育路径思考
　　　　　——以"传承红色基因·坚定文化自信"为例
　　　任艳鑫

090　组合力量训练对初三学生核心力量影响的实践研究
　　　谢伯晨

100　新冠疫情防控期间初中生体质健康数据的分析与研究
　　　杨丽丽

111　数字化背景下智慧教育在初中道德与法治课程中的实践探究
　　　郭　静

118 有效利用自媒体获取学科知识的实践与浅析
　　　赵雪婷

123 "数字化"变革　智慧教与学
　　　王　垚

131 日积月累，融会贯通
　　　——浅思作文教学
　　　曲文芳

137 戏剧教育融入初中语文教学
　　　——以《木兰诗》为例探究人物精神品质
　　　李梦楠

142 初中英语教学中指向深度学习的情境创设优化实践
　　　董秋芳

150 融合美育的初中英语教学探究
　　　龚　楠

159 借助信息化技术实现英语课堂中的高效自学
　　　杨光宇

163 "育"见科技，让更好的教育由此发生
　　　杨碧歆

170 利用信息化教学手段，在初中英语教学中优化课程和作业设计，
　　　落实"双减"政策
　　　高　乔

175 教学设计

177 如何借助意象品读现当代诗歌
　　　——以艾青《我爱这土地》为例
　　　詹雅丽

186 角平分线的性质
　　　王　萌

199 多项式教学设计
　　　马文博

211 广袤的大地
　　　　——中国地形特征和主要地形区
　　　崔丽美

217 行稳致远·奔向美好明天
　　　　——从中国铁路看中国发展变化
　　　韩　旭

222 测量平均速度
　　　王笑涵

229 两种电荷
　　　梁　悦

235 焦耳定律
　　　周　洋

241 宣传中国饮食文化
　　　　——发酵食品
　　　肖　芳

249 尿的形成和排出
　　　王雨璇

261 "永不落地"的闪电侠
　　　杨笑然

268 以解决真实问题为目标的教学设计
　　　　——以探秘紫甘蓝的变色为例
　　　李木英

275 制作美丽的金属树
　　　祁　佳

287 **教学案例**

289 协作交流新模式 激活育人新动能
　　　　——新时代背景下班主任队伍建设实践案例
　　　陈艾汐

295 在细语中轻推心门
　　　　——只要够暖，没有焐不热的"石头"
　　张舒茗

298 基于线上线下融合的生长课堂模式探索
　　　　——以人教版语文课本八年级上册人物传记写作单元教学项目学习为例
　　张晓宇

313 新闻聚焦："圈粉"无数的中华老字号内联升
　　　　——基于核心素养下的语文跨学科实践活动
　　李　雪

322 初中英语跨学科实践研究
　　　　——我带你游前门 Introduce the tour of Qianmen
　　杨　薇

328 清韵悠长
　　　　——走近"张一元"茉莉花茶
　　赵艳梅

335 通过北京南城京味文化研究帮助学生树立"崇文争先"理念
　　宋智慧

346 家庭网络设计
　　肖　琳

课程方案

北京市前门外国语学校
课程建设实施方案

● 贾贺博　程　剑

一、学校课程建设背景

（一）时代背景

党的二十大明确指出，要"全面贯彻党的教育方针，落实立德树人根本任务，培养德智体美劳全面发展的社会主义建设者和接班人"，并提出"加快义务教育优质均衡发展"的战略目标。这一要求为当前的课程改革提供了明确方向，成为学校课程建设的核心指导思想。

在这一时代背景下，2023年教育部办公厅印发了《基础教育课程教学改革深化行动方案》，强调课程实施过程中要切实推动国家课程方案向地方、学校课程实施规划的有效转化。方案提出，要坚持因地制宜、因校制宜的策略，根据地方和学校的实际情况，分别制订"一地一计"和"一校一策"的实施方案，将国家统一制定的育人"蓝图"细化为地方和学校的育人"施工图"，从而明确课程教学改革的具体路线和措施。

《义务教育课程方案（2022年版）》也指出，要构建德智体美劳全面发展的课程体系，落实新时代党和国家对教育的新要求。方案提出要加强课程内容与学生经验和社会生活的联系，强化学科内知识的整合，统筹设计综合课程和跨学科主题学习。特别是在综合课程建设中，要不断完善课程科目的设置，通过强化综合课程的实施，提升学生在真实情境中综合运用知识解决问题的能力，并以跨学科主题教学为载体，充分发挥课程的协同育人功能。

这一系列政策和举措传递了教育公平优先、个性化培养和课程丰富化的信号，从而为中小学课程改革指明了方向。在新形势下，教育改革的目标不仅是提升学生的学科知识，更要在中高考选拔与核心素养培育相结合的背景下，培养学生的表达能力、独立思考能力、质疑能力、批判性思维以及创新能力，使课程建设直接对接国家人才选拔和社会发展的需求。

这些变化促使北京市前门外国语学校在课程建设中，立足国家政策，积极探索如何在满足学生基本升学需求的同时，兼顾德智体美劳的全面发展目标。学校的课程改革需以"培养全面发展与个性特长兼具的人才"为核心，既要确保学生在各方面都达到国家的基本要求，又要为有特殊才能的学生提供适性发展和潜质开发的机会，帮助每一位学生找到适合自己的成长路径，让每一位学生都能在多维的学习环境中获得生命意义上的真正成长与突破。

（二）办学传统

北京市前门外国语学校前身是始建于1962年的107中学。1979年秋，学校迁入新址改名为"北京市前门中学"。1996年，为响应北京市办学体制改革的号召，在原崇文区委、区政府的支持下，经北京市教委批准，北京市前门外国语学校正式挂牌成立，开始进行民办公助办学体制改革试点，是北京市最早的三所外国语学校之一。2008年，终止办学体制改革试点并回归公办。2015年3月，学校与北京市东城区前门小学结成深度联盟关系，开始探索住宿部九年一贯办学体制改革模式。2022年，终止办学体制改革回归为一所纯初中校，也是目前东城区唯一一所纯初中校。

（三）现实发展

北京市前门外国语学校坐落在首都古中轴线正阳门的东南侧，距离前门大街步行仅10分钟，是东城区唯一一所外语特色学校、前门街道唯一一所中学，占地面积6402.08平方米；建筑面积2405.48平方米，现有18个教学班，共计580余名学生。学校建有物理实验室、化学实验室、生物实验室、音乐专用教室、美术专用教室、英语听说教室等多间专用教室，基本满足学生的不同需求。学生完全小升初派位，生源差异较大，整体水平靠后。经过在学校三年的学习，90%的学生能够进入高中学习，10%左右的学生选择职业教育，70%左右的学生有机会升入示范性高中。

学校教职工91人，其中区骨干21人，骨干教师所占比例在区初中校中名列前茅，教师平均年龄40岁。学校有一批具有发展潜力的中青年教师，中青年教师占全体教职工的2/3，教研氛围浓厚，营造"不用扬鞭自奋蹄"的教书育人文化。

随着"双减"改革等政策的落地与深入，学校不断梳理已有经验，创新机制方法，尊重学生的个性化成长，充分利用校内外资源构建多元的学校课程。

（四）学校课程改革的实践探索

自1962年建校以来，北京市前门外国语学校始终坚持"为党育人、为国育才"的使命，不断推进课程改革，逐步形成外语特色鲜明、文化内涵深厚的课程体系。

1962—1980年：基础奠基，传授知识

以国家课程为主体，注重基础知识教学与德育培养，打下扎实的学科根基，外语教学初步显现特色。

1980—2000年：外语特色，拓宽视野

强化外语教学，开设多语种课程，引入国际教材及外籍教师，推动国际交流，培养学生的全球视野。

2000—2010年：素质教育，多元发展

构建校本课程体系，增设艺术、科技、体育等综合课程，注重学生综合素质与个性化发展，初步形成"三知三行"的教育理念。

2010—2017年：文化融入，构建特色

全面推进"三知三行"课程文化建设，将课程育人与文化育人深度融合，开设传统文化与国际理解课程，探索多元评价体系，助力学生全面成长。

2017—2021年："生长课堂"初步实践

提出"生长课堂"理念，注重知识、思维、情感共同生长，通过自主学习、合作交流、成果展示等环节，激发学生的学习热情，推动课堂转型。

2022年至今：聚焦核心素养，深化改革

构建"生长课堂3.0"，聚焦核心素养，通过"新知建构"和"迁移运用"两段式课堂结构，培养学生解决复杂问题的能力。实施"进阶式目标、真实问题解

决、学习性评价"三大抓手,实现教学评一体化,进一步增强课程的针对性和实效性。

北京市前门外国语学校将继续秉持教育改革的初心,立足时代需求,探索更完善的课程体系,实现学校"有理想,有本领,有担当,致良知的新时代前外少年"的育人目标,为每一位学生的成长和未来发展提供坚实的教育支撑。

(五)学校发展面临的挑战和战略思考

表1 课程发展SWOT分析

项目	S(优势)	W(劣势)	O(机遇)	T(挑战)
学校基础	学校地理位置优越,位于首都中心,中轴线附近,紧邻前门大街,步行至前门大街仅需10分钟,校周边博物馆资源丰富,如中国铁道博物馆、北京市规划展览馆、中央礼品文物管理中心等	1.学校体量小,活动经费较为紧张 2.现代信息技术方面硬件、软件还有待提高	1.新一轮教学改革,是学校发展的契机 2.与优质学校建立深度联盟	家长对于学校的期待高低不同、对于学业成绩的过度关注,对学校课程改革造成一定的影响
课程基础	1.开足开齐国家课程 2.初步构建了学校三级课程体系 3.进行"生长课堂"教学改革	1.学校课程建设起步较晚,课程体系建设还有待完善 2.学科课程实施还存在薄弱环节	1.专家指导课程建设 2.课程建设展示培训活动引领	集团化办学培养体系更加贯通,独立化办学实现课程改革
师资力量	1.教师团队年轻化,富有热情和精力,肯付出 2.教师整体素质高,勇于尝试教学改革	1.教师课程建设能力有待提高 2.青年教师教育教学经验不足 3.教师本身的传统文化知识素养有待进一步提高	1.市区级教育教学科研培训为教师成长提供帮助 2.搭建各种平台,促进青年教师快速成长	社会发展对于教师提出更高的要求,教师专业化发展需要终身学习,不断进步
生源状况	1.生源数量有所增加 2.部分学生有美术、书法、绘画等特长 3.只是初中生源	1.生源基础相对薄弱 2.学生对于学校周边的资源了解较少	1.近年来小学毕业生人数增加,生源数量有保障 2.区域教育资源配置调整,改变生源结构	1.短期内难以转变家长的信心 2.中考新政策下学生对于小四科的学习积极性较差
课程资源	丰富的校外资源:前门大街、博物馆、高校	资源挖掘不够充分,未形成体系	1.馆校合作意向明确 2.老字号社会大课堂活动成熟	选择更加丰富且适合学生学习的课程资源

基于以上表1分析：为落实新时代党对教育的新要求，回应家长和学生对于教育的期盼，满足学生个性化的需求，深化教育改革，全面推进素质教育，提高学生总体素质，解决学校自身硬件条件有限，可供开展教育的场所不足的现实问题，利用学校周边和社会大课堂丰富的资源，为学生提供更多的学习场所和机会，构建学校"知行"课程体系。

二、办学理念与培养目标

（一）学校办学定位

我们努力把学校建设成为一所特色鲜明、内涵丰富、质量过硬、校风优良的优质学校，努力办好老百姓家门口的新优质初中。真正优质的学校，不是选择适合教育的学生，而是寻找适合学生的教育。

（二）学校办学理念

我们秉承"居中观外，知行合一"的办学理念。所谓"居中"，不仅因为学校坐落于祖国心脏，北京中轴线附近，更意味着我们在教育理念和实践中对教育本真的核心立场与坚守；所谓"观外"，则体现我们对外开放包容的心态和广阔的视野。"居中"为"观外"提供了坚实的基础和明确的方向，使学校在吸收外部经验时能够保持清醒的头脑和独立的判断力，"观外"则为"居中"注入了新的活力和动力，使学校在坚守教育初心的同时，能够不断创新和发展。我们强调的"知行合一"是理论与实践的紧密结合，是认知与行为的一致，是内在与外在的和谐统一。立足现在之所在，放眼明日之所趋，以良好的修养塑造文明的举止，以多元的视角孕育丰富的内涵，以知行的统一奠定未来的基础。

（三）学校培养目标

培养有理想，有本领，有担当，致良知的新时代前外少年，具体表现为"三知三行"。三知：知己、知人、知礼。知己：觉知自我、悦纳自我、超越自我。知人：

以史鉴人、以仁举人、以志聚人。知礼：学礼助立、行礼以立、礼尚和立。三行：行仁、行义、行道。行仁：仁爱之念、仁爱之心、仁爱之道。行义：秉持公心、倡导公平、热心公益。行道：为人正直、维护正义、弘扬正气。

"三知三行"进一步细化了学校的培养目标，是办学理念的具体实践路径，既关注学生的内在成长（知己、知人、知礼），又强调将道德认知落实到具体行动中（行仁、行义、行道），最终培养具有独立人格、高尚品德和全球视野的新时代人才。

（四）学校办学方略

北京市前门外国语学校的办学方略旨在以"居中观外、知行合一"的理念，顶层规划学校课程，研制科学有效的课程实施路径与策略、强化德育和完善评价管理机制，全面促进学生的成长与发展。

三、课程目标与建设思路

（一）课程目标

1. 总目标

北京市前门外国语学校的课程目标是构建以"三知三行"为核心的课程体系，全面落实立德树人根本任务，为党育人、为国育才。培养有理想信念、有过硬本领、有担当精神、明大德、守公德（致良知）的新时代前外少年，助力学生成为德智体美劳全面发展的社会主义建设者和接班人。

2. 具体目标

（1）自主发展目标：培养知行合一的自主学习能力与实践素养

以"知"为起点，帮助学生提高认知能力，并通过行动转化为实践素养。

（2）社会参与目标：培养担当社会责任的行动力

以"行"为核心，引导学生将所学知识融入社会实践，增强社会责任感和服务意识，践行知行合一的理念。

（3）文化理解目标：培养文化认同与全球视野

以"居中观外"为核心，培养学生既能深刻理解中华文化的核心价值，又具备开放包容的国际视野和文化交流能力。引导学生通过对比中外文化，加深对"和而不同"理念的理解，尊重多样性、传播中华文化。

北京市前门外国语学校致力于培养具备自主发展能力、社会责任感和文化认同感的新时代前外少年，为德智体美劳全面发展的社会主义建设者和接班人奠定坚实基础。

（二）基本思路

北京市前门外国语学校以"居中观外，知行合一"的办学理念，围绕学生成长的需要，整体规划学校课程，通过优化课程内容、创新"生长课堂"和拓展实践活动等方式，实现校园文化与课程的有机融合，构建"课程育人、文化育人、环境育人"的全方位育人体系，促进学生的知行合一、全面发展与核心素养的提升。

1. 目标导向：构建多元课程体系

北京市前门外国语学校以服务学生的成长为目标导向，分类分层构建知行课程体系，通过"以知促行、以行践知、知行合一"的课程结构，培养学生的家国情怀、社会责任感和国际视野，助力新时代前外少年德智体美劳全面发展，为党育人、为国育才。

2. 课程结构：突出多样性与选择性

以学生成长为核心，分层分类设置基础课程和拓展课程。基础课程为必修课程，面向全体学生，注重夯实学生的基础学力；拓展课程为选修课程，面向学生个性化发展的需求，分设知、行两大类课程，知课程包含腾跃课程、菁彩课程和书院课程；行课程包含博物馆、社团、研学等实践类课程。通过课程的多样性和选择性，提升综合实践能力。

3. 课程内容：居中观外注重综合性

课程内容的设计从学生的内在需要出发，向外连接学生的生活经验和社会实践。突出思维能力的培养和实践体验，设置情境化的学习主题和跨学科教学内容，强化学生在真实情境中综合运用知识解决问题的能力。通过跨学科主题的综合课程设计，打破传统学科边界，推动知识的综合应用和学生的多角度思考能力。通过项目式学习和跨学科主题学习等方式，学生在探索和实践中形成知行合一的能力，提升综合素养。

4. 课程实施：灵活多样因材施教

采用多样化的课程实施策略，包括：小组合作学习、探究式学习、项目式学习、专题研讨、校外实践、线上线下混合学习等。注重学生在学习中的参与感和主动性，引导学生在自主学习、协作学习中发展综合素质。

5. 课时安排：长短结合因需而定

根据不同年级学生的认知特点和发展需求，采用灵活的课时安排。低年级侧重基础学科的学习，中高年级逐步增加跨学科课程和实践类课程的比例。同时，通过双周制、主题周等方式，打破常规的课时安排，集中时间进行深度学习和体验式活动。

6. 课程评价：以成长为导向

在 AI 技术支持下，建立以学生成长为导向的多维度评价机制，打破单一的分数评价方式，采用发展型评价模式。从学科成绩、综合素质、能力提升等多维度评估学生的学习效果。综合运用过程性评价、成果性评价和表现性评价，全面了解和记录学生的成长轨迹，帮助学生在评价结果的反馈中学会反思不断成长。

四、课程结构与课程设置

（一）课程结构

北京市前门外国语学校的课程结构和课程设置遵循国家课程标准，结合学校自身特色，围绕学生成长的需要，构建了以学生全面发展为目标、"居中观外，知行合一"的课程结构，如图1、表2所示。

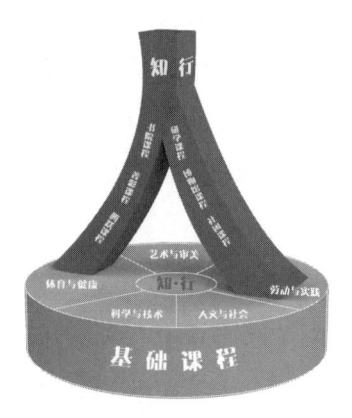

图1 学校课程图谱（2025年版）

表2　学校课程结构

	人文与社会	科学与技术	体育与健康	艺术与审美	劳动与实践
基础课程	语文、英语、历史、道德与法治	数学、物理、化学、生物、地理、信息技术	体育与健康、心理	音乐、美术、书法	劳动、综合实践

		腾跃课程（人文科技）		菁彩课程（艺术体育）		书院课程（研究性课题）
拓展课程	知	朗诵、二外、英语配音、fun talk、德国那些事	化学魔法秀、生命微宇培育、物理奇遇记、python编程基础、5G、思维棋、哲科、数学思维	创意刺绣、面塑、掐丝珐琅、珠光水彩、云游天街、光影的故事	篮球、体能、跳绳、定向越野	python编程高级、航天课程、智慧仓储机械装运
	行	社团课程		博物馆课程		研学课程
		合唱、小小艺术家、劳动社		前门文化、博物馆、中轴线		社会实践、志愿服务

1. 基础课程

基础课程以国家课程为核心，包括语文、数学、英语、物理、化学、历史、地理、道德与法治等学科课程，旨在夯实学生的学科基础，提升核心素养。

学科设置：按照教育部规定开设各类学科课程，重点突出语言、数学与科学学科的基本能力培养。

课时安排：基础课程按照《义务教育课程方案（2022年版）》要求，确保学生在核心学科上具备扎实的学力基础。

2. 拓展课程

拓展课程是根据学生兴趣与个性发展的需要，分为知、行两大类。

（1）知课程

主要由基础类国家课程拓展而来，均为选修课程，涵盖外语、艺术、体育、科技等多种模块，分为腾跃课程、菁彩课程、书院课程三个类型，旨在丰富学生的学习内容，促进多样化发展。

腾跃课程主要是人文科技领域拓展的课程。如外语课程，在开设英语主修课程的基础上，提供第二外语（如法语、德语、西班牙语等）的选修课程，帮助学生在语言能力上形成多元发展。

菁彩课程主要是艺术与体育领域拓展的课程。包括绘画、音乐、舞蹈、戏剧表演、球类、武术等，旨在通过艺术和运动拓宽学生的视野，提升综合素质。

书院课程主要是主题课程、科技创新课程、小课题研究课程等。如科技创新课程的编程、机器人设计、科学实验等内容。学生可自主选择研究课题，在教师的指导下进行独立探究，并通过论文写作或小组展示的方式分享成果。

课时安排：根据学生的个性化需求，提供丰富的课后选修课时与10%的综合实践活动时间，让学生自主选择。

（2）行课程

探究课程主要围绕项目式学习和跨学科主题活动设计，注重学生实践能力、自主学习能力、批判性思维与创新精神的培养。

如"环境保护""前门文化"等主题实践活动，引导学生通过跨学科的视角解决实际问题。

（二）课程设置及学时安排

如表3所示：

表3 学校课程设置及学时安排

	年级 科目	七年级	八年级	九年级
国家课程	道德与法治	2	3	3
	语文	5	5	6
	数学	5	5	5
	英语	4	4	5
	历史	2	2	2
	地理	2	2	—
	物理	—	2	3
	化学	—	—	3
	生物	2	2	—
	信息技术	1	1	—
	体育	3	3	3
	音乐	1	1	1
	美术	1	1	1
	劳动	1	1	1
	综合实践	1	1	1

续表

年级 科目		七年级	八年级	九年级
地方课程	书法	1	—	—
校本课程	英语口语	1	—	—
	二外	1	—	—
	校本班团	1	1	1
周学时		34	34	35
周总学时		1530	1530	1575

五、课程实施

北京市前门外国语学校在课程实施上，从课程结构调整、校本课程开发和课堂教学改革三个维度进行了系统性的调整和探索，旨在构建一个能够全面提升学生综合素养、促进个性发展的"知行"课程体系。通过三年的学习，学生能够知己、知人、知礼，行仁、行义、行道。

（一）课程结构的调整与改革

1. 基础课程的优化

国家课程校本化实施，结合学校的育人目标，资源融合生长课堂，落实到课堂。

课程设置：基础课程包括国家规定的各学科课程，目的是夯实学生的学科基础和核心素养。课程优化的重点是通过模块化和分层教学，提高不同层次学生的学习效果。

教学策略：在传统的学科教学中引入主题式学习、项目式学习、跨学科融合等方式，以增强学生对学科知识的理解和实际应用能力。

创新实施方式：将线上线下混合教学模式引入基础课程中，通过现代信息技术辅助教学，实现个性化学习和精准教学。

2. 拓展课程的调整与重构

秉持"居中观外，知行合一"的办学理念，以国家课程的内容为基础，以学生的发展需要为核心，遵照学生的认知规律和教育规律，开发符合学生需求和发展规律的课程，从而拓宽学生视野，拓宽学习的边界，培养内外兼修、知行合一的前外学子。

拓展课程涵盖语言、艺术、体育、科技等方向，形成丰富多元的课程选项。重点课程包括第二外语（法语、德语、西班牙语）、艺术与音乐课程、体育运动及科学技术实践课程等。

内容的融合与创新：通过跨学科设计和综合实践，鼓励学生在不同领域中找到兴趣点。例如，将编程课程与艺术课程相结合，开展"创意编程"项目，提升学生的跨学科综合能力。

课程实施形式：采用选修制与社团活动相结合的模式，激发学生的学习兴趣与探索精神。拓展课程在学期初由学生自主选择，并通过多种实践活动进行成果展示和反思。

3. 知行合一课程的开拓与深化

探索发展拔尖创新人才培养模式，培养知行合一、全面发展的人才。

项目式与研究性学习：发展课程以培养学生的自主学习和创新能力为目标，主要通过项目式学习、研究性学习和跨学科主题课程的方式实施。例如，学校定期组织"前门文化""环境保护""劳动技能与智能设计"等跨学科研究项目，让学生在真实情境中开展跨学科和科学探究。

课程设置：重点包括科技创新、社会实践、模拟联合国等主题课程，旨在培养学生的批判性思维、创新能力及全球视野。

创新课堂模式：通过"导师制"指导学生选择研究方向和课题，并提供个性化的学习计划和探究支持。

（二）课堂教学改革

在新时代教育背景下，北京市前门外国语学校以"立德树人"为根本任务，提出以"生长课堂"为核心的课堂教学改革理念。学校秉承"分层教学、因材施教"的教育方针，注重学生的个性化发展和全面成长，逐步构建符合学校特色和学生需求的课程体系。

1. "生长课堂"实践

2017年，学校提出"生长课堂"理念，致力于构建知识、思维和情感共同生长的课堂生态。通过自主学习、合作交流、成果展示和师生评价等环节，课堂成为学生探索知识、碰撞思维的主场，点燃了学习热情。

在改革实践中，逐渐发现学生过于注重成果展示而忽视深度思考的问题。为解决这个问题，学校在2021年对课堂结构进行了优化，融入情境教学，强化深度思考和小组合作。情境教学赋予知识以活力，使学习贴近现实生活，学生的学习兴趣和参与度显著提高。

课堂结构被设计为六大环节：情境导入、自学深思、小组讨论、展示交流、师生点评和当堂检测。其中"思"环节：引导学生融会贯通、温故知新，培养深度思考能力。"论"环节：通过小组合作与思维碰撞实现智慧共享，增强合作意识与责任感。学生在知识掌握和能力培养上实现了双向提升。

2022年，随着新课标和新中考的实施，学校明确了课堂改革的新方向——聚焦核心素养。核心素养的培养不仅是知识的掌握，更是能力的提升、品格的塑造和价值观的形成。

在这一理念指导下，学校构建了"生长课堂3.0"，将"学程两段"的理论融入课堂教学。新知建构：学生在真实情境中通过问题驱动和任务引领建构新知识。迁移运用：将所学知识应用于新情境中解决实际问题，掌握解决问题的方法，并逐步形成关键能力和必备品格。

这场课堂教学改革从还课堂于学生，到用情境赋能，再到聚焦核心素养，步步深入，既是对教育本质的追求，也是对时代需求的积极回应。改革让学习更真实，课堂更有活力，学生在知识探求中塑造品格、成就未来。

通过"生长课堂"的持续创新，北京市前门外国语学校致力于构建一个兼具科学性与实践性的课堂生态，培养德智体美劳全面发展的新时代学生，为党育人、为国育才。

2. "生长课堂"的实施路径

（1）分层教学

教学目标分层：为不同层次的学生设定可达成的学习目标，确保每位学生都能在原有基础上取得进步。

教学方法分层：通过小组合作、个别辅导、探究学习等多样化教学形式，因材施教，激发学生的潜能。

（2）模块化课程体系

按年级和层次设置不同的课程模块，明确模块目标和评价标准，实现课程的精细化管理。

推行课程套餐模式，根据学校的课程资源和周边的文化，包括基础课程、实践课程和特色拓展课程，帮助学生根据自身需求选择适合的学习路径。

（3）课堂内容与形式创新

增设跨学科主题学习、项目式学习课程，增强课程的综合性和实践性。鼓励学生在跨学科学习中发现兴趣点，激发学习潜能。在课堂中引入分组教学、小组探究和个性化任务设计，增强学生的课堂参与度和学习效果。

鼓励学生在学习过程中提出问题、分享见解，培养其自主学习能力与团队合作意识。

（4）现代信息技术的引入

通过智慧课堂、在线平台、虚拟现实（VR）等现代信息技术的引入，构建适应未来教育需求的课堂教学模式，促进学生个性化学习和协作学习。

（5）课堂评价机制与动态调整

多元评价体系：以发展性评价为导向，建立包含学生自评、同伴互评、教师评估的多维评价模式。在评价中注重过程性与结果性结合，关注学生学习过程中的成长与提升。

阶段性反馈与动态调整：定期收集学生学习反馈，根据学生的实际发展水平动态调整教学内容和方法。建立教学反思机制，鼓励教师在教学中不断优化分层教学策略。

通过"生长课堂"教学改革，北京市前门外国语学校充分体现"分层教学、因材施教"的教育方针，逐步构建系统化、灵活化和多元化的课程体系。学校致力于在课堂教学中实现"以生为本"的育人目标，培养德智体美劳全面发展的新时代前外少年，为党育人、为国育才贡献力量。

六、课程评价

为了确保课程建设与实施符合教育目标和学校特色，北京市前门外国语学校制订了科学、系统的课程评价方案。课程评价以过程性、表现性、增值性评价为核心，综合多元化评价手段，旨在全面反映课程实施效果，促进教师专业发展，提升学生核心素养，并持续优化课程内容与结构。

（一）评价原则

1. 整体性与系统性相结合

评价体系涵盖课程本身、学生学习效果、教师教学水平等多个层面，注重各部分之间的内在联系与逻辑一致性，确保课程目标、内容、实施与评价的统一性。

2. 多维度与多主体参与

评价主体包括教师、学生、家长及课程管理者等，采取自评、互评与他评相结合的方式，形成多方视角的全面评价体系，避免单一评价的片面性。

3. 过程性与终结性评价结合

评价贯穿课程实施的全过程，既关注学习的起点、学习过程中能力提升的状态，也关注最终的学习成果和达成水平，做到全程跟踪、及时反馈。

4. 表现性与增值性评价结合

通过任务完成、项目展示、学习档案等方式展现学生在学习过程中的综合表现，关注学生个体学习效果的提升与综合能力的发展，而不仅限于学科知识的掌握。

5. 动态性与发展性相结合

课程评价具有动态性与发展性，随着课程改革与实施的阶段性目标进行调整，并鼓励通过反思与改进逐步提升课程的实施效果。

参照国家教育改革提出的核心素养四级评价标准，包括认知水平、应用能力、创新精神和社会责任感四个层次，构建科学的评价指标体系。

（二）课程本身的评价

1. 课程目标的达成度评价

采用"目标—达成度"分析法，衡量课程实施是否符合预设目标。评价指标涵盖学科核心能力、跨学科综合能力、学习能力与创新能力等方面。

具体评价方式：通过学生成长档案、课程学习反思报告、阶段性学习成果展示等途径评估课程目标的达成度。

2. 课程内容的科学性与适切性评价

评价课程内容的科学性、时代性及其与学生发展需求的契合度，确保课程设计符合学生认知特点与实际水平，并能激发学生学习兴趣。

具体评价方式：定期组织课程专家评估、学生与教师问卷调查、教学研讨会等。

3. 课程实施效果评价

关注课程实施过程中的教学策略与教学资源的有效性，评估课堂教学质量与课后辅导的支持力度。

具体评价方式：课堂观察、教学质量跟踪评估、学生学习反馈分析等。

4. 课程的创新性与特色性评价

强调课程的创新性与校本特色。创新性：评估课程内容设计、实施中是否有效融入双新精神、是否具有创新性。特色性：课程具有鲜明的学校特色。社会效益：通过对课程中跨学科、跨文化元素的融合，衡量其对学生全球视野、文化理解和社会责任感的培养作用。

具体评价方式：设计多维度的课程创新性评价指标，通过课程观摩、学生成果展示、校本课程反思等多种形式进行系统性评价。

（三）学生评价

学生评价注重发展性、激励性和增值性，旨在通过科学、综合的评价方式，全面反映学生学业表现、核心素养发展及其潜能。采用多维度、多层次的评价标准，从过程性、表现性和增值性三个角度进行系统评估。

1. 过程性评价

关注学生在课程学习过程中的投入与表现，通过学习档案、课堂表现、课题研究记录等形式，系统记录学生学习的全过程，反映学生的学习态度与习惯。

具体评价措施：利用"成长记录袋"或"学业发展电子档案"定期记录学生在课程中的学习路径，涵盖课堂笔记、课后作业、学习反思、阶段性测试等内容。

评价指标：学习态度（参与度、坚持性）、自主学习能力（目标设定、时间管理）、合作与交流能力（小组合作、互助学习）。

2. 表现性评价

通过项目式学习、主题演讲、实践活动等，考查学生对知识与技能的综合应用能力。表现性评价鼓励学生以创新性、实践性、展示性成果体现其学习效果和能力提升。

具体评价措施：设计跨学科项目（如"模拟政协"或"社会问题研究"），开展成果展示、模拟演练、课堂辩论等活动，重点考查学生的实际应用能力与创新思维。

评价指标：知识应用能力（跨学科整合、问题解决）、创新能力（项目设计、创造性思维）、表达能力（书面与口头表达）。

3. 增值性评价

重点考查学生在学习过程中能力发展的增值性，关注学生的个体进步与潜力发展，而不是简单地用分数作为衡量标准。

具体评价措施：通过学期初、中、末的多次诊断性测试，结合学生的基础水平，分析其学习进步幅度，并采用横向对比与纵向对比相结合的方式，形成个性化的评价报告。

评价指标：基础知识提升幅度、能力发展增长率、自我反思与改进。

根据国家核心素养四级评价标准，从认知水平（理解与应用）、应用能力（迁移与创新）、创新精神（独立思考与批判性思维）、社会责任感（合作与领导力、公益参与）四个维度进行分级评价。

具体应用方式：利用四级量规（等级1—4）对学生的学业与综合素养发展进行逐项打分，形成可视化的成长图谱，以便学生、家长和教师明确发展路径。

（四）教师评价

教师评价是学校课程评价的重要组成部分，旨在通过综合考查教师的课程实施效果、教学策略与专业发展，提升整体教学质量，促进教师的自我提升。评价标准包括教学能力、课程创新、教育研究、学生评价反馈等方面。

1. 教学过程与课堂管理评价

关注教师在课程实施过程中的课堂设计、教学组织与课堂管理能力。

具体评价措施：通过课堂观摩、学生问卷、同伴互评等方式，对教师的课堂组织、互动性、课堂氛围等进行评价。

评价指标：教学设计（目标明确、内容安排）、课堂管理（有效组织、学生参与度）、课堂氛围（师生互动、学习环境）。

2. 课程创新与实施效果评价

评估教师在课程实施中的创新能力及其对学生学习效果的影响，鼓励教师在教学中融入跨学科元素及现代信息技术。

具体评价措施：教师课程实施反思、课程创新案例展示、学生学习效果评估等。

评价指标：课程创新（教学方法创新、信息技术应用）、课程实施效果（学生学习效果、课程满意度）、课程反思与改进。

3. 教师专业发展与研究能力评价

注重教师的专业发展与教育研究能力，通过教研活动参与、课题研究、教学成果评比等，促进教师教育教学水平的提升。

具体评价措施：组织教师教研交流会、年度课题评选、教学成果展示等。

评价指标：专业发展（教研活动参与、教育研究成果）、教学反思与改进（自我总结、教学实践改进）。

4. 学生评价与家长反馈

采用学生与家长反馈作为教师评价的重要参考，反映教师在学生心目中的教学形象与教育效果。

具体评价措施：设计匿名调查问卷或开放式访谈，收集学生对教师教学风格、课堂氛围的感受及家长对教师沟通能力与教育质量的评价。

评价指标：学生满意度（课堂体验、教学方式）、家长满意度（沟通效果、家校互动）。

（五）课程评价量规的设计

为了规范评价过程，北京市前门外国语学校制定了基于核心素养四级标准的课程评价量规。量规内容涵盖课程内容、教学实施、学生发展、教师评价四大维度，并通过定量与定性相结合的方式进行全面考查。

1. 课程内容量规

评价课程目标的明确度、内容的科学性与实际应用性，确保课程设计符合学科核心素养的要求。

评价等级：

一级（基础达标）：课程目标明确，内容结构完整；

二级（良好）：课程内容符合学生认知特点，能激发学生兴趣；

三级（优秀）：课程内容综合性强，具有学科特色；

四级（卓越）：课程内容创新性高，与社会热点和学生需求紧密结合。

2. 教学实施量规

从教学策略、课堂管理、课程创新三个维度，综合评价教师的教学实施效果。

评价等级：

一级：基础教学任务完成，但缺乏互动性与创新；

二级：能有效组织课堂活动，有较好的教学互动；

三级：能够灵活运用多种教学策略，课堂参与度高；

四级：课堂管理卓越，教学创新明显。

3. 学生发展量规

针对学生核心素养的四级评价标准，设计认知水平、应用能力、创新精神、社会责任感四个维度的评价量规。

评价等级：

一级：基本掌握学科知识，但应用能力欠缺；

二级：能够将知识应用于简单情境中，有初步创新意识；

三级：能够综合运用知识解决复杂问题，有较强创新能力；

四级：具有全局视野与创新精神，能够自发开展实践与探究活动。

4. 教师评价量规

设计教学能力、课程创新、专业发展、学生与家长评价四个方面的量规，通过多元评价主体的打分形成综合评估。

评价等级：

一级：基本胜任日常教学任务；

二级：在课程实施与教学管理中表现良好；

三级：在课程创新与学生培养中具有突出表现；

四级：能够引领课程改革与教学创新，具有较高的教研水平与学术影响力。

通过科学、规范的课程评价量规，学校能够更好地把握课程实施效果，推动课程的不断改进与优化，从而实现课程目标，培养具备核心素养的新时代人才。

七、课程建设制度

为推进课程建设与管理的系统化、规范化，学校建立了一套完善的课程开发、课程资源建设及课程实施管理制度，旨在为学生提供多元、丰富的课程选择，促进学生的全面而有个性化发展，提升课程质量，全面提升教育教学水平。

（一）课程开发制度

1. 课程开发原则

需求导向：基于学生核心素养提升与个性化发展的需求，设计多元课程，满足不同层次学生的成长需求。

整体规划：统一规划基础课程、拓展课程与校本课程，保证课程结构的系统性和衔接性。

创新与实践：鼓励课程设计中融入现代教育技术、跨学科融合及实践活动，增强课程的创新性与实践性。

2. 课程开发内容与方向

基础课程：开发以学科知识为核心的校本拓展课程，如"中外文学比较""世界历史视角"等，提升学生的学术能力。

跨学科课程：引入跨学科主题项目（如"科技与人文"），促进学科间的相互融合，培养学生综合素养。

国际理解课程：开发基于全球视野的特色课程，如模拟联合国、跨文化交流等课程，帮助学生形成多元文化理解与跨文化沟通能力。

生命教育与心理健康课程：设置生命教育、心理辅导课程，促进学生身心健康发展。

3. 课程开发流程

需求调研：通过学生问卷、教师座谈会、家长反馈等方式，全面了解学生和家长对课程的需求与期待。

课程设计：由教研组和课程开发小组共同制订课程方案，明确课程目标、内容与实施方式。

试点与调整：在小规模试点基础上，根据实际效果进行调整与优化，并逐步推广实施。

课程评估与改进：建立动态评估机制，通过学生学习效果、教师反思、外部专家评审等方式对课程进行持续改进。每学年进行评估，动态调整。无法达到预期目标的课程将修订或退出。

（二）课程管理制度

1. 课程管理闭环体系的建立

学校建立以校长为核心、教务处为主导、各教研组为执行单位的三级课程管理闭环体系。明确各级管理职责与权责，形成课程开发、实施、监控、评估的闭环管理体系。

2. 课程审批与备案制度

课程立项审批：所有新开发的校本课程或拓展课程必须经过教务处的立项审批，明确课程目标、内容框架、师资配置与实施计划。

课程内容备案：所有课程须进行内容备案，并由校内课程专家委员会审核通过，确保课程内容的科学性与教育价值。

3. 课程实施质量保障制度

教学质量监控：教务处对课程实施情况进行定期检查，每学期进行两次教学质量评估，确保课程实施的高质量。

课程优化与升级机制：根据评估结果对课程内容、实施方式等进行持续优化，并对表现优异的课程进行升级推广。

（三）课程资源建设制度

建立基于学生自主选择与个性化发展的课程资源体系，为学生提供全面、优质的课程资源，包括课程材料、教学平台、学习资源库、校外教育基地等，支持学生在校内外的多样化学习需求。

建立校本课程资源库：收录学校所有校本课程的方案、教学设计、案例库、视频资源等，供教师和学生在日常教学中使用。

建立电子化学习资源平台：通过建立在线学习平台，提供课程内容视频、学习指南、课后练习及相关阅读资料等，支持学生自主学习与个性化探索。线上线下辅导课程、专题讲座、学习沙龙等，为学生提供课外学习支持。

丰富实践教育基地资源：建立与社会机构、企业、高校等的合作关系，形成校外实践教育基地，如科技创新基地、劳动实践基地等，拓展学生的学习空间。

所有课程资源须经过教务处和教研组的双重审核，以确保资源的权威性与适用性。定期更新资源内容，确保资源的时效性与前沿性。建立使用反馈机制，收集教师与学生对课程资源的使用体验和建议，形成资源优化与再开发机制。

（四）课程实施制度

课程实施制度以"多样化选择、个性化发展"为目标，围绕选课制、走班制以及教学管理制度的规范化，旨在为学生提供更加灵活的学习路径和更丰富的课程选择空间。通过科学合理的课程安排，满足不同学生的成长需求，并提升整体教育教学质量。

1. 选课制

坚持"自主选择与合理引导相结合"的原则，学生根据自身兴趣、学业水平及未来发展方向进行自主选课，同时由导师提供选课指导，帮助学生制订合理的个性化学习方案。

每学期初发布选课指南，学生在规定时间内通过选课系统自主选课，并由教务处审核、确认选课结果。如出现选课人数超出或不足的情况，及时进行课程调剂与调整。

提供详细的课程信息与选课咨询服务，并设立选课反馈机制，确保选课过程的公平与透明，保障学生的选课权益。

2. 走班制

在选课制的基础上实施走班制，打破固定班级模式，根据课程需求与学生水平灵活分班，实行分层教学与小班化教学，确保因材施教与教学资源的最优配置。

走班制分为基础课程分层走班与拓展课程分组走班两种模式。基础课程根据学生学业水平进行分层教学；拓展课程按学生兴趣进行分组学习。教务处负责制定走班制课程表，并统筹教师与教室安排。

配备专门的走班制管理平台，提供实时信息更新与班级管理支持，确保课程安排与学生管理的高效实施。

3. 教学管理制度

各学科组每学期初需制订详细的教学计划，并定期调整教学进度，确保不同年级和课程的教学目标按时达成。

通过课堂观察、阶段性测评及学生反馈等方式，对课程实施过程进行全程质量监控，并根据结果进行动态调整与优化。

实施导师制管理模式，为每位学生配备学习导师，提供学业指导与心理支持，定期开展个性化学习规划和进度跟踪，确保学生在选课制与走班制下获得全面发展。

通过选课制、走班制及严格的教学管理制度，北京市前门外国语学校能够有效提升教学管理的灵活性与科学性，为学生的自主发展与个性化成长提供坚实保障。

八、课程保障机制

为了确保课程建设与实施的高效开展,北京市前门外国语学校建立了完善的课程保障机制。该机制包括管理机构、管理机制和教育资源三个层面,旨在为课程实施和教师发展提供全方位支持。

(一)管理机构保障

1. 课程管理委员会

课程管理委员会由校长、教育教学干部、各学科教研组长及资深教师组成,负责课程开发、实施、评估与优化的统筹规划与监督。

2. 课程实施组织

教务处负责日常教学管理与课程协调,各教研组负责具体课程设计、教学实施及课程反思。

由教研组长及学科教师组成课程实施小组,负责具体课程实施、教学进度跟进及效果评估。

3. 教师发展与培训中心

提供教师专业培训与发展支持,组织校内外进修和教学研讨,提升教师课程实施能力。

(二)管理机制保障

1. 课程开发与评估机制

规范课程开发流程,包括课程立项申请、方案审核、试点实施及评价反馈,确保课程设计科学合理。

2. 课程实施与教学管理机制

制定选课制与走班制管理规范,确保学生自主选课的公平性与走班制教学的高效性。

3. 教师发展与激励机制

通过专业发展培训、教学成果奖励及教研活动,激励教师在课程实施中积极创新与提升。

（三）教育资源保障

1. 教学资源配置

配备充足的教材、教具、信息化设备及学习资源，建立课程资源库，确保教学材料的共享与更新。

2. 信息化教育平台支持

搭建选课系统、教学管理及在线学习平台，为课程实施与学生自主学习提供技术支持。

3. 教师教学研究支持

设立教师教学研究基金，支持校本课程研究、教育创新及教学成果推广。

4. 教师心理与情感支持

提供心理辅导与团队建设活动，营造积极的教学氛围，增强教师职业认同感。

通过以上保障机制的有效落实，北京市前门外国语学校能够为课程实施提供坚实的支持，确保课程目标的全面达成与教师专业水平的持续提升。

九、课程效果及展望

在课程改革的背景下，北京市前门外国语学校通过系统的课程建设和有效实施，取得了显著的教育成效，并在不断优化课程体系的基础上展望未来。

（一）课程效果

学生在多样化课程中得到学科基础、综合素养和个性特长的全面发展，学会自主学习和批判性思维，核心素养显著提升。

教师在课程实施中获得了更多的教学创新和专业发展的机会，教学能力、课程开发与研究水平全面提升。

学校通过课程改革与创新形成了鲜明的办学特色，课程体系更加完善，教育质量持续提高，整体教学水平显著提升。

学校在课程创新中积极融入社会资源，促进学生社会责任感和实践能力的培养，学校品牌影响力进一步扩大。

（二）未来展望

课程优化与创新：持续优化课程内容，开发更多跨学科、国际理解及实践类课程，促进学生多元化发展。

教师专业发展：加强教师培训，促进教师在课程研究、教学创新及国际教育视野上的进一步提升。

校内外资源整合：深化与高校、科研机构及国际教育资源的合作，打造更具开放性和前瞻性的课程体系。

社会影响力拓展：持续提升课程质量，形成更具特色的教育品牌，为社会培养更多具有全球视野与创新精神的复合型人才。

未来，北京市前门外国语学校将继续秉持"三知三行"的教育理念，立足当下、放眼未来，不断探索和完善课程体系，为每位学生提供更优质的教育资源与发展平台，推动学校整体教育水平迈向新的高度。

竹 zhi 生长·向 young 而生

● 贾贺博　蔡　文　任艳鑫　韩　旭　程　剑

北京市前门外国语学校大思政课程构建，站在为党育人、为国育才的立场上，遵循马克思主义的育人观，应用"五育融合并举"的方法来建构"竹 zhi 生长·向 young 而生"的大思政课程。

从义务教育阶段培养有理想、有本领、有担当的时代新人角度出发，落实"立德树人"总任务。以"竹"的"凌云"作为意象，树立远大理想；以"zhi"的追求——直、志、枝、知、智、执为目标，练就本领；以向"young"而生的君子之德、君子之风、君子之守为目的，在生生不息的生命成长中敢于担当。

依据中国教育高质量发展的要求，将中国中学生发展的核心素养和道德与法治学科核心素养统合起来，提炼大思政课的核心词，如政治认同、道德修养、法治观念、健全人格、责任意识等，引领前外学子如竹"zhi"的理想、信念、情操，竹"zhi"的向上生长、向下扎根的志向追求、君子品德的风气风骨风向等。

一、课程建设背景

（一）国家层面课程建设背景

1. 新时代教育使命要求

党的十八大以来，党和国家高度重视思政教育。在新时代，培养德智体美劳全面发展的社会主义建设者和接班人，需要以大思政课程为重要抓手，将价值塑造、知识传授和能力培养融为一体。

国家大力推动教育综合改革，强调加强思政教育的实效性和针对性，不断探索创新思政教育的内容、方法和途径，为北京市前门外国语学校大思政课程建设提供了政策导向和动力支持。

2. 弘扬中华优秀传统文化

国家高度重视中华优秀传统文化的传承与发展，将其作为增强民族文化自信、培育和践行社会主义核心价值观的重要源泉。大思政课程可以充分挖掘中华优秀传统文化中的思政教育资源，如传统美德、家国情怀、民族精神等，通过北京市前门外国语学校的教育教学活动，让学生在学习中感悟传统文化的魅力，增强民族自豪感和爱国精神。

3. 培养担当民族复兴大任的时代新人

当今世界正经历百年未有之大变局，国家的发展面临着诸多挑战和机遇。培养具有坚定理想信念、高尚道德品质、扎实知识技能、强烈创新意识和宽广国际视野的时代新人，是国家赋予教育的重大使命。大思政课程能够帮助学生树立正确的世界观、人生观、价值观，增强学生的社会责任感和历史使命感，为国家培养担当民族复兴大任的时代新人奠定坚实基础。

（二）北京市层面课程建设背景

1. 首都教育发展定位

北京作为国家首都，肩负着为全国教育改革发展探路先行的重要使命。北京市明确提出要建设高质量教育体系，打造教育强市。大思政课程建设是落实首都教育发展定位的重要举措，通过北京市前门外国语学校等各级各类学校的积极探索，为全国思政教育改革提供可借鉴的经验和模式。

北京作为全国文化中心，拥有丰富的历史文化资源和红色文化资源。这些资源为北京市前门外国语学校大思政课程建设提供了得天独厚的条件，可以通过实地参观、主题教育等形式，让学生亲身感受北京的历史文化底蕴和红色革命精神，增强学生对首都的认同感和归属感。

2. 北京市教育综合改革

北京市积极推进教育综合改革，加强课程建设和教学改革，提高教育质量。大思政课程建设是北京市教育综合改革的重要内容之一，通过整合各类教育资源，构建全方位、立体化的思政教育体系，实现思政教育与学科教学、社会实践的有机融合，提高思政教育的实效性和感染力。

北京市注重教师队伍建设，提高教师的思想政治素质和教育教学水平。为北京市前门外国语学校大思政课程建设提供了师资保障，通过培训、交流等方式，提升教师的思政教育能力，打造一支高素质的思政教师队伍。

3. 首都城市发展需求

北京作为国际化大都市，需要培养具有国际视野和跨文化交流能力的人才。大思政课程可以融入国际理解教育、多元文化教育等内容，帮助学生了解不同国家和地区的文化、价值观和发展模式，增强学生的国际竞争力和全球视野。

北京在城市建设和发展过程中，面临着一系列社会问题和挑战，如环境保护、社会治理、科技创新等。大思政课程可以引导学生关注社会现实，培养学生的社会责任感和创新精神，为首都城市的可持续发展贡献力量。

（三）学校层面的现实需求

北京市前门外国语学校是义务教育阶段的一所三年制普通初中学校。学校地理位置优越，地处中央核心区，毗邻天安门广场和前门大街，学校周边可供学校开发和利用的传统文化资源丰富，如果能够把这些优质资源和学校开展的教育教学活动有机整合，既能很好地落实立德树人目标，又能很好地提升学生的综合素养。下表是学校构建大思政课程的SWOT图表分析，如表1所示。

表1 课程发展SWOT分析

项目	S（优势）	W（劣势）	O（机遇）	T（挑战）
学校沿革	坐落在首都古中轴线正阳门的东南侧。学校始建于1962年，是北京市最早的三所外国语学校之一。历时六十余载赓续发展，学校已经成长为特色鲜明、内涵丰富、质量过硬、校风优良、学风浓厚、百姓赞誉的新优质初中校，具有良好的办学口碑和品牌形象	学校地处中央核心区的地理位置，学校地域面积有限，学生的承载量有限，学校办学规模也受到限制；由于前门地区生源较少，造成了学生整体数量和质量的下降	学校拥有一支师德高尚、业务精湛、结构合理、充满活力的高素质专业化教师队伍，涵盖专业水平领先的市区级学科带头人和骨干教师，骨干教师所占比例在区初中校中名列前茅。有近40%的市区级骨干教师，近50%的高级教师和党员教师。教研氛围浓厚，营造"不用扬鞭自奋蹄"的教书育人文化	面对集团化办学的冲击，学校目前处于独立发展的样态，无论是资源共享、教师发展，还是学生培养出口等，都遇到了前所未有的挑战

续表

项目	S（优势）	W（劣势）	O（机遇）	T（挑战）
突出优势	学校坚守"教育不是淘汰，而是成就每个孩子，让他们成为最好的自己"的教育价值观，秉持"三知三行"的教育理念，厚植"待学生如亲子，待家长如亲朋"的教育情怀，营造温暖的育人氛围，致力于培养"古今融汇、内外兼修，具有中国情怀和国际视野的国家栋梁之材"	学校是一所三年制初中，无集团化办学优势，培养学生的链条和时限仅限于三年的时间，从长链条发展的角度出发，使得学校的育人时限受到限制	学校以开放多元的课程体系为支撑，构建了基于核心素养的课程，开设了菁彩课程、书院课程，满足不同学生的个性发展需要；以领航课程、腾跃课程为引领，挖掘不同学生的学习发展潜能。以综合课程为依托，充分利用周边资源，以项目式、研究性学习的方式开展跨学科主题学习。丰富的课程供给，为大思政课程构建，挖掘立德树人的课程思政资源，提供了便利	受国家政策的影响，近几年，初一新生数量激增，使得原来小班制教学的优势不再体现，无论是从硬件建设还是教师供给上，都面临着一定程度的紧缺。如何均衡软硬件资源，落实好全方位、全员育人的要求，也是近几年学校要面对的挑战

基于学校 SWOT 优劣势分析，我们发现构建起大思政课程引领下的学校发展模式，就显得十分必要了。

初中阶段是一个人世界观、人生观、价值观形成的关键时期，不仅是学生学习文化知识的开蒙时期，也是学生在精神、道德、人格方面逐步形成的重要阶段。中学阶段的教育目标是熔铸家国情怀，形成健全人格和责任意识，进而实现全面发展。德是做人的根本，课程思政应将德育置于课程目标之首，倡导并践行社会主义核心价值观和爱国主义精神，不断提高学生服务国家服务人民的社会责任感。"竹 zhi 生长·向 young 而生"的大思政课程构建，能够很好地解决这一关键问题。

二、课程总目标

（一）总目标

以学校知行党建为引领，培养拥有坚定家国理想、政治认同、责任意识和健全人格的中学生。

依托"枝叶关情"的生命教育理念，开展教育教学活动，培养能够在未来成长道路上行稳致远的新时代中学生。

（二）各学段分目标

初一年级：培养有求知精神、朝气蓬勃的中学生，为适应初中生活做好启航。

初二年级：培养有探索精神、内外兼修的中学生，在适应初中生活中做好领航的中坚力量。

初三年级：培养有创新精神、家国情怀的中学生，在未来成长道路上能够扬帆远航。

三、课程内容与实施

（一）总体思路

学校发生的一切教育教学活动，依托"枝叶关情"的生命教育理念，以学校"竹zhi 生长"的党建品牌为引领，采用多轮驱动的方式，培养学生在人生成长道路上能够"向 young 而生"，行稳致远。

三个年级统筹规划，化繁为简，有目标、有措施、有方法，稳步推进落实学校"竹 zhi 生长·向 young 而生"的大思政育人方式，将教育教学所有环节的思政育人精神升华为学生的内在精神涵养和价值追求，完成双轮驱动的互动融合，实现育人育才"润物无声"。

（二）具体实施

从学生角度出发，以"知"为起点，"智"为支点，达到知类通达的学习效果，就有道而端正自己，习得知识与技能。"直"如校园中那片苍簇的竹林，逐阳而生，进而引领学生形成"刚直劲节"的品格。"止"伴随着学生的不断成长，使学生逐渐成长为做事做人有尺度、"行己有耻，止于至善"的中学生。"志"最终与学校整体的办学理念相契合，将前外学子培养成有理想、有本领、有担当、居中关外、知行合一致良知的新时代前外少年。以引领学生成长为目标，培养"古今融汇·内外兼修"的前外学子，知为起点，发之端也，刚直劲节，身正为本，遵纪守法，止于至善，为人谦和，志向远大，刚强勇毅，如图 1 所示。

图1 大思政课程体系建构图

从学校角度出发，尽力支撑，全力为学生的成长提供不同场域，如学校、社会、家庭，如各学科可挖掘的思政资源，课堂内外，校内校外，形成多场域育人的格局；学校周边可利用的传统文化资源、博物馆资源、志愿服务等，丰富多彩的各类资源，和学校教育教学活动有机契合，和学科实践活动有机契合，形成家校社协同的育人格局；"指"有了场域和媒介的支撑，还要有科学理论为支撑，前外大思政课程的构建，以党的二十大精神为引领，以新一轮课程改革落实核心素养为导向，以大思政课程发挥全员协同、全过程协同、全方位协同育人合力，遵循学生成长规律，建设多元化大思政育人队伍，努力构筑"大思政课"育人同心圆。"质"最终与学校整体的育人目标相契合，办好一所老百姓家门口的"小而精，细而质，优而美"的学校，培养有智慧的学生，做有品质的教育。

遵循学生成长规律，在初一年级，我们关注学生的小初衔接，引领学生迅速融入初中生活，以"养成教育"为目标，通过入学教育、仪式教育、养成教育等，引领学生开启青春韶华，启航中学时代，重点培养学生的求知心；在初二年级，我们关注学生的青春成长，进入青春期的初中学生，处于成长的矛盾期，自我意识强烈，想要脱离管理的思想日益凸显，以"榜样教育"为目标，通过团课教育、生命教育、宪法教育等，引领学生形成强烈的责任意识与健全人格，领航中学时代，做好同伴的榜样，重点培养学生的探索心；在初三年级，我们关注学生的梦想实现，为人生下一阶段，乃至于未来成长道路，扬帆远航做好充分的准备，通过家国教育、理想信念、生涯教育等，树立人生目标和远大理想，重点培养学生的创新心，如图2所示。

（三）课程内容

1. 思政课程

以中国共产党的二十大精神为指导，全面贯彻党的教育方针，以《义务教育道德与法治课程标准（2022年版）》课标为目标，落实立德树人根本任务，分生命安全与健康教育、法治教育、中华优秀传统文化教育、革命传统教育和国情教育五大主题推进北京市前门外国语学校的思政课程建设，如表2所示。

图2 大思政课程体系建构示意图

表2 思政课程梳理表

核心素养	学习主题	学业质量描述
政治认同	革命传统教育 国情教育	在政治、思想、理论、情感上认同伟大祖国、中华民族、中华文化、中国共产党、中国特色社会主义，主动践行社会主义核心价值观，有强烈的民族自豪感，坚定理想信念，坚信马克思主义真理的力量，知道习近平新时代中国特色社会主义思想是当代中国马克思主义、21世纪马克思主义，是中华文化和中国精神的时代精华。初步树立共产主义远大理想和中国特色社会主义共同理想，有为实现中华民族伟大复兴中国梦而奋斗的志向
道德修养	生命安全与健康教育 中华优秀传统文化教育	初步具备正确的道德判断和道德选择能力，自觉践行良好的个人品德、家庭美德和社会公德，理解"明大德、守公德、严私德"，做一个文明的社会成员。形成诚实劳动的意识，初步了解职业道德规范，有做未来好建设者的志向
法治意识	法治教育	了解习近平法治思想的基本精神与核心要义。初步了解宪法的主要内容，以及个人参与社会生活必备的基本法律常识，强化宪法法律至上、法律面前人人平等、权利与义务相统一和守法用法意识，初步树立公平正义、民主法治等观念，初步具备依法治维护自身合法权益、参与社会生活的能力，具有生命安全意识和一定的自我保护能力
健全人格	生命安全与健康教育 中华优秀传统文化教育	具有自立自强、理性平和、坚忍乐观的人格，懂得生命的价值和意义，能够主动调节和管理自己的情绪。能够与他人进行有效沟通，树立正确的合作与竞争观念，真诚、友善，具有互助精神。能够主动适应社会环境的变化，具备应对挫折的积极心理品质

续表

核心养素	学习主题	学业质量描述
责任意识	生命安全与健康教育 中华优秀传统 文化教育 法治教育	关心公共事务，关心国家发展和前途命运，具备国家利益高于一切的观念。积极参与志愿服务活动、社区服务活动，有社会责任感，勇于担当，有为人民服务的奉献精神。具有现代生态文明观，践行绿色生活方式，自觉保护环境。具有民主与法治意识，积极参与公共事务和民主实践

2. 课程思政

构建全员、全程、全课程育人格局的形式将各类课程与思想政治理论课同向同行，形成协同效应，把"立德树人"作为教育的根本任务。北京市前门外国语学校把课程思政作为落实立德树人的基础性和全面性工作，在实践中确立了"学校整体推进、年级主导、教师主体"的重要原则，形成了"学校要有氛围、年级要有特色、活动要有特点、课程要有品牌"的课程思政推进模式。依托学校"生长课堂"课程改革，注重在授课过程中落实立德树人根本目标，如图3所示。

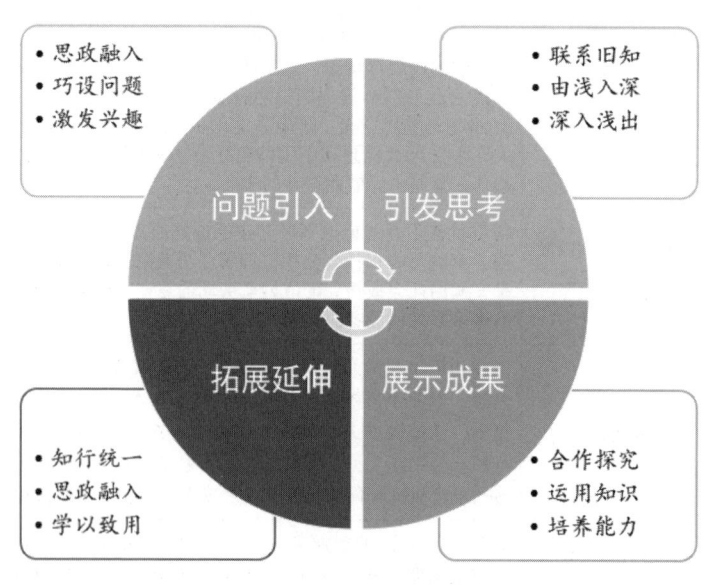

图3 课程思政推进模式图

3. 学科实践活动

深入贯彻北京市学科社会实践10%的相关要求，达到学科实践育人的目标，构建以学校"语文数学外语+"的学科实践活动模式，按照学科特点和学期安排，将学科实践活动与学校整体安排有机契合，除语文学科的阅读季、数学学科π日狂欢、英语学科的英语节外，"+"是其他各个学科按照不定学期、不定时段在适时的时机开展的学科实践活动，如表3所示。

表3 "三大学科+"的学科实践活动

三大学科	语文	阅读季	贯彻北京市学科社会实践10%的相关要求，达到学科实践育人的目标；
	数学	π日狂欢	
	英语	英语节	
+	理化生	科技体验、动手实验、走进科技馆……	定期开展集体备课，寻找思政教育切入点，开展大思政背景下的学科实践活动
	史地政	模拟政协、辩论赛、走进博物馆……	
	音体美劳技	体育周、合唱节、美术节、劳动节……	

4. 德育活动

全面贯彻党的教育方针，坚持正确的政治方向，引导学生树立正确的世界观、人生观和价值观；落实立德树人根本任务，培养具有高尚品德、扎实学识、健康体魄、良好心理素质和劳动习惯的社会主义建设者和接班人；弘扬中华优秀传统文化，引导学生了解和传承中华优秀传统文化，增强文化自信；强化实践育人，让学生在实践中增长才干、锤炼品质、增强社会责任感；帮助学生树立正确的心理健康观念，提高心理素质和应对压力的能力；以振兴中华为己任，以充满活力的德育活动为载体，实现全员、全程、全方位育人，践行"五育并举"，努力提升德育的魅力，如图4所示。

通过丰富多彩的大思政课程构建，增强师生的爱国主义情怀和民族责任感，以弘扬中华民族优秀文化和传统，激发师生正视历史、珍爱和平、保卫祖国、建设祖

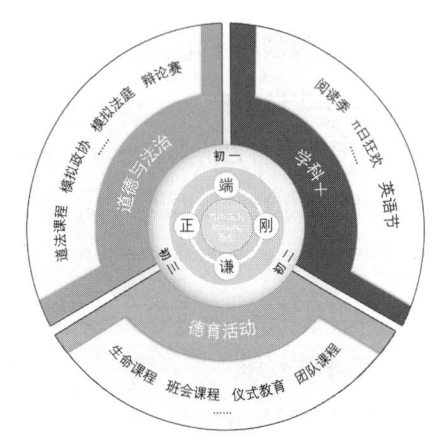

图4 大思政课程推进图

国的热情。传承文化、促进交流，有助于构建和谐社会，推动中华文化的繁荣与发展；引导广大团员青年继承和弘扬五四精神，激发爱国热情，既激发青少年树立革命理想、光荣感和责任感，增强集体凝聚力和向心力，造就"四有人才"，同时也提升了学生的艺术修养和审美能力。

四、课程评价

（一）过程性评价

1. 课堂表现评价

教师观察学生在课堂上的参与度、注意力、发言情况等。例如，积极参与课堂讨论、提出有深度的问题可给予较高分数；若经常走神、不积极参与则相应减分。

定期组织课堂讨论、小组活动，根据学生在活动中的表现进行评价。如小组合作的协调能力、对问题的分析能力等。

2. 作业评价

布置多样化的作业，如论文、调查报告、手抄报等。评价学生的知识掌握和综合运用能力。例如，论文的逻辑严谨性、调查报告的数据真实性和分析深度、手抄报的内容丰富度和美观度等。

注重作业的批改和反馈，及时指出学生的问题和不足，引导学生不断改进。

（二）发展性评价

1. 学生自评

让学生对自己的学习态度、努力程度、思想认识等方面进行自我评价。例如，学生可以反思自己在思政学习中是否积极主动、是否认真对待每一次学习任务、对思政理念的理解是否有所提升等。

通过自评培养学生的自我反思能力，促进学生自我成长。

2. 学生互评

同学之间相互评价，有助于学生从不同角度认识自己。例如，在小组活动中，小组成员可以互相评价彼此的贡献度、合作能力、沟通能力等。

培养学生的合作与交流能力，同时也让学生学会欣赏他人、发现他人的优点。

3. 家长评价

家长可以从学生在家中的表现、对社会热点问题的关注和思考等方面进行评价。比如，学生在家是否关心国家大事、是否具有良好的道德品质表现等。

加强家校合作，共同关注学生的思想政治教育。

（三）终结性评价

1. 考试评价

采用多种考试形式，如闭卷考试、开卷考试、口试等。全面考查学生的知识水平和能力素养，闭卷考试考查学生对基础知识的掌握程度；开卷考试考查学生对知识的综合运用和分析问题的能力；口试考查学生的表达能力和思维敏捷度。

考试内容既要注重基础知识的考查，也要关注学生对实际问题的分析和解决能力。

2. 实践活动评价

组织学生参加社会实践活动，如参观爱国主义教育基地、社区服务等。根据学生的表现进行评价，包括参与的积极性、在活动中的团队合作能力、对实践活动的感悟和收获等。

要求学生撰写实践报告，总结自己在实践活动中的收获和体会，评价实践报告的质量和深度。

3. 成长记录袋评价

为每个学生建立成长记录袋，收集学生的作业、考试成绩、实践活动报告、获奖证书等材料。

定期组织学生对自己的成长记录袋进行回顾和反思，促进学生的自我发展。教师也可以通过成长记录袋全面了解学生的学习历程和成长轨迹，为综合评价提供依据。

4. 五育奖章的评价体系

如表 4 所示：

表 4　五育奖章

美德	"美德"奖章	徽章的中心图形是"德"的甲骨文形式，它的核心内涵就是做人要"走正道、行正气"。这与我们学校"三知三行"的教育理念相契合
睿智	"睿智"奖章	徽章的中心图形是一个穿着博士服的卡通人物形象，面部是学校的 Logo 标志，代表了好学、勤奋与创造。也体现了学校的学风：博学笃志，切问近思。只有知识广博而志向坚定，才能具备仰望星空的视野
健体	"健体"奖章	徽章的中心图形是一个正在奋力奔跑的运动员，下面是代表奥运五环颜色的跑道。体现了"奥运精神，永驻我心，超越梦想，永不言弃"的核心理念
美育	"才艺"奖章	徽章的中心图形是一个手持画板和麦克风的艺术家。美能陶冶人的情操，美能启迪人的智慧。这件徽章的设计就是要鼓励同学们积极参加艺术活动、发展自己的兴趣爱好，让美浸润自己的心灵
劳动	"劳动"奖章	徽章的中心图形是一只可爱的小蜜蜂。蜜蜂象征着勤劳、团队和奉献的精神。"采得百花成蜜后，为谁辛苦为谁甜？"希望同学们能像小蜜蜂一样用勤劳的双手去创造美好的生活

核心素养导向下的劳动课程群开发与实践

● 贾贺博　程　剑　韩　旭　陈艾汐　曹翔宇

一、背景分析

（一）时代背景

2020年3月，中共中央、国务院印发《关于全面加强新时代大中小学劳动教育的意见》，对新时代劳动教育作出顶层设计和全面部署。劳动教育纳入人才培养全过程，贯通大中小学各学段，与德育、智育、体育、美育相融合，促进学生全面发展。劳动教育是新时代党对教育的新要求，是中国特色社会主义教育制度的重要内容，是全面发展教育体系的重要组成部分。

党的二十大指出"全面贯彻党的教育方针，落实立德树人根本任务，培养德智体美劳全面发展的社会主义建设者和接班人"。

2022年，义务教育劳动新课标指出，劳动课程是实施劳动教育的重要途径，具有鲜明的思想性、突出的社会性和显著的实践性，在劳动教育中发挥主导作用，义务教育劳动课程要以丰富开放的劳动项目为载体，重点是有目的、有计划地组织学生参加日常生活劳动、生产劳动和服务性劳动，让学生动手实践、出力流汗，接受锻炼、磨炼意志，培养学生正确的劳动价值观和良好的劳动品质。

（二）学校情况

北京市前门外国语学校前身是始建于1962年的107中学。1979年秋，学校迁入新址改名为"北京市前门中学"。1996年，为响应北京市办学体制改革的号召，在原崇文区委、区政府的支持下，经北京市教委批准，北京市前门外国语学校正式挂牌成立，开始进行民办公助办学体质改革试点，是北京市最早的三所外国语学校之一。2008年，终止办学体制改革试点并回归公办。2015年3月，学校与北京市东城区前门小学结成深度联盟关系，开始探索住宿部九年一贯办学体制改革模式。2022年，终止办学体制改革回归为一所纯初中校，也是目前东城区唯一一所纯初中校。

1. 办学理念

在落实国家教育政策，立德树人根本任务的过程中，学校始终秉承"居中观外，知行合一"的办学理念，践行"三知三行"的教育理念和"教育不是淘汰，而是成就"的教育价值观以及"待学生如亲子，待家长如亲朋"的教育情怀。三知为知己、知人、知礼。知己：觉知自我、悦纳自我、超越自我。知人：以史鉴人、以仁举人、以志聚人。知礼：学礼助立、行礼以立、礼尚和立。三行为行仁、行义、行道。行仁：仁爱之念、仁爱之心、仁爱之道，行义：秉持公心、倡导公平、热心公益。行道：为人正直、维护正义、弘扬正气。劳动课程为学生提供了接触社会、了解劳动价值的机会，使他们在日常生活和社会实践中获得对劳动的深刻理解。"知行合一"强调了理论与实践的紧密结合，学生不仅需要掌握劳动技能，更要通过实际的劳动体验来深化对劳动意义的认知。

2. 办学目标

学校以建设一所特色鲜明、内涵丰富、质量过硬、校风优良的优质学校，努力办好老百姓家门口的新优质初中，真正优质的学校，不是选择适合教育的学生，而是寻找适合学生的教育。

3. 育人目标

学校以健康为基五育融合为准则，基于个体面向人人，拓展边界利用高校资源、社区资源以及地域文化资源和优质教育资源，培养有理想、有本领、有担当的致良知的新时代前外少年。以发展的眼光看待学生，让所有的成长被看见。

在劳动课程中，帮助学生将所学的知识转化为实践行动，从而真正做到知行合一。在这个育人理念的引领下，劳动课程不仅是培养学生基本劳动技能的过程，更是提升学生责任意识、团队合作、创新精神的教育平台。通过劳动教育，学生能够全面发展，成长为具有全球视野、责任感强、行动力强的新时代人才。

表 1　课程发展 SWOT 分析

项目	S（优势）	W（劣势）	O（机遇）	T（挑战）
学校基础	学校地理位置优越，紧邻前门大街，步行仅需 10 分钟，学校周边博物馆资源丰富，如中国铁道博物馆、北京市规划展览馆、中央礼品文物管理中心等	1. 学校体量小，活动经费较为紧张 2. 现代信息技术方面硬件、软件还有待提高	1. 新一轮教学改革，是学校发展的契机 2. 加快义务教育优质均衡发展，市区对学校的支持力度在持续增加	随着学生人数的增加，学校开展劳动活动的空间显得更加有限
课程基础	1. 开足开齐国家课程 2. 初步构建了学校三级课程体系：基础课程、拓展课程、发展课程 3. 进行"生长课堂"教学改革	1. 学校课程建设起步较晚，课程体系建设还有待完善 2. 学科课程实施还存在薄弱环节	1. 专家指导课程建设 2. 课程建设示范培训活动引领	集团化办学培养体系更加贯通，独立化办学实现课程改革存在壁垒
师资力量	1. 教师团队年轻化，富有热情和精力，肯付出 2. 教师整体素质高，勇于尝试教学改革 3. 教师对于劳动教育的意识有所提升	1. 教师课程建设能力有待提高 2. 青年教师教育教学经验不足	1. 市区级教育教学科研培训为教师成长提供帮助 2. 搭建各种平台，促进青年教师快速成长	社会发展对于教师提出更高的要求，教师专业化发展需要终身学习，不断进步
生源状况	1. 学校生源数量有所增加 2. 学生愿意参与劳动实践活动	1 生源基础薄弱 2. 综合素质有待提高	1. 近年来小学毕业生人数增加，生源数量有保障 2. 区域教育资源配置调整，改变生源结构	1. 短期内难以转变家长的信心 2. 中考新政策下学生对于小四科的学习积极性较差
家长需求	家长愿意让孩子参与到劳动实践活动中，并能在一定程度上督促学生进行劳动实践	家长对劳动的重视程度不够，学生在家中参与劳动的机会不多	近年来家长更加注重孩子的多元发展	家长对于学校的期待高低不同、对于学业成绩的过度关注，对学校课程改革造成一定的影响

基于表 1 分析：为落实新时代党对劳动教育的新要求，回应家长和学生对于劳动教育的期盼，满足学生个性化的需求，深化教育改革，全面推进素质教育，加强劳动技术教育和社会实践，以劳树德、以劳增智、以劳强体、以劳益美和以劳创新，提高学生总体素质，解决学校自身硬件条件有限，可供开展劳动教育的场所不足的现实问题，利用学校周边和社会大课堂的丰富的资源，为学生提供劳动实践的场所和机会，构建家校社"三位一体"的劳动课程体系。

二、课程目标

（一）树立正确的劳动观念

1. 学生通过劳动课程，认识到劳动是创造财富的源泉，是人类生存和发展的基础。理解劳动无贵贱之分，尊重普通劳动者，珍惜劳动成果。

2. 培养学生热爱劳动、崇尚劳动、尊重劳动的情感，形成正确的劳动价值观和良好的劳动品质。

（二）具有必备的劳动能力

1. 掌握基本的劳动知识和技能，包括日常生活劳动、生产劳动和服务性劳动中的各种技能，如烹饪、传统工艺、种植养殖、维修等。

2. 提高学生的动手实践能力、解决问题能力和创新能力，能够在不同的劳动情境中灵活运用所学知识和技能。

3. 培养学生的自我管理能力和团队合作能力，学会合理安排劳动时间和任务，与他人协作完成劳动项目。

（三）养成良好的劳动习惯和品质

1. 养成良好的劳动习惯，如按时完成劳动任务、保持劳动场所整洁、遵守劳动纪律等。

2. 培养学生的安全意识和环保意识，在劳动中注意安全，保护环境，做到文明劳动。

3. 提升学生的审美能力和创造力，让学生在劳动中发现美、创造美，培养学生的劳动审美情趣。

（四）培育积极的劳动精神

1. 培养学生吃苦耐劳、坚持不懈、勇于创新的劳动精神。在劳动中不怕困难，勇于挑战自我，追求卓越。

2. 增强学生的责任感和使命感，让学生认识到自己的劳动对家庭、学校和社会的重要意义，积极主动地参与劳动。

3.培养学生的奋斗精神和奉献精神，通过劳动为他人和社会做出贡献，实现自己的人生价值。

三、课程结构

如图1所示：

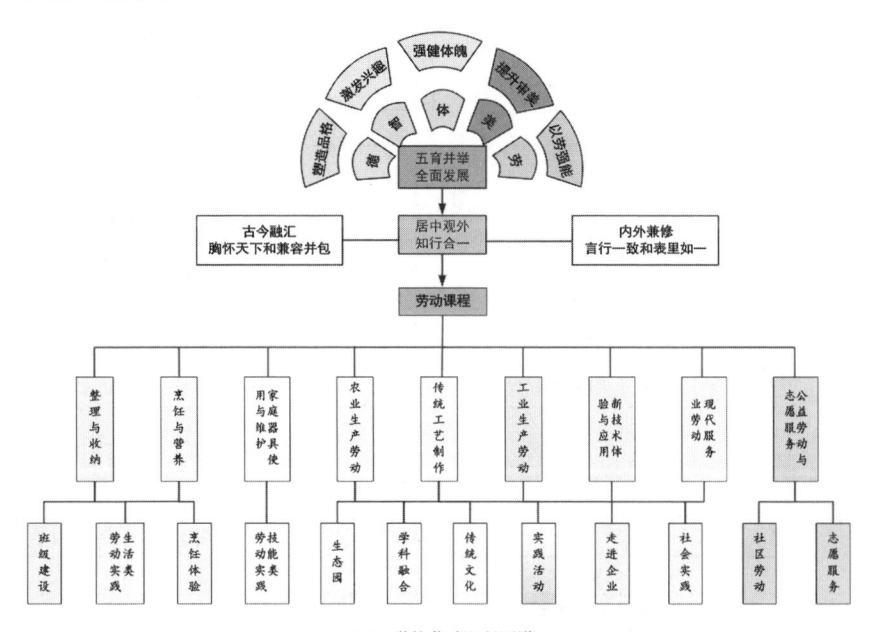

图1 学校劳动课程图谱

学校劳动课程体系围绕三大模块进行，其中包括日常生活劳动、生产劳动和服务性劳动。课程包含三大模块九个任务群，主要通过校内劳动课包含课后服务以及校内活动、校外劳动实践活动、志愿服务的同时探索学科融合等多种形式让学生多方面理解劳动创造美好生活的道理，增强家庭责任意识，认识到劳动对国家富强、人类发展的意义，尊重和平等对待各行各业的劳动者，自觉向优秀劳动榜样学习；形成初步的职业意识和生涯规划意识，进一步增强公共服务意识和社会责任感，在劳动过程中注重劳动效率和劳动质量。

四、课程实施

如表 2 所示：

表 2 学校劳动课程结构

实施场景	类型	内容
家	生活类劳动实践	家庭清扫
		家庭整理与收纳
		家庭美化
	技能类劳动实践	行李箱整理与收纳
		烹饪美食
		家用小电器清洗与维修
校	校内志愿服务	校内活动志愿服务
		班级建设
		大扫除
	主题活动	三节三爱
		垃圾分类
	实践活动	学雷锋
		蘑菇种植
		制作泡菜
		生态鱼缸
	劳动生态园	种植
	传统文化	压花
		纸艺
		京绣
		面塑
	竞赛	全国劳动技能大赛
社	博物馆志愿讲解	志愿讲解
	社区服务	走进养老院
		假期社区报到
		走进周边社区
	走进企业	科技、文化企业
	社会实践活动	农机院农业生产
		179 中职业体验

五、课程评价

通过以下四个维度，建立科学合理的劳动教育可持续化评价体系，可以更好地推动劳动教育的深入开展,培养学生的劳动素养和综合能力,为学生的未来发展奠定坚实的基础。

(一)评价内容

如表3所示:

表3 评价内容

评价方式	自我评价	他人评价	过程性评价	结果性评价
评价内容	引导学生对自己的劳动过程和成果进行反思和评价	组织学生进行互评和家长评价,促进学生的共同进步	通过观察、记录学生的劳动表现,及时给予反馈和指导	根据学生的劳动成果和作品,进行评价和展示

(二)评价方式

1. 观察法:教师和家长通过观察学生的劳动行为进行评价。

2. 作品评价:对学生的劳动作品进行评估,如手工艺品、种植成果等。

3. 问卷调查:通过问卷调查了解学生对劳动教育的感受和收获。

4. 访谈法:与学生、家长和教师进行访谈,深入了解劳动教育的实施情况和效果。

(三)评价指标

如表4—表8所示:

表4 志愿服务评价

评价指标	评价等级 ★	评价等级 ★★	评价等级 ★★★	评价结果 自评	评价结果 互评	评价结果 师评
劳动观念	通过实践传统与现代加工相结合蜜饯制作工艺,未体会到劳动很快乐,没能懂得劳动创造美好生活的道理	通过实践传统与现代加工相结合蜜饯制作工艺,基本体会劳动很快乐,基本懂得劳动创造美好生活的道理	通过实践传统与现代加工相结合蜜饯制作工艺,体会劳动很快乐,懂得劳动创造美好生活的道理			
劳动能力	未能正确使用劳动工具和设备,未学会传统与现代工艺蜜饯的做法,不能自主设计制作蜜饯拼盘,小组合作效果不好	基本能正确使用劳动工具和设备,基本学会传统与现代工艺蜜饯的做法,基本能够自主设计制作蜜饯拼盘,小组合作效果尚好	能正确使用劳动工具和设备,学会传统与现代工艺蜜饯的做法,能够自主设计制作蜜饯拼盘,小组合作效果好			

续表

评价指标	评价等级 ★	评价等级 ★★	评价等级 ★★★	评价结果 自评	互评	师评
劳动习惯和品质	未能安全、规范地使用劳动工具和设备，未能注意场地清洁卫生	基本能够安全、规范地使用劳动工具和设备，基本能够注意场地清洁卫生	能够安全、规范地使用劳动工具和设备，能够注意场地清洁卫生			
劳动精神	在劳动过程中，未能不断反思、改进，感悟劳动人民的智慧，未能对劳动成果精益求精、追求卓越	在劳动过程中，基本能够不断反思、改进，基本能够感悟劳动人民的智慧，基本能够对劳动成果精益求精、追求卓越	在劳动过程中，能够不断反思、改进，感悟劳动人民的智慧，能够对劳动成果精益求精、追求卓越			

表5　北京市前门外国语学校志愿者基本情况登记表

姓名		性别		出生年月		一寸照片
民族		手机		所在班级		
所在学校						
家庭住址						
爱好特长						

可提供服务的时间：请用"√"注明

	周一	周二	周三	周四	周五	周六	周日
上午							
下午							

志愿服务承诺书	我愿意成为一名光荣的志愿者！我承诺：尽己所能，不计报酬，帮助他人，服务社会。践行志愿精神，传播优秀传统文化，同时遵守以下规定： 1. 实践和传播志愿精神、履行志愿服务承诺。 2. 认真做好志愿服务工作，自觉维护志愿者组织的整体形象。 3. 服务组织安排，认真参加各类培训及志愿者服务工作。 　　　　　　　　　　　　　　　　　志愿者签字：　　　　　年　　月　　日
班主任意见	年　　月　　日
志愿服务队意见	年　　月　　日

表6 北京市前门外国语学校志愿服务活动记录表

志愿者姓名		联系电话	
活动时间		活动地点	
服务时长		表现等级	☆ ☆ ☆ ☆ ☆
服务活动内容			
指导教师点评			

表7 北京市前门外国语学校志愿者年度个人总结记录表

姓名		性别		政治面貌	
班级		联系电话		参与本项目服务时长	
个人总结	（根据本学期本人参与活动情况撰写，不少于800字）				
指导教师评语					

表8　北京市前门外国语学校年度"优秀志愿者"评定表

姓名		性别		政治面貌			
班级		联系电话		参与本项目服务时长			
项目	分值	细则		等级			得分
				A	B	C	
平时表现	10	服从安排，踏实工作，有较强的纪律意识和团队合作能力		10	8	6	
	10	积极参与各项活动，认真做好本职工作		10	8	6	
	10	遵守场馆内各项规章制度，无违规违纪情况		10	8	6	
	10	准时参加每次活动A 请假（超过2次等级为B）（超过3次等级为C） 迟到（超过2次等级为B）（超过3次等级为C） 无故不参加活动者0分		10	8	6	
	10	着装规范，语言生动富有感染力		10	8	6	
活动完成情况	10	认真完成前期培训课程，并提交培训总结		10	8	6	
	10	自觉维护志愿者形象，不做有损志愿者形象的事情		10	8	6	
	10	上岗人员认真履行工作义务，不缺席、离岗		10	8	6	
	10	执行能力强，具有较高的工作效率		10	8	6	
	10	活动结束后能及时总结反思，具有奉献精神		10	8	6	
评定意见：				班主任教师签字：			
评定意见：				志愿服务队负责教师签字：			
评定意见：				北京市规划馆负责教师签字：			

（四）评价反馈

1. 反馈与改进：将评价结果及时反馈给学生、家长和教师，以便他们了解劳动教育的成效和不足，进行针对性的改进。

2. 激励与表彰：对在劳动教育中表现出色的学生进行表彰和奖励，激发学生的劳动热情和积极性。

3. 课程调整：根据评价结果，调整劳动教育课程内容和教学方法，提高劳动教育的质量和效果。

4.家校合作：加强家校合作，共同促进学生的劳动教育，实现劳动教育的可持续发展。

六、课程特色

（一）劳动教育生活化、日常化、课程化

日常化劳动是劳动教育最基础的方式。教师安排全班同学每天轮流当班级值日生，做好教室的黑板、讲台和日常用品等的清洁，利用班级评价制度，以自评，同学评、教师评的形式，给予值日生评价，让学生获得劳动体验的幸福感。教师还安排小组轮流打扫卫生，开展劳动教育主题班会等，确保每个人每天参与班级的劳动，及时给予评价。教师从每天的常规劳动教育工作中，让学生养成爱劳动的习惯，学会与他人合作劳动，体会劳动的光荣，从而促进劳动教育日常化、生活化。此外，教师定期组织学生进行班级文化建设，每周劳动课前，都会对学生的座位整理收纳情况进行检查与评价，将课程化的任务群融入校园生活中，形成良好的劳动行为习惯。

（二）建设劳动实践基地，保障劳动教育实践落地

通过积极整合区、校资源，设立了与传统文化相结合的京绣课程，以及与生态文明相结合的劳动实践课程。京绣课既培养学生日常劳动技能，同时在京绣课程上，学生与京绣项目的非遗传承人刘老师面对面学习，系统了解京绣技艺的发展历程，在老师的带领下，学生们利用手中的针线绣制美丽的图案。在劳动实践课程中，老师带领学生充分利用校内资源，打造校园劳动生态田，学生全过程参与园林设计规划、材料采购及种植作物的选择。在劳动社团中，学生通过学习了季节、气候、土壤条件的分析，选择适当作物。同时，在参与种植的过程中，更体会到了用双手创造价值的喜悦。以上课程保障学生农业生产劳动的实践体验。初步掌握根据现有条件和需求，规划设计种植劳动活动并加以实施的基本技能，形成热爱农业生产、关心农业发展，以及注重农业安全、食品安全的意识，形成辛勤、诚实、合法劳动及进行创造性劳动的劳动品质。

（三）成立"劳动教育创新发展共同体"，促进中、小、职、社贯通培养

为了在教育内部形成合力、盘活资源、相互支持，学校联合179中学、九年一贯制小学、社区，组织职业体验课程，包括烹饪、插花、木工、激光切割等。走进学农基地与企业，感受新科技在生活中的应用，同时进行不同形式的劳动体验课程，形成了中小职社贯通、家校社融通的劳动教育创新发展共同体，协同发展。在共同体内开展行动研究并不断总结，以期达到劳动教育基地建设共同体、劳动课程资源开发共同体、劳动教育教师培养共同体、劳动教育成果推广共同体，推动学校劳动教育整体实施方案不断优化迭代，推动教学实践不断深化。

（四）参与公益性劳动与志愿者服务，体认社会责任感

参与规划展览馆、博物馆、纪念馆等公共空间与社会机构的服务性劳动，担任讲解员、特定活动志愿者等。参与社区环境治理，进行社区公园环境优化、公共健身设施维护等。培养学生根据服务对象的实际需求，确定公益劳动和志愿服务的形式、内容与过程，制订合理的服务性劳动方案并加以组织与实施。经历服务性劳动的付出过程，理解个体劳动与学校、社会发展之间的关系，提升自己的劳动能力，体认关心他人、服务他人的公共服务意识与社会责任感。

（五）注重劳动与其他课程的紧密结合，跨学科融合

在具体项目实施过程中灵活运用其他课程所学的知识进行劳动实践，提高学生的综合素质，发挥劳动育人功能。例如，与生物课进行融合，组织学生走进前门六必居，感受京味儿发酵食品的魅力，尝试种植蘑菇，同时利用化学知识探索制作泡菜。在实验室利用所学知识制作生态鱼缸，养殖小鱼，记录生态鱼缸内动植物生长过程以及生态系统的变化。利用不同材料，制作细胞模型等，形成辛勤、诚实及进行创造性劳动的劳动品质。利用周边资源，融合地理和英语学科，开展绘制前门大街双语导览图、北京旅游路线设计图等活动。在劳动过程中主动发现有价值的问题，并设计合理的具有一定创意的解决问题方案。进一步增强公共服务意识，形成以自己的劳动创造美好生活的社会责任感。

（六）参加劳动技能大赛，进一步利用新技术解决实际问题

参加与劳动技能有关的大赛，在产品搭建的过程中提升动手能力，在设计产品的过程中应用新技术，设计制作符合大赛要求的作品，并完成测试，能够解释其中蕴含的原理，在劳动中不断地完善，精益求精。同时，体会到合作的重要性，学会与他人相处，体会一分耕耘一分收获。

七、课程管理与保障

（一）加强组织领导

学校成立劳动实践工作领导小组

组　　长：贾贺博（书记、校长）

副组长：王继云（副校长）、蔡文（副校长）

组　　员：劳动课程教师、保卫干部、校医、班主任及其他工作人员

学校教务处确定专门人员负责劳动课程设置、校内实践活动和校外实践活动的管理，负责校内、外劳动实践基地的开发与联系，并协助任课教师购置、准备劳动技术课的制作材料。学校配备专用基地满足学生劳动实践教育活动，置办必要的劳动技术教育工具和设施，充实劳动技术教育资源。

（二）师资建设

学校通过不定期的在职培训等措施，建立一支能胜任教学的劳动技术课专职教师队伍。劳动技术课教师更新教育教学观念，关注以劳树德、以劳增智、以劳健体、以劳益美、以劳促创新等多方面的功能实现。专职劳动技术课教师在工资待遇、职务聘任、评选先进等方面与其他学科教师同等对待。学校团委、德育处与课程中心联合组织、带领学生开展综合性实践活动。

（三）课程资源

学校课程中心成立劳动技术教育校本课程开发研究小组，由领导小组副组长牵

头,德育、教学、总务协同工作,校内利用资源,校外联系街道社区、学农实践等校外实践基地,时刻为学生提供充足的实践机会。劳动技术课教师要在充分利用和开发学校潜在的教育资源,引入与学生生活实际、社会生产实际相关的教学内容,使学生感受新信息和新科技。

(四)教学管理

教学过程中,教师与学生积极互动、共同发展,处理好知识目标与能力目标的关系,注重培养学生的独立性和自主性,引导学生质疑、探究,促进学生主动地、富有个性地在实践中学习。教师尊重学生的人格,关注个体差异,区别对待动手能力不同的学生。注重在活动中调动学生的积极性,依靠学生固有的经验,充分挖掘学生的潜能,并注重实施跨学科教学、全面培养学生的综合行为能力。课堂生动活泼,教学方法灵活多样。

北京市前门外国语学校前门课程的开发与实践

● 程 剑 李 雪 肖 芳 赵艳梅 姜 珊 杨 薇

一、课程开发的背景

（一）时代背景

党的二十大指出"全面贯彻党的教育方针，落实立德树人根本任务，培养德智体美劳全面发展的社会主义建设者和接班人"，同时强调"加快义务教育优质均衡发展"。《中华优秀传统文化进中小学课程教材指南》中指出要开展中小学中华优秀传统文化教育，永续中华民族的根与魂，坚守中华民族的共同理想信念，筑牢民族文化自信、价值自信的根基，维护国家文化安全，增强国家文化软实力，培养青少年做堂堂正正的中国人，具有重要意义；是强化中华优秀传统文化铸魂育人功能，落实以中华优秀传统文化涵养社会主义核心价值观，实现中华优秀传统文化传承发展系统化、长效化、制度化的重要举措。

《义务教育课程方案（2022年版）》指出要构建德智体美劳全面培养的课程体系，贯彻新时代党对教育的新要求。加强课程内容与学生经验、社会生活的联系，强化学科内知识整合，统筹设计综合课程和跨学科主题学习；加强综合课程建设，完善综合课程科目设置，注重培养学生在真实情境中综合运用知识解决问题的能力；开展跨学科主题教学，强化课程协同育人功能。

（二）学校情况

北京市前门外国语学校前身是始建于1962年的107中学，1979年秋，学校迁入新址改名为"北京市前门中学"。1996年，为响应北京市办学体制改革的号召，在原崇文区委、区政府的支持下，经北京市教委批准，北京市前门外国语学校正式挂牌成立，开始进行民办公助办学体质改革试点，是北京市最早的三所外国语学校之一。2008年，终止办学体制改革试点并回归公办。2015年3月，学校与北京市东城区前门小学结成深度联盟关系，开始探索住宿部九年一贯办学体制改革模式。2022年，终止办学体制改革回归为一所纯初中校，也是目前东城区唯一一所纯初中校。

表1 课程发展SWOT分析

项目	S（优势）	W（劣势）	O（机遇）	T（挑战）
学校基础	学校地理位置优越，紧邻前门大街，步行仅需10分钟	1.学校体量小，活动经费较为紧张 2.现代信息技术方面硬件、软件还有待提高	1.新一轮教学改革，是学校发展的契机 2.与优质学校建立深度联盟	家长对于学校的期待高低不同、对于学业成绩的过度关注，对学校课程改革造成一定的影响
课程基础	1.开足开齐国家课程 2.初步构建了学校三级课程体系 3.进行"生长课堂"教学改革	1.学校课程建设起步较晚，课程体系建设还有待完善 2.学科课程实施还存在薄弱环节	1.专家指导课程建设 2.课程建设展示培训活动引领	集团化办学培养体系更加贯通，独立化办学实现课程改革存在壁垒
师资力量	1.教师团队年轻化，富有热情和精力，肯付出 2.教师整体素质高，勇于尝试教学改革	1.教师课程建设能力有待提高 2.青年教师教育教学经验不足 3.教师本身的传统文化知识素养有待进一步提高	1.市区级教育教学科研培训为教师成长提供帮助 2.搭建各种平台，促进青年教师快速成长	社会发展对于教师提出更高的要求，教师专业化发展需要终身学习，不断进步
生源状况	1.去年生源数量有所增加 2.部分学生有美术、书法、绘画等特长	1生源基础薄弱 2.学生对于前门了解较少 3.综合素质有待提高	1.近年来小学毕业生人数增加，生源数量有保障 2.区域教育资源配置调整，改变生源结构	1.短期内难以转变家长的信心 2.中考新政策下学生对于小四科的学习积极性较差
课程资源	丰富的校外资源：前门大街、博物馆、高校	资源挖掘不够充分，未形成体系	1.馆校合作意向明确 2.老字号社会大课堂活动成熟	选择更加丰富且适合学生学习的课程资源

基于表1分析，学校课程建设保障如下：

1.学校地处前门大街附近，对前门相关文化研究较多，利于学生前往前门大街开展社会实践活动。

2. 学生学业基础较薄弱，有一定的特长，对于前门大街有了解研究的需求。

3. 学生发展，综合实践活动课程不充分，是学校课程短板。

4. 教师，年轻教师居多，接受新理念、新事物的能力强。

二、学校价值体系

（一）办学理念

在落实国家教育政策，立德树人根本任务的过程中，学校始终践行着"三知三行"的教育理念和"教育不是淘汰，而是成就"的教育价值观以及"待学生如亲子，待家长如亲朋"的教育情怀。三知为知己、知人、知礼，三行为行仁、行义、行道。

（二）办学目标

学校以"通古今、贯中外"为基础，以"精品化""国际化"为特点建设一所特色鲜明、内涵丰富、质量过硬、校风优良的优质学校，努力办好老百姓家门口的新优质初中。真正优质的学校，不是选择适合教育的学生，而是寻找适合学生的教育。

（三）育人目标

学校以健康为基五育融合为准则，基于个体面向人人，拓展边界利用高校资源、社区资源以及地域文化资源和优质教育资源，培养具有中国情怀和国际视野的国家栋梁之材，以发展的眼光看待学生，让所有的成长被看见。

学校笃行"遵循教育规律，让生命自由灵性成长是课堂教学的关键所在"，学校以开放多元的课程体系为支撑，构建了基于核心素养的"1+X+N"课程体系，如图1所示。开设了丰富的菁彩课程、书院课程，满足学生的个性发展需要，以领航课程、腾跃课程为引领，挖掘学生的学习发展潜能，以综合课程为依托，充分利用周边资源，以项目式、研究性学习的方式开展跨学科主题学习。

本课程属于学校综合课程的一部分，主要围绕前门大街开展跨学科主题学习，是学习弘扬中华优秀传统文化的过程，利用综合实践活动与学科实践课时，以学科＋小研学的方式进行实施。创设真实情境，解决实际问题，让学生以导游、志愿者、小记者、编辑、建筑家、历史学家、生物学家等视角对前门大街进行研究，感受不同职业的特点以及研究方式。充分挖掘历史文化资源，突出古都文化、京味文化、红色文化、创新文化，激发爱国、爱家乡情怀和责任感，体会社会的发展与变迁，感受非物质文化遗产的魅力，增强文化自信。

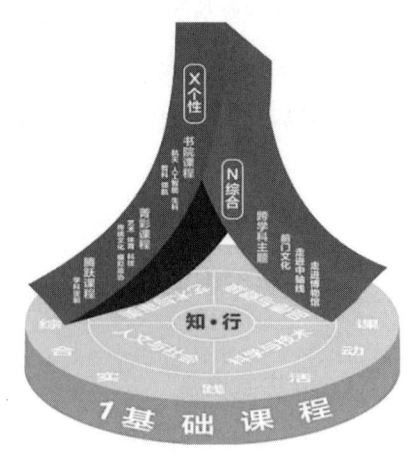

图1 学校课程图谱（2024年版）

三、研究过程

（一）组建团队

前期学校组建了由校长带领的核心团队，团队成员涉及语文、数学、英语、道法、生物、化学、地理、历史任课教师以及德育干部。老师们对于要开展的前门文化跨学科主题活动表现出了极大的热情，在校领导的带领下，核心团队建立得非常顺利，共同探讨应如何开展跨学科主题学习。

（二）设计方案

第一阶段：核心组成立后，老师们非常积极地想要开展跨学科主题的研究，但是大家不知道应该如何开发设计，此时大家对于跨学科主题学习还是一个比较模糊的概念，只是建立了初步的构想，以大任务的形式了解前门大街的历史、老字号等，学生设计前门大街旅行攻略。在与专家的沟通过程中，我们认识到跨学科不是拼盘式的教学，应该是通过跨学科主题学习活动进行综合知识的学习和运用，或者通过跨学科主题学习活动解决某一个实际问题。我们可能对于学生过于理想化，这样的设计过于发散，对于刚刚开展跨学科主题学习的学生来说难度较大，开始应该聚焦一个点，有过研究之后，再进行更加开放的设计。

第二阶段：在之前的设计方案基础上进行优化，有了初步的方向。英语和地理根据学生的知识储备主要围绕着绘制地图和双语小导游，生物学和化学主要围绕着六必居、源升号等老字号开展研究。道法和历史主要围绕着老字号的历史和传承。课余时间，核心组老师一起走进前门大街，了解老字号的位置、经营范围、发展历史、与自己学科课标要求的相关内容以及能够给学生提供哪些资源。各学科确定了与本学科关联最多的老字号，并在假期进行了初步的设计。

第三阶段：开展实施跨学科主题学习活动，在实施活动过程中，验证方案的可行性，同时发现问题并进行完善改进，为下一次的跨学科主题活动提供思路和方法。

四、成果内容

（一）课程目标

1. 通过跨学科主题课程群的学习，提高学生对中国优秀传统文化的认知，树立文化自信，自觉发扬和传承中华优秀传统文化。

2. 通过课程实践活动过程中的小组合作，主动运用各学科知识，完成任务，提升学生解决真实问题的能力，促进学生核心素养的融合发展。

3. 通过课程的学习，增强跨学科思维和审辨思维，加大知识输出能力。

（二）课程内容

如图 2 所示：

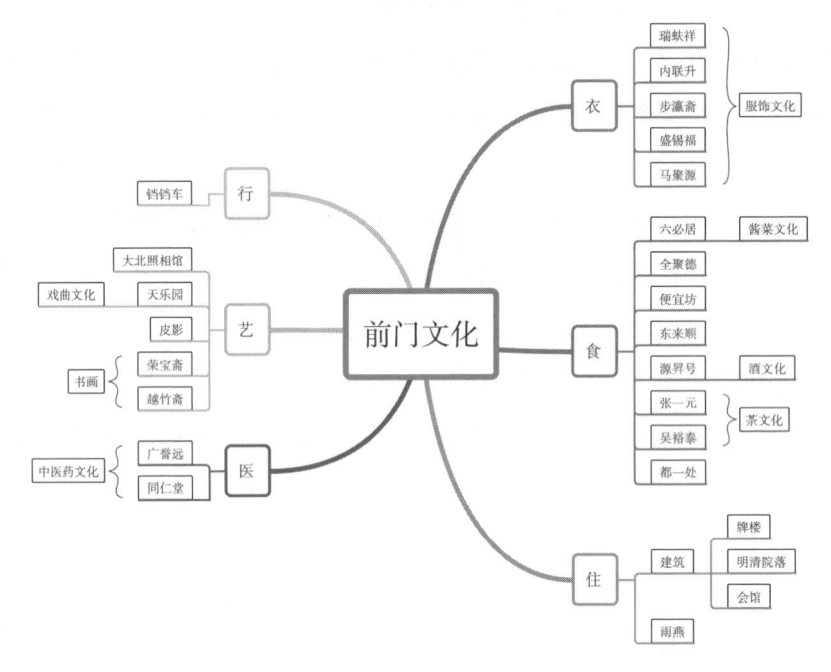

前门文化

- 行
  - 铛铛车
- 艺
  - 大北照相馆 ┐
  - 天乐园   ├ 戏曲文化
  - 皮影   ┘
  - 荣宝斋 ┐
  - 榮竹斋 ┘ 书画
- 医
  - 广誉远 ┐
  - 同仁堂 ┘ 中医药文化
- 衣
  - 瑞蚨祥
  - 内联升
  - 步瀛斋
  - 盛锡福
  - 马聚源
  - } 服饰文化
- 食
  - 六必居 } 酱菜文化
  - 全聚德
  - 便宜坊
  - 东来顺
  - 源昇号 } 酒文化
  - 张一元
  - 吴裕泰 } 茶文化
  - 都一处
- 住
  - 建筑
    - 牌楼
    - 明清院落
    - 会馆
  - 雨燕

图 2　整体课程内容

部分课程内容

如图 3 所示：

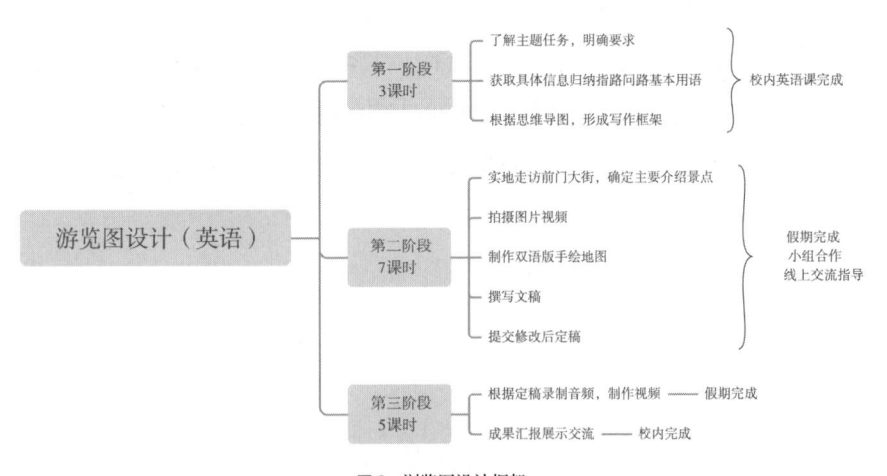

游览图设计（英语）

- 第一阶段 3课时
  - 了解主题任务，明确要求
  - 获取具体信息归纳指路问路基本用语
  - 根据思维导图，形成写作框架
  - } 校内英语课完成

- 第二阶段 7课时
  - 实地走访前门大街，确定主要介绍景点
  - 拍摄图片视频
  - 制作双语版手绘地图
  - 撰写文稿
  - 提交修改后定稿
  - } 假期完成 小组合作 线上交流指导

- 第三阶段 5课时
  - 根据定稿录制音频，制作视频 —— 假期完成
  - 成果汇报展示交流 —— 校内完成

图 3　浏览图设计框架

主题学习目标

如表 2 所示：

1. 学生通过获取游客参观北京游览路线的具体信息，总结指路的表达方式。

2. 学生通过自主查阅资料、小组合作探究，根据路线图，具体介绍前门周边主要景点方位，加深对前门大街的认识。

3. 学生小组合作，用口头介绍的方式录制前门地区的老字号宣传视频，培养主人翁意识，增强文化自信。

表 2　主题涉及的学科内容

学科	涉及内容
英语（主学科）	外研版七年级下册"Module 6 Around Town"，学习问路指路用语，能根据地图讲清路线，描述地点位置并对某一区域进行介绍
地理	应用已学的地图知识绘制前门大街的地图，在此过程中复习巩固地图三要素不可或缺的作用。 地图技能主要包括认识地图的三要素、阅读地图的基本方法、学会绘制简单的平面地图和解释地图表达内容的四种能力
美术	设计满足实用功能与审美价值，传递社会责任的设计原则，能为学校或者社区的学习与生活需求设计作品
综合实践	通过调查、走访参观等多种形式，了解和感受家乡变化，用多种形式展示家乡的变化

主题评价

如表 3 所示：

表 3　主题评价标准

评价指标体系		评价标准			单项成绩	累计成绩
一级指标	二级指标	优秀（10分）	良好（8分）	合格（6分）		
一、活动行为评价	1. 参与活动态度	积极热情主动	积极热情但欠主动	比较积极热情		
	2. 活动计划制订情况	计划周密详细，步骤有条理	计划周密，步骤简单	计划较简单		
	3. 活动记录情况	记录完整规范	记录完整但欠规范	有记录但完整性一般		
	4. 协作意识与完成任务情况	协作意识强，任务完成好	协作意识较强，任务完成较好	协作意识一般，完成任务一般		

续表

评价指标体系		评价标准			单项成绩	累计成绩
一级指标	二级指标	优秀（10分）	良好（8分）	合格（6分）		
二、活动成果评价	1.地图绘制的规范性	地图三要素完整且正确	地图三要素完整但比例尺不够准确	地图三要素不完整有缺失		
	2.素材处理的创造性	能创造性地重新组合、集成前门大街的地理信息，突显前门文化	能重新组合、集成前门大街的地理信息	前门大街重要的地理事物没能很好地转化成地图语言		
	3.地图内容的准确性	地图内容符合要求且事物标注准确，注记正确	地图内容符合要求但地理事物相对位置不准确	地图内容基本符合要求，部分地理事物缺失		
	4.地图绘制的美观性	绘图美观且整体效果好	绘图较美观且整体效果较好	绘图美观性和整体效果一般		

注：总结80分。

成绩优秀：≥68分，良好：68—60分，合格：60—48分。

过程性评价

如表4所示：

表4 主题过程性评价

项目任务	我带你游前门——Introduce One-day Tour of Qianmen			
评价主体	小组自评、他组评、教师评			
评价方式	小组分享交流			
评价量规	类别	评价标准	评分（10—0分）	备注
	平面图	绘制前门周边双语平面图，标注5—8个重点介绍景点，绘制清晰美观		
	撰稿	描述图中景点的位置和简介，内容完整语言正确，描述有逻辑、丰富		
	视频录制	实地走访拍摄、形成2—3分钟的配乐视频。主题突出、画质清晰、恰当使用视频技术		
	介绍讲解	音频录制讲解词，声音适中、语音正确、语速适中流畅		

终结性评价

如表5所示：

表5　学科核心知识和关键能力的评价

评价主体	教师		
评价方式	通过学生探究过程的表现，各阶段内容呈现的观察，评价学生关键能力和学科知识的表现		
评价量规	内容	评价标准	评分（10—0分）
	参与度	小组人人参与分工合作	
	展示内容	围绕某一主题内容完整，视频清晰，语音流畅	
	展示形式	有特点，有很好的宣传效果	

主题目标

如图4、表6所示：

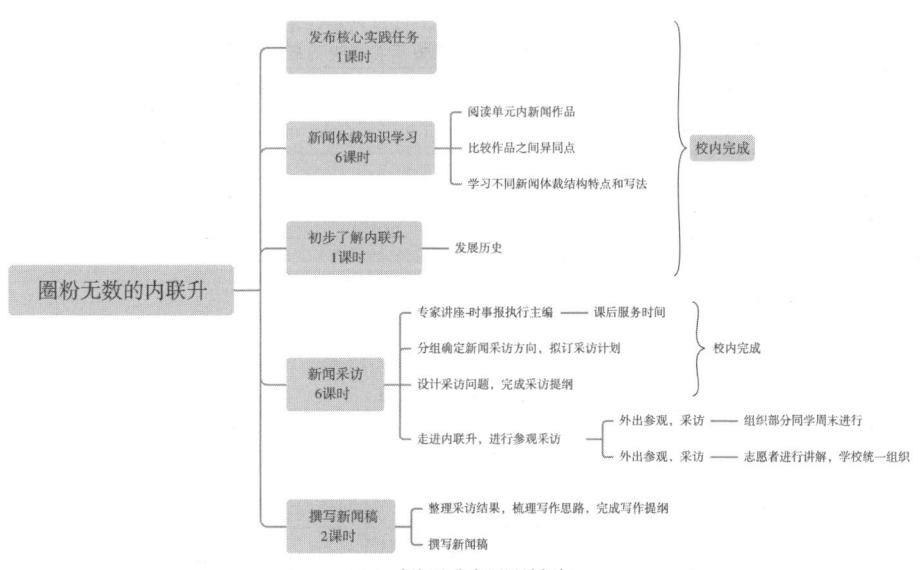

图4　新闻聚焦主题设计框架

1.理解新闻"用事实说话"的基本原则，了解常见新闻体裁的基础知识。

2.锻炼捕捉新闻线索、抓住新闻热点的能力，提高策划组织、分工合作、交流沟通的能力，针对内联升拟订采访计划；为"圈粉"无数的中华老字号内联升撰写新闻稿。

3. 走进老字号内联升，结合历史时代及经济发展，了解内联升的品牌发展历程，感受老字号的传承以及非遗文化的魅力，增强学生的文化自信。

表6 主题涉及的学科内容

学科	涉及内容
语文（主学科）	八年级语文上册第一单元新闻活动探究，前期学习关于新闻的基本知识，学会设计采访问题，整理采访提纲，走近传承人，了解真实有效信息，撰写新闻稿，增强学生文化自信
历史	清朝时期以及近现代时期的经济发展
道法	学科的时政热点话题探讨，创新启动发展，感受中华优秀传统文化的魅力
综合实践	职业调查与体验，体验记者感受职业生活的辛苦与快乐

主题评价

如表7、表8所示：

表7 《新闻聚焦——"圈粉"无数的百年老字号内联升》参与反馈

问题	回答
1.你运用了哪些新闻知识到你的新闻稿里？	
2.你最喜欢内联升中的什么？	
3.在设计采访问题中遇到的最大困难是什么？	
4.在采访过程中遇到的最大困难是什么？	
5.写新闻稿的过程中遇到的最大困难是什么？	

表8 主题评价标准

评价目标	内容	语言	表现力	备注
A（10—9分）	内容完整准确，围绕主题具体讲解	语言正确，语速适中，表达清晰流畅	站姿稳，大方介绍，使用肢体语言增加宣传效果	
B（8—6分）	内容基本完整	有少量语言问题，表达比较清晰流畅	站姿较端正，稍显紧张	
C（5—3分）	内容不完整	对讲述内容不熟悉，语言问题较大	站姿不端正，紧张	
评分				
总分				

主题目标

如图 5、表 9 所示：

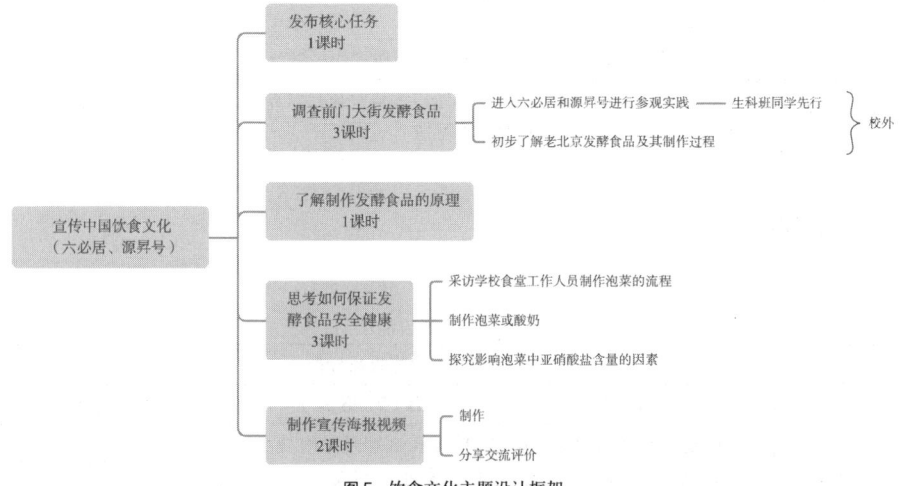

```
宣传中国饮食文化        ┌─ 发布核心任务 1课时
（六必居、源昇号）      │
                       ├─ 调查前门大街发酵食品 3课时 ─┬─ 进入六必居和源昇号进行参观实践 ── 生科班同学先行    ┐
                       │                              └─ 初步了解老北京发酵食品及其制作过程              ├ 校外
                       │                                                                                ┘
                       ├─ 了解制作发酵食品的原理 1课时
                       │
                       ├─ 思考如何保证发酵食品安全健康 3课时 ─┬─ 采访学校食堂工作人员制作泡菜的流程
                       │                                      ├─ 制作泡菜或酸奶
                       │                                      └─ 探究影响泡菜中亚硝酸盐含量的因素
                       │
                       └─ 制作宣传海报视频 2课时 ─┬─ 制作
                                                  └─ 分享交流评价
```

图 5 饮食文化主题设计框架

1. 通过参观前门大街六必居博物馆、红星源昇号博物馆等，了解我国传统发酵食品制作流程，初步形成发酵的概念，理解发酵的本质是微生物利用有机物繁殖，能从物质和能量的角度认识生命，进一步形成生物具有多样性和统一性的认识。

2. 通过采访，小组合作，依据乳酸菌的分布、代谢所需的环境条件、营养来源和产物等相关知识，选择或设计恰当的容器，依据喜好选择相应的蔬菜和配料，按照发酵技术的操作规范和程序制作泡菜。

3. 初步认识亚硝酸盐对人体的危害，尝试用半定量的方法，参照教师提供的标准比色溶液，利用比色法测定泡菜的亚硝酸盐浓度，分析亚硝酸盐溶度与原料、腌制方法、时间等因素的关系，认同养成健康饮食习惯的重要性。

4. 小组合作制作宣传视频、宣传海报，向公众宣传我国传统发酵技术，弘扬中华优秀传统文化的魅力，增强文化自信。

表 9 主题涉及的学科内容

学科	涉及内容
生物（主学科）	八年级上册第五单元第四章"细菌和真菌"，形成"生物的多样性"的大概念。带领学生在真实情境下体会探究实践的过程和方法，渗透进化与适应观、生态观等生命观念，促进生物核心素养的达成
语文	新闻采访提纲的撰写，采访活动

续表

学科	涉及内容
化学	物质的性质与应用中检验溶液酸碱性的基本方法，以及物质的化学变化中体会调控化学反应的重要意义
历史	中国近现代民族资本主义在发展过程中遇到的经济政策
综合实践	家乡特产的调查与推介，了解本地传统美食与其营养价值，分享美食文化，提高健康饮食的意识，养成良好的饮食习惯

主题评价

如表10所示：

表10 主题评价标准

评价指标	评价等级及分值		
	A（10—8分）	B（7—5分）	C（4—1分）
方案制订	能够在规定时间内积极主动地与小组成员共同探讨，制订切实可行的研究方案	能够在规定时间内与小组成员共同制订研究方案	能够在他人协助和督促下制订研究方案，完成项目
查阅资料	能够运用多种方式查找信息、收集证据，并对证据进行可靠性筛选	能够运用某种方式查找信息，收集证据	能够在其他成员帮助下查找信息，收集证据
数据处理	能够使用合适的图表对收集到的证据进行整理和呈现	能够对收集到的证据进行整理和呈现	能够对收集到的证据进行整理
成果评价	宣传形式新颖，宣传内容精彩且充实，逻辑连贯，无科学性错误，能够精彩地呈现我国发酵食品的精髓，弘扬我国饮食文化达到很好的效果	形式比较新颖，内容完整，逻辑比较连贯，无科学性错误，能够呈现我国发酵食品的精髓	形式一般，内容比较完整，有1—2处错误，完整呈现出我国发酵食品的原理和制作过程

主题目标

如图6、表11所示：

1.通过了解雨燕的迁徙路线，认识纬度对地区气候的影响，继而影响生物的活动，理解生态系统中生物与非生物环境相互作用，形成保护环境的意识，树立人与自然和谐共生的生态观，确立生态文明观念。

2.通过对雨燕形态结构，生活习性的观察，理解鸟类具有适应其生活方式和环境的主要特征，进一步构建生物与环境相适应，结构与功能相适应的生命观念。

3.通过制作沙燕风筝，加深对力的相互作用及二力平衡条件的认识，深入了解我国古代相关科技成就，培养学生的科学态度，体会中华民族的智慧，增强文化自信。

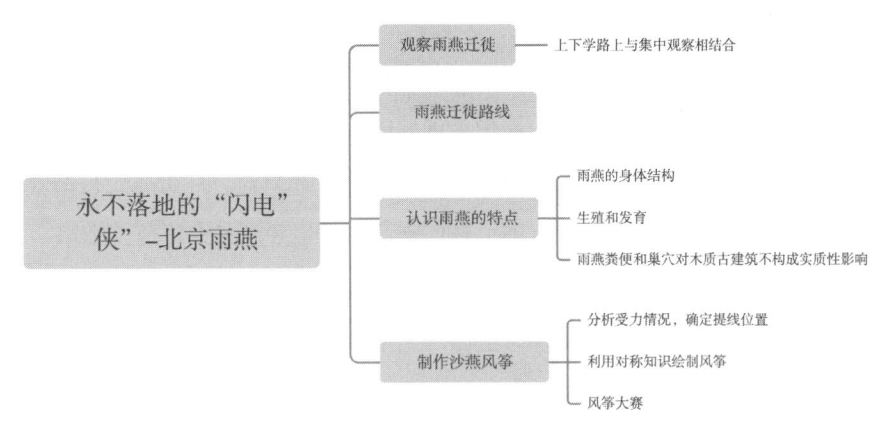

图6 北京雨燕主题设计框架

表11 主题涉及的学科内容

学科	涉及内容
生物（主学科）	八年级上册第五单元第一章"动物的主要类群"，形成"生物的多样性"的大概念。体会脊椎动物都具有适应其生活方式和环境的主要特征
地理	受纬度位置的影响，低纬度地区能够获得的太阳辐射大于中高纬度地区，热带地区的热量多于温带地区。在温带地区由于冬季气候严寒导致昆虫数量不足时，雨燕会向低纬度的热带和亚热带地区转移，反映了纬度位置对气候的影响，继而影响了生物的活动
物理	力的作用
数学	轴对称图形，感受对称美
美术	利用美术所学的绘画技巧，借助线条、纹样、色彩的知识，设计风筝的样式，着色完善整个风筝，培养学生的审美意识
综合实践	家乡生物资源调查及多样性保护

主题评价

如表12所示：

表12 主题评价标准

评价指标		优秀	良好	合格
风筝设计与制作过程	绘制	图形对称，美观，体现雨燕的4处以上的形态或结构特点	图形对称，比较美观，体现雨燕的3—4处形态或结构特点	图形对称，体现1—2处雨燕的形态或结构特点
	原理	依据二力平衡条件，小组合作，准确定位提线位置，确定长度，确保风筝正常起飞并正常飞行	经过老师帮助，小组合作基本确定提线位置和长度，确保风筝起飞并飞行	经过老师帮助，小组合作基本确定提线位置和长度，风筝能起飞
成果展示		小组合作，放飞风筝，风筝正常起飞并稳定飞行	小组合作，放飞风筝，风筝正常起飞并能飞行一段时间	在老师的帮助下，放飞风筝，风筝正常起飞但飞行时间较短

（三）课程实施

1. 小研学

新初一入学教育，带领初一的新生走进前门大街，感受前门大街的魅力。如图7所示，学生走进的三个老字号分别是广誉远、荣宝斋、越竹斋。广誉远始终恪守"修合虽无人见，存心自有天知"的古训。在广誉远，学生参观了中医药博物馆，了解了中医药文化，通过制作香囊，体会到了中药炮制的不易。木版水印是中国特有的一种古老的手工印刷技术，用这种方法印制出来的中国画酷似原作，可以达到乱真的地步，这是当今任何印刷方法都无可与之相比的。荣宝斋的木版水印可谓"活的文物"，延续着中国古老的文化，为发展传统技艺和新时代的精神文明做出了卓越的贡献。学生在荣宝斋学习到了很多文房四宝的知识，了解到荣宝斋更多的历史并且还体验了木版水印制作。越竹斋是一家主打传统制纸工艺、以竹纤维为主要原料、以传统手工工艺为传承的国家级非物质文化遗产机构，学生了解了竹纸的历史，观看纪录片体验造纸术和雕版印刷，随后亲手体验捞纸的过程，孩子分享自己的体会时说道：看上去很简单的一件事，其实做起来并没有想象中的那么简单，需要不断地重复训练才能捞出厚度一致的纸浆，制成平整好用的纸张。

图7 学生走进老字号

初二年级的同学们地理课上已经学习了地图的基本要素，英语课上也已经学习了如何指路问路，暑假老师布置了有关前门跨学科主题学习的任务，学生利用暑假的时间可以自由安排走进前门大街实地考察，拍照、拍摄视频，绘制前门大街地图，如图8左所示，并用双语标注。假期与各科老师进行线上的沟通，修改自己的地图和标注，构思介绍初稿并与团队的小伙伴进行沟通交流，修改定稿。

利用周末的时间，非遗大师采访小组的学生在老师的带领下走进内联升进行实地参观学习，同时采访非遗传承大师，与大师面对面地进行交流沟通，进一步了解内联升的历史和传承，了解作为当代青少年如何能够传承中华文化。在课后服务时间由学校统一组织其余同学到内联升进行参观学习，担任此次活动的讲解员为非遗大师采访小组的同学，学生将自己的所学所感分享给其他的同学。另外，生科班的同学利用综合实践课的时间，在北京科技大学刘洋教授和学校老师的带领下到六必居和源昇号进行参观学习，如图8中、右所示，了解前门大街老字号关于发酵食品生产的工艺流程和历史，体会中国的酱菜文化和酒文化。通过以上的小研学活动激发了学生的学习兴趣，了解前门大街，感受前门文化的魅力。

左　　　　　　　　　　　　中　　　　　　　　　　　　右
图8　学生作品及走进老字号

2. 学科+

基于课标要求，利用学科课程的时间，开展跨学科的主题学习，历史、道法课上学生学习老字号的历史，了解老字号发展的历程和经营理念，研究老字号能够传承至今的原因，养成历史时序意识和历史空间感，形成积极的政治认同和责任意识，以及通过中华优秀传统文化与革命传统教育，坚定文化自信，增强家国情怀。利用语文课学习不同新闻体裁结构特点和写法，邀请时事执行主编到校为孩子们进行讲座，了解如何进行采访。孩子们设计采访问题，完成采访提纲的撰写，在进行实地采访后，整理采访结果，梳理写作思路，撰写新闻稿，落实语文语言表达能力和文化传承与创新意识的核心素养要求。语文的采访学习以及生物课"细菌和真菌"完成后，学生能够运用自己所学对食堂的厨师们进行采访，学习腌制泡菜的步骤和注意事项，为自己制作泡菜找到技术支持，并且在腌制的过程中遇到的问题能够与同学、老师进行沟通和交流，能够熟练地使用糖度计、pH试纸检测泡菜是否符合标准等，落实生物大概念真实情境中的问题解决，综合运用科学、技术、工程学和数学等学科的概念、方法和思想，设计方案并付诸实施，以寻求科学问题的答案或制造相关产品。利用数学课上学习的轴对称知识认识轴对称，会画轴对称图形，为后续设计内联升鞋面和绘制沙燕风筝奠定了基础。物理课上学习了力的相关内容，学生能够利用所学的知识制作适合飞行的风筝。利用地理知识、生物、物理知识学习探究北京雨燕"永不落地"和有"闪电侠"之称的原因，了解北京雨燕的迁徙，能够秉承人与自然生命共同体的理念，认识到生物具有多样性和统一性。在绘制地图的过程中，巩固地图的三要素：方向、比例尺和图例，学生可以充分发挥自己的潜能，利用美术课学习到的色彩搭配、构图等艺术表现形式完善自己的地图设计宣传海报，借用信息技术手段制作电子海报，PPT等。通过学科+活动，建立不同学科与前门大街的联系，落实学科重要概念和核心素养，有效提升教育教学质量。

3. 综合实践课程

学生利用综合实践课程了解折扇的历史和制作工艺，同时了解我国墨的制作工艺，并从科学的角度学习书画作品能够长期保存的原因，以及如何更好地保护书画类文物，并在课程的最后设计一幅扇面作品。另外，在采访学习后自制酸奶和泡菜，在班级内种植蘑菇，结合化学"紫甘蓝变色原因"和生物细菌的学习，学生在家尝试做出彩色的馒头、饺子等，体会劳动的快乐，提高劳动能力，增强参与社会实践的能力。

（四）评价方式

1. 学生评价

如表13所示，整体课程的评价方式也更加多元，不再以纸笔测试作为唯一的评价。学生在整个过程中展现出来的小组合作、与人沟通、志愿服务意识、摄影、摄像、绘图、文稿撰写、观察、劳动等都可以进行评价。学生在团队合作中发挥自己的特长，体现自己的价值，更加地有归属感、价值感，也更加地有自信，促进了学生的学习和健康发展，提升了教育教学质量。

表 13　整体课程评价标准

评价维度	评价标准			自评	师评
	优（10分）	良（8分）	中（6分）		
沟通与协作能力	分工明确合理，能够发挥每个成员的优势，成员积极协同合作完成各项任务，成员之间及时沟通，互相帮助。根据项目情况调整任务分工。外出过程中能够积极主动地与社会人员进行良好沟通，获取重要信息	分工较为明确，每位成员都有相应的任务，较为充分地合作，能够合作完成各项任务。能够与社会人员进行简单的沟通	体现小组合作，有简单的分工，成员合作完成部分任务		
文化与传承	能够了解老字号经营范围、发展历程和传承至今的多方原因，感受前门文化的魅力，并在今后学习生活中能够立志传播优秀传统文化	能够了解老字号经营范围、发展历程和传承至今的内在原因，感受前门文化的魅力，并在今后学习生活中能够与他人交流前门文化	能够学习老字号经营范围、发展历程，感受前门文化的魅力		
审辨思维	能够根据任务搜集相应的资料，并针对资料进行整理归纳，发表观点。在学习的过程中能够提出问题并尝试解决	能够根据任务搜集相应的资料，并针对资料进行整理归纳。在学习的过程中思考问题	能够根据任务搜集相应的资料，进行简单的整理，能够基本完成学习任务		

2. 课程评价

（1）对课程计划的评价

研究小组根据课程开发的目的，与国家课程紧密联系，对学生各方面素质提高进行评价，在活动过程中对学生的劳动技能和创新意识进行评价，对教师开发的课程方案进行评价。

（2）对课程实施过程的评价

对教师课堂教学的评价。深入本课程实施课堂，进行听课、评课工作，和实施教师一起研究及时总结改进，同时了解学生的需求和学习情况。

（3）对课程实施效果的评价

通过访谈和调查问卷的形式对学生和家长的满意度进行调查。通过展示学生的成果对课程目标的达成度、学生的学习情况进行评价。

学校将在现在研究的基础上,继续开展前门文化跨学科主题学习。让学生从衣、食、住、行、艺、医六大方面了解前门大街,进而学习了解北京传统建筑文化、民俗文化、会馆文化、梨园文化、商贾文化、茶文化、中医药文化等中华优秀传统文化,做好传播中华优秀传统文化的小使者。

五、收获

(一)在地资源

本课程的建设与开发,充分合理利用前门大街丰富且优质的资源,建立与三级课程的联系,打造没有围墙的课程,增加学生走出去的机会和时间,增进知家乡、爱家乡的情感,增进建设家乡和祖国的责任感、使命感。

(二)教师层面

通过开展前门文化跨学科主题学习,老师们一方面加深了对于本学科课标的理解,同时也初步了解了其他学科的一些内容;另一方面在课程的设计实施过程中,提升了自己的跨学科设计能力,教学方式由过去的知识传授指向核心素养的培养。最后,老师们对于自己工作的积极性增加,愿意尝试更多的教学方式,对教学更加有激情,乐于总结并尝试将其整理转化为成果,提升了老师的幸福感,学校整体的研究氛围逐渐浓厚。

(三)学生层面

通过前门文化跨学科主题学习,学生的学习方式发生了变革,由过去的被动学习转变为现在的主动学习。学生学习的兴趣更加浓厚,学生可以自主选择自己想完成的任务,自己规划学习的时间,可以选择自己完成或与同伴一起完成。平时学生聚在一起逐渐关注自己想要研究的问题,如关注蘑菇的长势、泡菜腌制过程中会有哪些变化,这些不再仅仅是书本上的内容,而是可视化的物品,学生的学习热情被点燃。开辟第二课堂，学生深刻地体会到处处都能学习，处处都是教室，只要想学习，哪里都能成为教室。走进前门大街感受到了历史的厚重、古人的智慧、中华优秀传统文化的魅力以及老字号对于品质的坚持，坚定了文化自信和加深了弘扬中华优秀传统文化的意识。

教学论文

从"心"开始，育见"美"好
——心理健康教育中的美育渗透

● 孔丽颖

教育的目标是培养全面发展的人，而学生成为德、智、体、美、劳全面发展的优秀学生的前提是要成为一个身心健康的人，这不仅需要健康的体魄，还需要健全的人格与乐观向上的心理品质。因此，心理健康是学生做人和成才的基础，要把学生的心理健康教育融入教育教学的各个环节，培养学生的积极心理品质，帮助学生健康成长。

美育是学生成长发展过程中必不可少的学习内容，美育教育可以培养学生探索美、发现美、创造美的能力。激发学生对美好事物的追求，自觉地按照美的标准去规范自己的行为，塑造美好的人格。

心理学家马斯洛认为，审美是人的高层次心理需要，它能使人不断获得最美好的高峰体验。这种高峰体验，就是心理健康的一种表现形式。因此，美育对满足学生审美需要、净化学生心理、维护学生心理平衡以及提升学生审美意识、审美能力和艺术创造能力具有重要的教育价值。[1]因此，在教育教学中开展了一些实践，将美育渗透到心理工作中，在潜移默化中促进学生积极心理品质的形成。

一、缤纷色彩表达活力心灵

实践证明，美育作品是人类情感和内心世界的一种表达方式，是人内心最深处想法的真实写照，能在情感上产生共鸣。绘画对心理健康能够起到有效的促进作用。根据正念疗法理念，个体关注当下，面对涌现而出的情绪，不加批判地进行觉察，允许其顺其自然地流淌、变化的心理觉察模式，对个体觉察、接纳、整合情绪的过程能起到良好的促进作用。[2]基于此，将积极心态的调试与绘画创作紧密结合，在心理课上开展"拥抱小黑点"、心理四格漫画、治愈系心理漫画、曼陀罗绘画、我的"小确幸"九宫格等主题绘画活动。通过绘画创作的方式疏导学生情绪，引导他们表达自己对生活的态度，以更积极阳光的心态面对生活。

心理课上的绘画不同于美术课，在这个过程中更多是利用绘画来表达情绪情感，让学生的情绪得到抒发。通过绘画的方式把想法转化为积极意象，激发内在的心理韧性。例如，在"拥抱小黑点"的绘画过程中，同学们发挥自己的想象力和创造力对"小黑点"进行升级改造，巧妙地把小黑点转化为画面中的亮点，用画笔展现出积极乐观的心态。学生用绘画表达美，每一次的创作都是一次心灵治愈之旅，是情绪和色彩的交相辉映，是无需任何引导却不由自主地深有感触，让情绪的颜色被看见，每一个作品都有各自的亮点，美好而有诗意。

对于涌现出的一大批美观且具有感染力的心理绘画作品，学校专门打造了"治愈系心理画展"，精选出优秀作品进行展出，开展线上和线下画展，依托微信公众号平台将学生心理绘画作品呈现给家长，增进家长对学生心理需求的了解；线下画展发挥助人自助的作用，让学生的绘画成果被更多人欣赏，尤其在家长会期间对绘画作品进行展示，参观的家长和学生对被展示作品的每一个注视、微笑等肯定性身体语言，都能使参与绘画的学生感受到尊重与重视，提高创作者的成就感和满足感。

二、朋辈互助共同建立积极心态之美

对于处在青春期的中学生来说，同龄人之间的互相支持和帮助尤为重要。在心理课中开展"心困惑 心解答"活动，让学生将自身烦恼、遇到的问题写在卡片上，在班内进行交换，其他同学选择感兴趣的问题进行解答。收集全年级的卡片在年级中进行展出，每到课间时间，同学们就可以在楼道里参与提问和解答。这种朋辈互助的活动引起了学生强烈的兴趣，积极参与其中，不仅提出自己的困惑，还踊跃为有困惑的同学提出积极、正能量的解答方法。心理互助的过程不仅能提高自我心理健康水平，也能和同伴们在精神上相互支撑、彼此接纳、相互开导，打造更和谐的人际关系。[3]提升学生发现美的能力，悦纳自己和他人，让愉快的心态在同学之间传递，让美好在不经意中流露。

三、促进同伴间的友谊，传递美好祝福

开展为同学加油、友谊书签的活动。在毕业季，组织学生将暖心祝福写在心形祝福卡上，为初三年级备战中考加油鼓劲，送上诚挚的祝福，表达美好的心愿。在友谊书签活动中，同学们把代表友谊的诗句、名人名言或自己想对朋友说的话语写在书签上，并用画笔搭配上自己的装饰送给朋友。友谊在小小的书签中传递着，真诚、质朴的语言将友谊释放得淋漓尽致，成为同学们心中美好而永恒的记忆。

四、坚持积极心理学育人导向，让美好品质在"需要关注"学生转化中发挥重要作用

在心理健康教育工作中，要及时了解学生的状态，及早发现和掌握学生的心理变化。坚持正面教育，顺应学生的成长规律，挖掘优点，关爱每一名学生。"优秀生"是我们教育的期望，而对"需要关注"学生的教育，更是我们在工作上的使命和责任，这些学生更需要关爱、尊重、理解和信任。转变"需要关注"的学生，让他们不被某种代名词定义，就需要坚持积极心理学育人导向，站在学生的角度用心感受，理解学生、合理共情、积极回应，从生活中的点点滴滴帮助他们克服情绪上的偏激和行为上的冲动，创设出安全、舒适的学习氛围，用时间和爱心陪伴他们成长，解除心理压力与负担，在轻松、自由的心理基础上，让美好的情绪在他们的心中生根发芽。

五、整合多彩美育活动助力身心健康提升

学生在面对美好事物时，往往会把自己的主观情感转移到审美对象身上，然后再进行欣赏和体验。情绪情感在审美过程中发挥着重要作用，同时，它更是触发其他心理因素的关键诱因。如果是悲伤、痛苦、愤怒、恐惧等消极情绪，就会抑制学生对美好事物的感知、观察、想象和审美体验，从而使学生出现心理健康问题。因此，只有使学生的审美需要得到满足，才能使其心理趋于和谐和平衡状态。[4]

根据青春期学生的心理特点，结合美育元素的渗透，探索初中学段心理健康教育创新实施路径。结合"525全国大学生心理健康日""世界精神卫生日"，在全校开展"健康幸福季"系列活动。围绕"五个一"，即共上一节主题课、一次讲座、一场活动、一次观影、一节班会，将美术、音乐、体育、劳动、信息技术等有机整合融入"五个一"活动中，学生通过参与午间音乐会、绘画、素质拓展活动、戏剧表演、亲子合影、亲子手工等健康幸福季的活动，在美育元素的活动中提升发现美的能力，激发出积极的审美情绪。与之相随的是学生愉悦的情绪体验，在活动中认识自我、打开自我，树立积极的心理健康意识，将审美需要的满足和愉悦情绪的体验相互促进、相互提升，帮助学生在成长道路上与健康相伴、与幸福有约。

美是人类近乎天性的精神追求，容易引起人们的兴趣和关注。特别是青少年学生，对美好事物的追求往往能够极大地调动他们的学习积极性，产生乐观情绪，强化意志。因此，在新时代、新征程上，我们要落实立德树人根本任务、坚持健康第一的教育理念，用美育丰富学生的精神世界，做好新时代学生心理健康工作，用心做好学生成长路上的重要他人，把学生美育和心理健康教育融入教育教学、管理服务和学生成长各个环节，为青少年的健康成长营造良好环境，从"心"开始，育见"美"好。

注释

[1] 俞国良，何妍.美育与心理健康教育的关系[J].中小学心理健康教育，2023（1）.
[2] 童欣.绘画心理调适：表达人设外的人生[M].北京：机械工业出版社，2019.
[3] 肖汉仕.中小学生心理自助、互助意义与要求探讨[J].中小学心理健康教育，2006（11）.
[4] 俞国良，何妍.美育与心理健康教育的关系[J].中小学心理健康教育，2023（1）.

跨学科融合视角下的美育路径思考
——以"传承红色基因·坚定文化自信"为例

● 任艳鑫

党的十八大以来,中国特色社会主义进入新时代,教育也进入高质量发展的新阶段,以"立德树人"为目标,形成五育并举的育人新格局成为新时代的要求。学科融合,成为落实教育高质量发展的必然趋势,落实立德树人、实现培根铸魂,学科融合,优势互补,成为广大教师的智慧之选。本文仅从跨学科融合视角、助力中轴线申遗、培养学生的审美情操和文化自信角度进行探究,将"以美育人"作为美育实践的核心着力点,推进学校美育教育的发展。

一、项目提出,为美育渗透提供载体

为助力北京中轴线申遗,引领学生坚定文化自信,推动中华优秀传统文化创造性转化、创新性发展,学校结合学生实际,依托社会大课堂资源,组织学生开展走近中轴线跨学科主题实践活动,并将此项活动延伸至学生的志愿服务活动,获得了各方的一致好评。学生在活动中,通过了解北京中轴线文化古迹,了解中轴线上的故事,激发了学生知北京爱北京的热情,在活动中坚定了文化自信,励志做自信中国人。学生作为审美主体,通过对活动客体的审美认知,发现潜在的真理,实现个人成长、情感升华。[1]

(一)国家政策引领

依据中国共产党二十大报告关于"推进文化自信自强,铸就社会主义文化新辉煌"为指导,全面建设社会主义现代化国家,必须坚持中国特色社会主义文化发展道路,增强文化自信,围绕举旗帜、聚民心、育新人、兴文化、展形象建设社会主义文化强国,发展面向现代化、面向世界、面向未来的,民族的、科学的、大众的社会主义文化,激发全民族文化创新创造活力,增强实现中华民族伟大复兴的精神力量。

(二) 课标依据为本

落实《义务教育道德与法治课程标准(2022年版)》,中华优秀传统文化与革命传统教育,文化传承与创新等。"道德与法治核心素养"中要求学生形成积极的政治认同和责任意识,以及通过中华优秀传统文化与革命传统教育,坚定文化自信,增强家国情怀;通过创设具有可实践性的活动情境,在任务驱动下,聚焦观点理解力和实践参与力。[2]

(三) 现实依据支撑

《北京中轴线保护管理规划(2022年—2035年)》首次明确了北京中轴线遗产区、缓冲区具体范围边界,为北京中轴线的保护管理提供了方向策略和基础依据。北京中轴线作为中国古都北京的重要历史文化遗产,具有独特的价值和意义。申遗的目的是将其保护、传承和展示给全世界,以增进人类对于历史文化的认知和理解。

传承红色基因、弘扬红色文化,要将相关资源进行有效整合、有机融合。通过调查环节,走近中轴线,了解北京中轴线,锻炼团队合作的探究能力;通过展示环节,助力中轴线,展示中轴线魅力,锻炼语言表达能力和艺术创作能力;通过拓展环节,讲述中轴线,宣传北京中轴线,锻炼志愿服务能力,培养奉献精神和责任意识。

二、育人目标,为向美而行引领方向

围绕立德树人这一根本任务,聚焦全员全过程全方位育人,突出问题导向和目标导向,坚持以深化改革释放学校美育发展的活力,充分发挥美育对丰富德育、增进智育、促进体育、改善劳育的重要作用,切实促进学生德智体美劳全面发展。[3]

以美育人、以美化人、以美培元，美育是落实立德树人根本任务的有效途径。在跨学科主题实践活动确立活动目标时，应与美育工作的育人导向相结合，把培育和践行社会主义核心价值观融入设计全过程，引领学生树立正确审美观念、陶冶高尚情操、培育民族精神、激发想象创新、宽广眼光胸怀。在本案例设定目标的过程中，我们依据活动特点本身以及各学科的学科特点，依据新课标要求，确立了如下活动目标。通过了解北京中轴线的相关事项，感悟源远流长、博大精深的中华优秀传统文化，坚定文化自信，熔铸家国情怀，增强政治认同；通过查阅资料、实地走访、小组分工，增强学生的团队合作学习能力和沟通能力；通过助力北京中轴线申遗的活动开展，锻炼学生的实践创新能力、责任意识与担当意识。

三、实施过程，着力体现美的价值

在本项目实施的过程中，我们主要依托学校思政课、校团委的志愿服务项目以及学校的体育课程、美术课程等，以多门课程为载体，多方式地培养学生发现美、感受美、欣赏美、创造美的能力，实现以美陶情、以美树德、以美益智、以美健体，最终达成以美育完整的人。

（一）跨学科融合整体活动设计

如表1所示：

表1 跨学科学习任务分配表

学习阶段	学习准备	教师活动	学生活动	设计学习任务
走近中轴线，了解中轴线文化	与相关学科教师做好沟通交流，分配活动任务	设计活动主题	走近中轴线	通过问卷调查，充分了解学生对北京中轴线申遗的情况了解，切实从学生实际出发，进行活动设计，形成感性认识
设计调查问卷了解学生对于中轴线了解的状况	查阅各学科课标，落实以"学科素养"为导向的活动设置	设计评价量规	发掘中轴线的价值，以"我与中轴线的故事"主题实践活动、"天街文化——京绣课程"等为载体，设计学习任务	再通过北京中轴线申遗情况介绍，引发学生思考北京中轴线申请世界非物质文化遗产的原因，引领学生感悟以中轴线为代表的中华优秀传统文化的源远流长、博大精神，进而理解文化自信的内涵

续表

学习阶段	学习准备	教师活动	学生活动	设计学习任务
依据实地走访和问卷调查情况设计跨学科主题学习任务	利用网络、图书馆等各种媒介，查阅相关资料，为设置学习活动做相关准备	与场馆进行对接，做好活动的安全教育	选择合适的方式助力北京中轴线申遗，可以是视频、海报、志愿服务等各种形式，走进北京市规划展览馆，做好小小讲解员	通过让学生体验各种活动，形成各种成果，发现美、感受美，并思考还能继续为助力北京中轴线做哪些贡献，进而引领学生思考如何坚定文化自信，达到知行统一

（二）聚焦学科知识设计推进方案

如表2所示：

表2 跨学科知识分析表

参与学科	核心知识	落实步骤
道德与法治	中华文化的特征：源远流长、博大精深；坚定文化自信；推动中华优秀传统文化创造性转化、创新性发展	通过查阅资料、实地走访、上网等形式，全方位了解北京中轴线，感受北京的脊梁——中轴线；通过了解北京中轴线申遗的文化价值，引领学生感受中轴线的魅力，坚定文化自信；通过开展助力北京中轴线申遗，引领学生通过各种现代化手段，如数字技术、文创产品、短视频等，增强学生致力于推动中华优秀传统文化创造性转化、创新性发展的能力
体育学科	设计活动路线 锻炼身体素质 运动中发现美	设计活动走访中轴线的路线，如骑行、步行、乘车等，依据体育学科特点，设计中轴线地标打卡骑行活动，落实全民健身和绿色出行
少先队、共青团	志愿服务实践素养 美育素养 劳动素养	与学校周边的校外实践基地北京市规划展览馆进行对接，在北京中轴线展区，将学习到的知识，运用到博物馆志愿服务活动中去，全面锻炼综合核心素养。这也是本方案最具有创新点的地方

（三）关注实践成果增强学生实际参与感

根据活动过程中各学科的预期成果，利用学校周边资源，促进学校美育资源与社会各类美育资源互动互联、共建共享，让博物馆、文化馆等成为重要的美育场所。在开展过程中，学生通过全面了解、走进中轴线相关场域，坚定了文化自信，熔铸了家国情怀，让中华优秀传统文化和中华美育精神基因一代代传承下去。一批批讲述中轴线故事的小志愿者们，走进了博物馆，讲述着中国故事，向来自世界各地的人们传递着中国声音。

四、关注评价，多角度提升育人效果

在本项目实施的过程中，通过全面梳理活动过程中的各项教育资源，将学校美育与文化、德育、智育、体育工作有机结合，力争在多学科、多环节、多领域对学生对美的认识进行多元评价。在项目开展前、实施过程中以及项目实施后，均设计细化的评价量表，对学生进行全面的评价。切实将评价和项目实施的全过程有机结合，切实提升活动效果和育人价值。如表3—表7所示。

表3 项目任务一：项目的深入研究

评价主体	教师、学生
评价方式	侧重对坚定文化自信的原因分析的评价，培养学生全面、辩证、客观分析的能力，能够做出合理的价值判断与澄清，支持国家发展的各项措施，形成积极的政治认同和责任意识，落实学科核心素养
评价量规	学生活动记录与评价表 （课堂学习反思） 学校：　　姓名：　　班级：　　课题： 1　集体活动总次数　｜　你参加次数　｜　缺席原因 2　承担的具体任务　｜　　｜　完成情况　｜　好　一般　较差 3　完成任务的主动性　｜　主动完成（　）　在催促下完成（　） 4　小组讨论中的发言情况　｜　经常（　）　有时（　）　不太发言（　） 5　与同学合作学习的情况　｜　很好（　）　一般（　）　很差（　） 6　提出了什么积极和有创新性的观点？ 7　运用哪些方式查阅了哪些资料和书籍？ 8　活动中遇到了哪些困难？ 9　活动中让你感受深刻的事件有哪些？ 10　对自己在活动中最满意的是什么？收获最大的是什么？ 11　你认为本小组活动中谁的表现最好？贡献最大？

表4　项目任务二：项目的成果展示

评价主体	学生、教师					
评价方式	通过录制视频演讲、制作PPT展示、绘制宣传海报、撰写调研报告等方式，关注学生在活动中的参与意识、合作学习能力和实践创新能力及语言表达能力					
评价量规	项目	因素	自我评价 30%	同学互评 30%	教师评价 40%	平均分
^	前期准备表现 10分	团队创建				
^	^	资料收集				
^	^	提出问题				
^	活动过程能力 50分	团队协作力				
^	^	实践参与力				
^	^	数据分析力				
^	^	分析运用力				
^	^	信息技术力				
^	^	其他能力				
^	情感态度 10分	集体荣誉意识				
^	^	活动纪律意识				
^	^	沟通交流能力				
^	活动成果 30分	视频演讲				
^	^	文化海报				
^	^	PPT展示				
^	^	调查报告				
^	总分					

表5　项目教师评价

评价主体	学科教师								
评价方式	学生自评、项目小组互评、教师集中点评								
评价量规	评价类型	学科内容标准	学科核心素养	学科内容领域				学科能力领域	
^	^	^	^	道德	心理	法律	国情	了解	理解	应用
^	教学指导与表现性评价1	中华文化的特点	道德修养	√					√	
^	教学指导与表现性评价2	文化自信的内涵	政治认同				√		√	
^	教学指导与表现性评价3	坚定文化自信的原因	政治认同				√		√	
^	教学指导与表现性评价4	如何坚定文化自信	责任意识	√						√

表6 项目成果评价

主题活动	我与中轴线的故事
评价主体	学生、教师
评价方式	通过录制视频演讲、制作PPT展示、绘制宣传海报、撰写调研报告等方式，关注学生在活动中的参与意识、合作学习能力和实践创新能力及语言表达能力

评价量规	项目	因素	自我评价 30%	同学互评 30%	教师评价 40%	平均分
	前期准备表现 10分	团队创建				
		资料收集				
		提出问题				
	活动过程能力 50分	团队协作力				
		实践参与力				
		数据分析力				
		分析运用力				
		信息技术力				
		其他能力				
	情感态度 10分	集体荣誉意识				
		活动纪律意识				
		沟通交流能力				
	活动成果 30分	视频演讲				
		文化海报				
		PPT展示				
		调查报告				
	总分					

表7 团队合作评价

评价主体	学生、老师
评价方式	通过教师评价、自评、互评，引导学生理解学习共同体的意义和价值，学会在小组中承担责任，贡献智慧，学会学习

评价量规	评价目标	评价角度	自评	互评
	团队合作：遇到困难如何解决、每位成员是否都参与其中	1. 能对项目达成共识，遇到意见不统一时，成员能开诚布公地交流想法，采纳接受，求同存异	☆☆☆☆☆	☆☆☆☆☆
		2. 团队成员参与活动的公平任务，每个成员承担不同的职责，能够各司其职，保证项目顺利开展	☆☆☆☆☆	☆☆☆☆☆

实践证明，学生在参与项目实施的过程中，一张张精美的画作，一条条在实践中设计出来的依托中轴线的长走路线，一个个体现着学生智慧的中轴线打卡活动，部分同学还利用课余时间，到北京市规划展览馆进行志愿服务，为游客讲解中轴线的故事。这给参与项目的同学们增添了参与感和价值感，更伴随着满满的获得感。老师们也纷纷表示，跨学科视野下的学科融合，切实对提高教育教学效率与落实美育素养等有着极大的助力作用。此外，老师们依托此项目所做的教学设计，在市区级各项比赛中也斩获佳绩，这也给老师们设计跨学科主题活动在实践中增加了信心与动力。

五、注重反思，不忘立德树人初心

从跨学科融合视角下思考美育工作的推进路径，是践行以美育人、以文化人的实践探索，希望我们的研究，能用美育点亮学生心灵，引领学生在心中播下心灵美的种子，使之成为能堪当民族复兴大任的时代新人。因此，注重反思，是助力探索的必要环节。

（一）整合资源提升效率

通过跨学科融合的设计方式，有效整合了德育实践活动与各学科的教育教学活动，形成了有机整体，化零为整，取得了 1+1>2 的教育教学效果。同时，也减轻了学生的学习压力，一个活动的调查研究，可以为多个学科的学习提供帮助，这正是"双减"背景减轻学生课业负担与锻炼核心素养最有机的契合。既为教师教提供了多元的设计思路，也为不同能力等级的学生提供了不同的展示平台，在实践中使美的种子播撒在学生心中。

（二）立足实践提升能力

融合学科的课程内容的设计对于学生学习带来的变化最主要的就是体现在学生的学习是一个实践性的系统过程，是综合实践能力的提升。学生在参与跨学科主题学习过程中，基于一个主题的学习和研究，可以依据自己的兴趣爱好和擅长的方面，参与到学习中来。在活动过程中，学生又转换成了团队的组织者，分工协作，全面提升素养。学科融合并不只是字面上的合并教学或点缀装饰，而是要真正发挥不同学科知识的融通性，贴合实际的教学，使学生在更广阔的知识领域里融会贯通地学习。

（三）多元互动化零为整

教师在设计活动时，最大的创新在于不仅是学科的融合，还可以有机地将学校共青团的志愿服务融入其中，又将各级各类的文化活动有机整合，并且取得了良好的活动效果和成果，这是本设计给我们最大的惊喜。当然也存在一些不足，教师在组织过程中需要按照实际设计进行实地考察，预设学生在项目式实践学习中的难点，并加以思路上的引导。在学习过程中观察小组的表现，及时进行研讨跟进，对于学习成果提供修改建议，并鼓励学生请教语文、美术和信息技术教师解决相关专业技术问题，形成跨学科学习成果。

（四）家校联动协同育人

在组织学生开展中轴线相关活动中，将学生的学习成果固化，与校外活动基地北京市规划展览馆对接，走进北京市规划展览馆中轴线展区，进行志愿服务讲解活动，用学生对中轴线的热爱，表达对中华优秀传统文化的热爱，坚定文化自信，熔铸家国情怀。

注释

[1] 中华人民共和国教育部.义务教育艺术课程标准：2022年版［S］.北京：北京师范大学出版社，2022.
[2] 中华人民共和国教育部.义务教育道德与法治课程标准：2022年版［S］.北京：北京师范大学出版社，2022.
[3] 中华人民共和国教育部.义务教育体育与健康课程标准：2022年版［S］.北京：北京师范大学出版社，2022.

组合力量训练对初三学生核心力量影响的实践研究

● 谢伯晨

一、前言

（一）选题依据

通过中小学体质健康标准测试情况，根据当前中学生身体素质逐年下降的情况，与学校的重视程度有着密切联系，与此同时，这种状况也离不开家长和学生自身的因素。想要提高中学生的核心力量，在外界人看来用单一的技巧、技术动作就可以提高运动成绩，但是许多运动员采用先进的技术动作，运动成绩却没有显著变化，技术动作是在有足够力量的基础下才能高效、高标准地完成。因此，力量在体育运动中有着决定性的作用。力量的训练手段有很多，但是选择正确的训练方法对提高力量起到至关重要的作用，不同的训练方法对不同部位的肌肉力量产生不同的增长效果。在力量素质中，通过课堂情况，可以看出学生们的腰腹力量较差。（例如，平板支撑，支撑时间较短，即使是传统校的运动员也很缺乏腰腹力量的训练）

因此，为了全面提高学生核心力量，采用组合力量训练手段对我校初三学生进行训练非常有必要。本文通过组合力量训练手段对初三学生进行研究，研究组合力量训练手段对提高初三学生核心力量的影响。

（二）研究目的与意义

1. 研究目的

当今社会对体育运动十分关注，其中训练方法十分重要。本研究选取北京市前门外国语学校初三学生作为实验对象。根据实验前后得出的实验结果对比分析与研究，以直观的数据形式展现组合训练方法对身体素质的影响，为组合力量训练法在教学、训练中提供数据和理论支持。

2. 研究意义

根据课堂情况，得出中学生的力量较差，无论是上肢、腰腹的力量，还是下肢的力量，都严重不足。本文是通过选择循环组合力量训练手段进行训练，得出对北京市前门外国语学校初三学生核心力量更有效的训练手段。

二、研究对象与方法

（一）研究对象

本次研究以北京市前门外国语学校初三学生为实验对象，均分成两组，每组70人。其中Ⅰ组为实验组（组合力量训练法），Ⅱ组为常规组（常规力量训练法）。

（二）研究方法

1. 文献资料法

通过中国知网等，查阅大量关于循环训练、力量素质训练和组合训练的文献，对循环训练、组合训练、力量训练的手段进行了整理和分析，并查阅了有关核心力量训练等文献资料，为本课题的研究提供参考依据。

2. 实验法

采用 Excel 软件，对数据进行统计和分析。

3. 数据统计法

通过15周训练，进行初测、中测、后测三次测试，通过分析三次测试结果得出最后结论。

三、实验设计方案

（一）实验内容与方案

训练的主要项目为：①跳障碍物；②平板支撑；③两头起；④举小哑铃。

Ⅰ组为组合力量训练，训练顺序为①②③④，共完成三组。Ⅱ组为常规力量训练，训练按项完成，每项完成三组训练再进行下一个训练，直至完成所有训练任务，训练顺序为①②③④。

（二）实验时间与地点

实验时间：2022 年 10 月 15 日—2023 年 1 月 15 日

实验地点：北京市前门外国语学校田径场

（三）训练手段与训练负荷设计

如表 1 所示：

表 1 训练内容与负荷安排一览表

训练内容	运动器械以及规格	练习组数	间歇时间
跳障碍物	每组 6 个障碍物，障碍物高度 84cm	3 组	2—3 分钟
平板支撑	1min	3 组	2—3 分钟
两头起	15 个	3 组	2—3 分钟
举小哑铃	哑铃重量（2.5kg—5kg）	3 组	2—3 分钟

（四）实验基本框架

如图 1 所示：

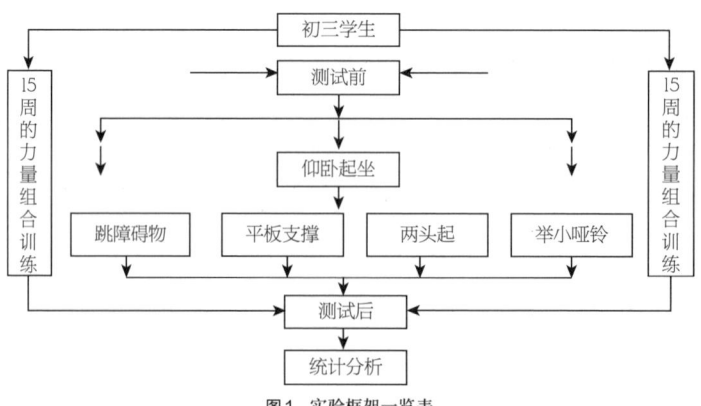

图 1 实验框架一览表

四、结果与分析

（一）组合力量训练对学生 50 米跑影响的变化与分析

由表 2 结果表明，测试初期、中期、后期实验 I 组与实验 II 组的成绩都有不同幅度的提高，实验 I 组在测试前期到中期变化并不是很明显，但后期测试成绩变化较为显著。实验 II 组在测试前期、中期、后期均有不同程度的提高，但是测试成绩变化并不是很明显。

实验 I 组在"50 米跑"上分值减少了 0.44，增长率达到 5.9%。实验 II 组在"50 米跑"上分值减少了 0.14，增长率达到 1.9%。经 T 检验，实验 I 组存在显著性差异（P<0.01），而实验 II 组存在显著性差异（0.01<P<0.05）。根据所得出的数据显示出实验 I 组比实验 II 组的增长更为显著。

综上所述，实验 I 组与实验 II 组的成绩均有不同幅度上的提高，从实验数据来看实验 I 组的增长更明显（P<0.01），实验 II 组也稍有增长（0.01<P<0.05）。此项研究的组合训练方法对于学生 50 米跑的成绩提高具有一定效果，可能由于实验时间不够充足导致成绩的提高幅度不是很大，但经过 T 检验后依然可以得出，实验 I 组存在显著性差异，实验 II 组存在显著性差异，由此说明该实验还是具有研究效果，并且组合力量训练法具有提高学生 50 米跑成绩的效果。

表 2 组合力量训练对学生 50 米跑影响的变化与分析一览表

组别	测试初期	测试中期	测试后期	增减值	增长率（%）	P
I	7.40 ± 0.89	7.30 ± 0.89	6.96 ± 0.96	−0.44	5.9	0.0009
II	7.18 ± 0.89	7.12 ± 0.90	7.04 ± 0.88	−0.14	1.9	0.025

T 检验：P≤0.05 为显著差异性；P>0.05 为非显著差异性。

（二）组合力量训练对学生立定跳远影响的变化与分析

由表 3 结果表明，实验 I 组在测试初期到中期的过程中成绩变化幅度较小，到后期测试中，成绩变化幅度逐步增大，显示出具有较明显增长，实验 II 组在测试初期、中期、后期均有变化，但是变化程度不显著。实验 I 组实验结束后"立定跳远"项目上分值增长了 0.21，增长率达到 10.3%。实验 II 组实验结束后"立定跳远"上分值增长了 0.07,增长率达到 3.2%。经 T 检验,实验 I 组存在显著性差异（P<0.01）,实验 II 组存在显著性差异（0.01<P<0.05）。

综上所述,实验 I 组与实验 II 组均有不同程度的提高,从实验数据来看实验 I 组的增长更为明显（P<0.01）,实验 II 组也略有提高（0.01<P<0.05）。通过实验研究证明该组合力量训练法对学生立定跳远的效果比常规力量训练法的效果更明显,说明此训练方案具有可行性。在教学中可以应用于提高学生立定跳远项目的成绩。

表 3　组合力量训练对学生立定跳远影响的变化与分析一览表

组别	测试初期	测试中期	测试后期	增减值	增长率（%）	P
I	2.04 ± 0.34	2.08 ± 0.34	2.25 ± 0.36	+0.21	10.3	0.003
II	2.22 ± 0.30	2.24 ± 0.29	2.29 ± 0.27	+0.07	3.2	0.030

T 检验：P<0.05 为显著差异性；P>0.05 为非显著差异性。

（三）组合力量训练对学生仰卧起坐影响的变化与分析

由表 4 结果表明,实验 I 组的成绩在测试前期、中期、后期都有不同幅度的提高,并且较为显著,实验 II 组在测试前期到中期的过程中有些许变化,但到后期又处于平台期,同时成绩也并没有任何改变。

实验 I 组在实验结束后"仰卧起坐"项目的成绩增长了 5.20,增长率为 11.9%。实验 II 组在实验结束后"仰卧起坐"项目的成绩增长了 1.40,增长率为 3.0%。经 T 检验,实验 I 组存在显著性差异（0.01<P<0.05）,而实验 II 组并没有出现显著性差异（P>0.05）。

综上所述,实验 I 组与实验 II 组在实验前后均出现不同幅度的增长,根据实验数据来看实验 I 组的增长更为明显（0.01<P<0.05）,实验 II 组没有出现显著性差异（P>0.05）。由于在实验初期大部分同学的腹肌力量呈现出较差的现象,所以在制订试验计划时酌情减少了针对该项目的训练内容,所以导致了实验 I 组试验后成绩提高幅度不是很大,但是依然可以充分证明该组合力量训练法对于提高学生仰卧起坐的成绩具有一定的效果。只是对于运动负荷稍加修改可以更深入地影响学生的仰卧起坐成绩。

表4 组合力量训练对学生仰卧起坐影响的变化与分析一览表

组别	测试初期	测试中期	测试后期	增减值	增长率（%）	P
Ⅰ	43.60±5.68	45.00±4.36	48.80±2.77	+5.20	11.9	0.043
Ⅱ	47.20±3.70	48.00±2.12	48.60±2.30	+1.40	3.0	0.325

T检验：P<0.05为显著差异性；P>0.05为非显著差异性。

（四）组合力量训练对学生跪抛实心球影响的变化与分析

由表5结果表明，实验Ⅰ组测试中期成绩并没有表现出较大幅度的改变，但是后期所达到的效果比中期所呈现的效果显著，实验Ⅱ组在测试过程中都有不同的变化，但是到后期变化很小。

实验Ⅰ组在"跪抛实心球"成绩增长了0.28，增长率达到6.4%。实验Ⅱ组在"跪抛实心球"成绩增长了0.14，增长率达到3.1%。经过T检验，实验Ⅰ组存在极显著性差异（P<0.01），实验Ⅱ组存在显著性差异（0.01<P<0.05）。

综上所述，实验数据显示出实验Ⅰ组的增长幅度远高于实验Ⅱ组的增长幅度。虽然实验Ⅱ组经过T检验后依然得出的结果为存在显著性差异（0.01<P<0.05），但组合力量训练法与常规力量训练法相对比还是常规力量训练法较为逊色一些，由此证明，组合力量训练对于提高学生跪抛实心球的成绩影响较大。

表5 组合力量训练对学生跪抛实心球影响的变化与分析一览表

组别	测试初期	测试中期	测试后期	增减值	增长率（%）	P
Ⅰ	4.40±1.24	4.44±1.24	4.68±1.33	+0.28	6.4	0.006
Ⅱ	4.48±1.18	4.53±1.19	4.62±1.19	+0.14	3.1	0.025

T检验：P<0.05为显著差异性；P>0.05为非显著差异性。

五、分析与讨论

如图1、图2、图3、图4所示，在两组进行15周不同的力量训练后，从测试成绩显示，两组成绩都有提高，实验Ⅰ组"50米跑、立定跳远、仰卧起坐、跪抛实心球"四项指标有明显的提高，实验Ⅱ组"50米跑、立定跳远、仰卧起坐、跪抛实心球"四项指标变化不明显。

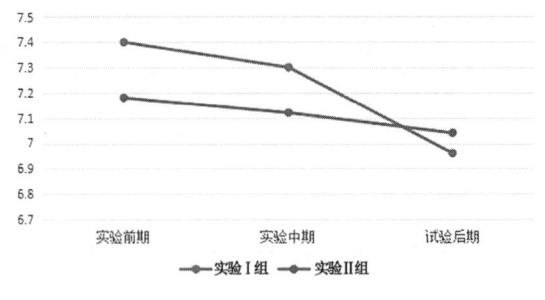

图1 50米跑折线图

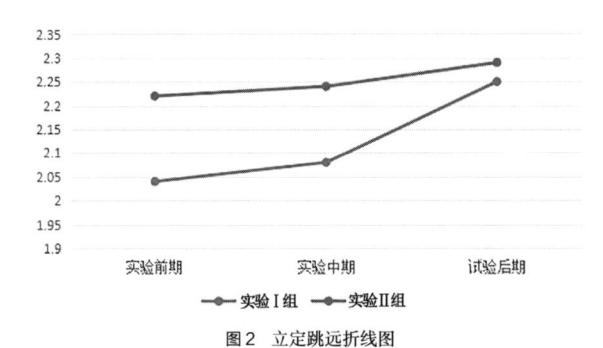

图2 立定跳远折线图

图3 仰卧起坐折线图

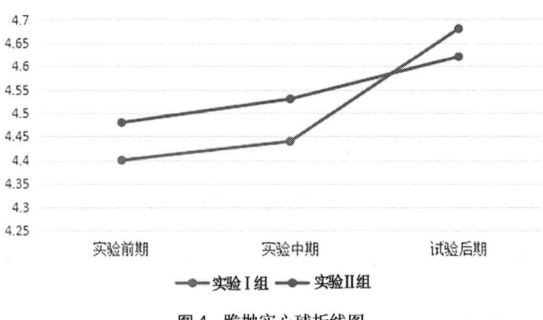

图4 跪抛实心球折线图

组合力量训练方法是根据肌肉的需要，把一个以上的动作组合起来合并为一组，中间只进行短暂间歇或者不间歇所进行训练的一种方法，它大大增强了训练方式的立体性和训练效果的全面性。想要发挥肌肉的最大能量，首先应当"启动肌肉"，就如同我们在启动机动车的原理是一样的。

肌肉激活目的是促进、唤醒神经与特定肌肉的联结，让身体肌肉、神经正常运作，促进机体进行高效率地完成动作。

经过 15 周不同的核心力量训练，实验Ⅰ组、实验Ⅱ组在"50 米跑、立定跳远、仰卧起坐、跪抛实心球"四项指标的成绩进行对比发现在实验后期均有不同幅度的提高，而实验Ⅰ组四项指标的成绩方面增长幅度较高，这说明 15 周不同的核心力量训练对学生身体素质具有一定影响，组合力量训练法对于提高核心力量训练的效果更为显著。

实验Ⅰ组采用的组合力量训练法，使肌肉在运动过程中处于松弛有度的状态，而实验Ⅱ组则使肌肉处于持久兴奋的状态。实验Ⅱ组的肌肉处于持久兴奋的状态，并没有给肌肉留有放松的机会，长时间的"工作"会促使得肌肉失去弹性，这样一来成绩不但不会增长反而会下降，严重的会造成损伤，从而出现伤病。

综上所述，本次训练采取的组合力量训练法对于学生核心力量有一定的影响作用，两组实验前后成绩均有不同程度的提高，相对比组合力量训练法比常规力量训练法对学生核心力量的提高效果更显著。

六、结论与建议

（一）结论

1. 组合力量训练法和常规力量训练法对 50 米跑具有一定的影响程度，实验Ⅰ组与实验Ⅱ组在实验初期、中期、后期都有不同程度的提高。其中实验Ⅰ组的学生成绩变化程度最大，实验Ⅰ组、Ⅱ组的增长率分别为 5.9%、1.9%，相比较实验Ⅰ组学生成绩的提高幅度高于实验Ⅱ组。由于体育运动是需要长期坚持的一个过程，本实验研究简短为期 15 周的训练，可能由于时间较短，并且后期天气原因，没有达到坚持训练，从而使成绩的增长的幅度只是小幅度地增长。

2.立定跳远项目是发展学生爆发力和上下肢相互配合的能力，组合力量训练法和常规力量训练法对立定跳远项目同时具有影响，但是实验Ⅰ组的成绩变化幅度远大于实验Ⅱ组的变化幅度，实验Ⅰ组的增长率为10.3%，实验Ⅱ组的增长率为3.2%。实验数据显示出学生立定跳远项目成绩较为显著的提高方法是组合力量训练法，常规力量训练法虽然也有提高，但与组合力量训练法相比较常规力量训练法还是略显逊色。由此证明组合力量训练法可提高立定跳远项目的成绩。

3.组合力量训练法对仰卧起坐项目的影响较为明显，实验Ⅰ组在实验初期与中期的变化幅度为3.2%，实验中期与后期的变化幅度为8.4%，实验前期与后期的变化幅度为11.9%，实验Ⅱ组出现无显著性差异；常规力量训练法对仰卧起坐并没有起到很明显的变化。通过实验前、中、后期的实验数据对比发现，测试者在整个测试过程中是处于一个逐步增长的状态。

4.组合力量训练法和常规力量训练法对跪抛实心球的成绩均有不同程度的影响，实验Ⅰ组的变化幅度较为显著，而实验Ⅱ组的变化幅度不是很显著，实验Ⅰ组、Ⅱ组的变化幅度分别为：6.4%、3.1%。根据实验数据可以充分说明学生对于组合力量训练法适应的效果还是较为明显的，但是对于常规力量训练法学生的适应却没有很快，相对应成绩的提高幅度也没有较为显著，证明组合力量训练法可以应用于提高学生跪抛实心球的成绩。

（二）建议

1.由于组合力量训练法对50米运动成绩有很重要的作用，50米跑需要爆发力与上下肢的配合，为了更快、更有效地提高50米跑运动成绩，应当采取合理的运动方案，来达到提高成绩的目的，因此，我们可以采用组合力量训练法来进行训练。

2.由于组合力量训练法对立定跳远有很明显的效果，在选择训练方法的时候一定要注意选材，选用合理的训练来进行组合力量训练。

3.由于组合力量训练法可以提高腰腹力量，对于大部分学生来说，腰腹力量很差，而腰腹又是比较脆弱的部位，选择合适的腰腹力量训练，根据自己的特点进行合理的组合力量训练，来提高训练效果。

4.由于组合力量训练法可以提高跪抛实心球的成绩，跪抛实心球可以提高学生的上肢以及腰腹的力量，为了更好地提高上肢以及腰腹的力量，在日常训练中可以更多地采用组合力量训练法，来提高自己成绩。

新冠疫情防控期间初中生体质健康数据的分析与研究

● 杨丽丽

一、前言

体质健康包含身体的发育水平、身体的功能水平、身体素质和运动能力水平等方面，是反映适应生活、运动和环境等因素的一种应变能力。[1]改革开放以来，我国颁布了一系列有关全民健身、教育改革的政策文件，1996年通过的《中华人民共和国国民经济和社会发展"九五"计划和2010年远景目标纲要》首次以法律文件形式确立了我国教育由"应试教育"向"素质教育"转变[2]，后续发布了一系列法规和规章旨在全面提高国民素质，以青少年和儿童为重点，倡导全民做到每天参加一次以上的体育健身活动。[3]早期政策的颁布推动了后续对体质健康的关注，2002年，教育部印发了《全国学生体质健康监测网络工作实施方案》，建立了全国学生体制健康监测网络，每两年进行一次学生体质健康监测。[4]2019年，教育部等开展了第八次全国学生体质与健康调研工作，目前，我国学生体质健康调研监测体系由每两年一次的全国体质健康监测组成和每五年一次的全国学生体质与健康调研组成。

少年强则国强，青少年这一特殊人群的体质健康问题一直受到国家和社会的普遍关注。在一系列国家政策的推动下，我国青少年学生体质健康领域的研究越来越多，对于青少年的体质健康从宏观描述研究向着微观层面的研究方向发展，如身高、体重、BMI、心肺功能、各项运动素质、生活方式、体力活动、营养状况等方面的研究。[5]如张丹青等人（2021）通过分析1964—2017年国内外儿童青少年力量素质变化趋势,研究发现儿童青少年力量素质倾向于下降的趋势。[6]在体质健康方面，调研数据显示我国青少年体质水平低，身体活动不足、超重、肥胖检出率和代谢综合征检出率居高不下[7]，青少年是全民健身国家战略推广人群，青少年体质健康促进工程的实施需要政府、学校、家庭、媒体等多方协作，合理解决。[8]

2019年年底，新冠疫情暴发，病情开始蔓延到全国各地，由于新冠疫情严重，给学生学习和学校开展教学带来了巨大困难。教育部发布的《教育部关于2020年春季学期延期开学的通知》中指出，推迟开学时间，鼓励各地利用互联网和信息化教育资源为学生提供学习支持，保证"停课不停教、停课不停学"[9]。线上教学成为教师与学生沟通学习的枢纽，体育教学一直是传统授课形式，线上教学工作也受到了阻碍。如场地限制、教师亲自示范指导等问题是体育线上教学亟待解决的问题。为了解学生在新冠疫情前后学生的体质健康数据变化情况，本文选取北京市10所学校初二学生的体质健康数据，旨在分析学生新冠疫情前后体质数据，为后续开展体育线上教学、家校体育互动提出建议与参考。

二、研究对象与分析

（一）研究对象

采取分层整群抽样方法，在北京市东城区选取10所中学，考虑到初二年级学生的体育数据测量由北京市东城区教委统一组织进行，初一和初三年级学生的体育健康数据由学生所在学校组织进行，最终选取初二年级学生，剔除掉因伤、因病等特殊情况的数据后，共有学生9668名，其中男生4927名，女生4741名。

（二）数据分析

运用Excel软件对所有数据进行整理，运用SPSS 26.0软件对数据进行统计学分析，对不同性别初二体育锻炼数据新冠疫情前后的变化采用独立样本T检验，以$P<0.05$为差异有统计学意义。

三、初二年级体质与健康基本状况

（一）身体形态发育水平

1. 在身高指标上，与新冠疫情前相比，男生身高平均值减少 0.30 厘米，但 F=0.015，P=0.196>0.05（如表1、表2所示）不具有显著性差异；女生身高平均值减少 0.24 厘米，但 F=0.447，P=0.153>0.05（如表1、表2所示）不具有显著性差异，因此二者都不具有显著性差异。

2. 在体重指标上，与新冠疫情前相比，男生体重平均值增加 1.59 千克，且 F=0.120，P=0.001<0.05（如表1、表2所示）具有显著性差异；女生体重平均值增加 0.98 千克，且 F=1.620，P=0.003<0.05（如表1、表2所示）具有显著性差异。

3. 在体重指数（BMI）指标上，身高体重分数参考身体质量指数，即 BMI 指数，简称"体质指数"，是国际上常用的衡量人体胖瘦程度以及是否健康的一个标准。与新冠疫情前相比，男生 BMI 对应分数平均值减少 1.39 分，且 F=9.220，P=0.005<0.05（如表1、表2所示）具有显著性差异；女生 BMI 对应分数平均值减少 0.65 分，但 F=4.103，P=0.143>0.05（如表1、表2所示）不具有显著性差异。

表1 性别身体形态发育状况

性别		年份	个案数	平均值	最小值	最大值
身高（厘米）	男	≥2020	1639	171.323	144.4	197.7
		<2020	3288	171.625	125.5	196.7
	女	≥2020	1655	162.37	144	182
		<2020	3086	162.61	132	181
体重（千克）	男	≥2020	1639	67.541	32.8	131.3
		<2020	3288	65.946	28.7	144.7
	女	≥2020	1655	56.64	28	110
		<2020	3086	55.66	31	129
身高体重分数	男	≥2020	1639	86.236	60.0	100.0
		<2020	3288	87.628	60.0	100.0
	女	≥2020	1655	90.755	60.0	100.0
		<2020	3086	91.400	60.0	100.0

表2　身体形态发育状况独立样本T检验

			F	显著性	T	自由度	显著性（双尾）
身高	男	假定等方差	0.015	0.904	-1.293	4925	0.196
		不假定等方差			-1.298	3307.617	0.194
	女	假定等方差	0.447	0.504	-1.431	4739	0.153
		不假定等方差			-1.440	3441.851	0.150
体重	男	假定等方差	0.120	0.729	3.284	4925	0.001
		不假定等方差			3.301	3316.378	0.001
	女	假定等方差	1.620	0.203	2.955	4739	0.003
		不假定等方差			3.003	3542.053	0.003
身高体重分数	男	假定等方差	9.220	0.002	-2.803	4925	0.005
		不假定等方差			-2.772	3180.103	0.006
	女	假定等方差	4.103	0.043	-1.466	4739	0.143
		不假定等方差			-1.457	3325.602	0.145

（二）肺活量变化情况

肺活量（vital capacity）是指在最大吸气后尽力呼气的气量。受年龄、性别、身材、呼吸肌强弱及肺和胸廓弹性等因素的影响。一般来说，身体越强壮，它就越大。研究表明，它与最大吸氧量存在很高的相关性，常用作评价人体素质的指标。

与新冠疫情前相比，男生肺活量平均值减少了78.57毫升，且F=33.303，P=0.003<0.05（如表3、表4所示）具有显著性差异；女生肺活量平均值减少了9.61毫升，但F=30.383，P=0.563>0.05（如表3、表4所示）不具有显著性差异。

表3　肺活量变化状况

	性别	年份	个案数	平均值
肺活量（毫升）	男	≥2020	1639	4002.552
		<2020	3288	4081.122
	女	≥2020	1655	3026.073
		<2020	3086	3035.684
肺活量体重分数	男	≥2020	1639	87.868
		<2020	3288	88.003
	女	≥2020	1655	90.246
		<2020	3086	89.451

表 4 肺活量变化状况独立样本 T 检验

			F	显著性	T	自由度	显著性（双尾）
肺活量	男	假定等方差	33.303	0.000	-2.942	4925	0.003
		不假定等方差			-3.091	3735.561	0.002
	女	假定等方差	30.383	0.000	-0.578	4739	0.563
		不假定等方差			-0.606	3854.401	0.545
肺活量体重分数	男	假定等方差	4.399	0.036	-0.368	4925	0.713
		不假定等方差			-0.377	3475.277	0.707
	女	假定等方差	16.263	0.000	2.096	4739	0.036
		不假定等方差			2.172	3738.835	0.030

（三）身体素质变化情况

国民体质监测身体素质包括速度、耐力、柔韧性、爆发力、力量等多项内容。

1. 速度素质：男女生都有小幅提升

与新冠疫情前相比，男生在 50 米跑上时间平均值减少 0.25 秒，且 F=1.341，P=0.000<0.05（如表 5、表 6 所示）具有显著性差异；女生在 50 米跑上时间平均值减少 0.24 秒，且 F=1.194，P=0.000<0.05（如表 5、表 6 所示）具有显著性差异。

2. 耐力素质：男女生都有明显下降

与新冠疫情前相比，男生在 1000 米跑时间平均值增加 10.28 秒，且 F=2.805，P=0.000<0.05（如表 5、表 6 所示）具有显著性差异；女生在 800 米跑时间平均值增加 9.20 秒，且 F=0.064，P=0.000<0.05（如表 5、表 6 所示）具有显著性差异。

3. 柔韧性素质：男生有提升

与新冠疫情前相比，男生在坐位体前屈上平均值增加 0.53 厘米，且 F=1.571，P=0.016<0.05（如表 5、表 6 所示）具有显著性差异；女生在坐位体前屈上平均值增加 0.14 厘米，但 F=0.566，P=0.496>0.05（如表 5、表 6 所示）不具有显著性差异。

4. 爆发力素质：男女生都有明显下降

与新冠疫情前相比，男生在立定跳远上平均值减少 3.90 厘米，且 F=1.691，P=0.000<0.05（如表 5、表 6 所示）具有显著性差异；女生在立定跳远上平均值减少 5.12 厘米，且 F=1.315，P=0.000<0.05（如表 5、表 6 所示）具有显著性差异。

5. 力量素质：男女生都有下降

与新冠疫情前相比，男生在引体向上上平均值减少 0.51 个，且 F=2.330，P=0.002<0.05（如表5、表6所示）具有显著性差异；女生在一分钟仰卧起坐上平均值减少 2.62 个，但 F=0.515，P=0.000<0.05（如表5、表6所示）具有显著性差异。

表 5 身体素质变化状况

	性别	年份	个案数	平均值
50米跑（秒）	男	≥2020	1639	7.837
		<2020	3288	8.089
	女	≥2020	1655	8.962
		<2020	3086	9.198
1000米跑（秒）	男	≥2020	1639	275.462
		<2020	3288	265.187
800米跑（秒）	女	≥2020	1655	252.164
		<2020	3086	242.967
坐位体前屈（厘米）	男	≥2020	1639	12.369
		<2020	3288	11.838
	女	≥2020	1655	17.638
		<2020	3086	17.498
立定跳远（厘米）	男	≥2020	1639	188.738
		<2020	3288	192.642
	女	≥2020	1655	154.648
		<2020	3086	159.770
引体向上（个）	男	≥2020	1639	3.036
		<2020	3288	3.548
一分钟仰卧起坐（个）	女	≥2020	1655	41.088
		<2020	3086	43.708

表 6 身体素质变化状况独立样本 T 检验

			F	显著性	T	自由度	显著性（双尾）
50米跑	男	假定等方差	1.341	0.247	-9.770	4925	0.000
		不假定等方差			-9.699	3210.212	0.000
	女	假定等方差	1.194	0.275	-10.159	4739	0.000
		不假定等方差			-10.130	3354.796	0.000

续表

			F	显著性	T	自由度	显著性（双尾）
1000 米跑	男	假定等方差	2.805	0.094	8.014	4925	0.000
		不假定等方差			8.130	3401.424	0.000
800 米跑	女	假定等方差	0.064	0.801	9.901	4739	0.000
		不假定等方差			10.020	3499.146	0.000
坐位体前屈	男	假定等方差	1.571	0.210	2.418	4925	0.016
		不假定等方差			2.457	3414.444	0.014
	女	假定等方差	0.566	0.452	0.681	4739	0.496
		不假定等方差			0.681	3387.954	0.496
立定跳远	男	假定等方差	1.691	0.194	-4.739	4925	0.000
		不假定等方差			-4.694	3190.081	0.000
	女	假定等方差	1.315	0.251	-9.364	4739	0.000
		不假定等方差			-9.262	3277.373	0.000
引体向上	男	假定等方差	2.330	0.127	-3.079	4925	0.002
		不假定等方差			-3.101	3335.417	0.002
一分钟仰卧起坐	女	假定等方差	0.515	0.473	-10.407	4739	0.000
		不假定等方差			-10.375	3352.539	0.000

四、初二年级体质主要问题与讨论

新冠疫情发生前，我国青少年体育主要是在学校场域内，以班级教学制为基本组织形式，在同一学习空间进行步调近乎同步、内容近乎相同的体育学习和锻炼，而无论是青少年家庭体育环境和社区体育环境，抑或是青少年在家庭和社区中的体育参与表现都显著弱于学校体育。[10]新冠疫情发生后，北京市主要通过在线教学完成教学计划，以教学视频的形式将体育课程学习资料进行共享，学生在家长的支持、指导和监督下进行居家体育学习和锻炼。然而，调查结果表明，新冠疫情防控期间学生居家体育学习和锻炼行为并不乐观。

（一）新冠疫情防控期间初二年级儿童形态发育有所升高

随着经济社会的发展，中国儿童青少年的生长发育状况有逐年提高的趋势，新冠疫情防控期间儿童营养结构、饮食结构也受到父母的重视，体重的增多可能与居家一日三餐的饮食相关，也可能存在居家高热量零食的摄入。

（二）新冠疫情防控期间初二年级儿童肺活量降低

造成学生体质与健康方面存在问题的原因是多方面的，初二年级儿童肺活量下降的主要原因是学生户外活动和体育锻炼不足。新冠疫情防控初期很多学生处于居家隔离阶段，再加上随着网络的迅速发展，游戏、电视剧等对学生的吸引力占用了更多时间，大大缩短了学生居家锻炼的时间。此外，多数家庭中设备辅助锻炼受到限制，学界已经证明，个体受教育水平越高，其收入则也越高，而收入直接影响着对于体育锻炼的支付能力。[11]

（三）新冠疫情防控期间初二年级儿童耐力、爆发力、力量都降低

陈天麒等人研究我国儿童青少年睡眠时间状况与体能的关系时发现，在耐力素质方面，睡眠时间充足的儿童青少年的成绩要优于睡眠不足者。[12]由此可以推测新冠疫情防控期间，学生居家学习，存在学生以学习网课为由使用电子设备，从而导致娱乐时间过长缩短了睡眠时间，进而影响睡眠质量。

杜发强等人研究发现睡眠时间大于 6 小时的儿童青少年体能状况要优于睡眠时间小于 6 小时的群体，证明充足睡眠时间的保证将会在很大程度上促进儿童青少年体能的发展。[13]因此，睡眠质量的好坏对于儿童青少年体能的影响也至关重要。

为何新冠疫情防控期间初二年级儿童的爆发力和力量都呈现降低走势？一方面在于缺乏合适的体育锻炼，体育网课的教学也无法做到监督到每个学生，学生动作的正确与否、参与度等都无法得到教师及时的反馈；另一方面，学生缺乏体育锻炼意识和习惯，体育类考试只是在运动会、结业考试等特殊时期对体育给予重视，并未建立起提高所有学生体质健康的长效机制。

五、结论与建议

基于 2018 年至 2020 年北京市东城区 10 所中学初二年级的体质健康数据可以发现：与新冠疫情前对比，在身体形态方面，男女生体重均变胖了；在肺活量方面，男生平均减少 78.57 毫升，具有显著差异；在速度方面，男生 50 米跑平均减少了 0.25 秒，女生 50 米跑平均减少 0.24 秒，均具有显著差异；在耐力方面，男女生耐力明显下降；在柔韧性方面，男生的坐位体前屈与新冠疫情前相比平均增加了 0.53 厘米，具有显著差异，女生的坐位体前屈与新冠疫情前相比平均增加了 0.14 厘米，不具显著差异；在爆发力方面，男生的立定跳远与新冠疫情前相比平均减少了 3.90 厘米，女生的立定跳远与新冠疫情前相比平均减少了 5.12 厘米，均具有显著差异；在力量方面，男生的引体向上与新冠疫情前相比平均减少了 0.51 个，女生的仰卧起坐与新冠疫情前相比平均减少了 2.62 个，均具有显著差异。综上所述，新冠疫情防控期间男女生在 50 米跑步上变好了，男生在坐位体前屈方面变好了，女生在坐位体前屈方面变好了，但没有显著差异。造成这种情况的原因可能是，女生在柔韧性方面原本就占优势，50 米跑步这种爆发式练习，在短时间内可以操练，调研初二年级新冠疫情前后的数据可以发现，线上体育教学也非常重要，基于此提出以下建议。

（一）线上教学方式应以学生为中心，构建多元混合教学

混合式教学在一定程度上也改变了学生对体育课的认知，确保课后体育学习的有效发生，提高学生学业成绩，也提升了教师的教学效率。[14]线上教学可以弥补线下教学的一些弊端，如天气原因造成无法上课，学生在新冠疫情防控期间通过线上教学学习体育理论，线下可以进行操练。在进行线上体育教学时，教师可以通过QQ、腾讯课堂直播、录屏演示等多种形式进行体育教学，学生可以通过微信运动、录视频等方式提交学习反馈，进行反馈后，教师应针对学生的反馈进行指导，学生之间也可以进行互评，以此来开展线上教学。

（二）丰富在线体育教学资源，培养学生主动学习

体育师资不足一直是我国学校体育工作的一大短板[15]，又因学历、编制等要求，体育课有时因恶劣天气等原因所导致的体育课学时缺失。学校可以在互联网上找到体育相关的课程资源，满足学生个性化学习需求，学生可以根据自己的需求选择内容进行学习，通过自建和共享两种途径，丰富学习资源。此外，共享体育在线教学资源还缓解了许多高校体育在线资源缺乏的窘境，避免体育在线教学资源重复建设。[16]

（三）加强家校体育教学互补，营造家庭体育氛围

新冠疫情防控期间，除了上课外接触最多的就是家长，线上教学更多的是一种主动学习，初中生往往意志薄弱，家长可以起到监督作用。同时，通过与孩子一起进行互动，学生和家长共同学习可以营造家庭体育氛围，促进家长与孩子的感情。比如，家长可以与学生在室内进行坐位体前屈锻炼、体操锻炼，在室外时，可以与学生一起通过打羽毛球、立定跳远等方式，可以让学生强身健体。

在线教学工作不仅是应对新冠疫情的短期行为，更是一场长期的教学革命[17]，互联网的发展让在线教育成为一种必然趋势，线上+线下混合式体育教学不仅可以丰富体育教学资源，而且可以满足学生个性化学习的需求。我国一直以来特别重视体育健康发展，特别是青少年这一群体，体育锻炼不仅能改善青少年不良情绪，增强心理承受能力，还有利于培养其坚强的意志品质。

注释

[1] 关英凝，徐晓阳，谢敏豪."Physical Fitness"的中译与辨义[J]. 北京体育大学学报，2012，35（1）.
[2] 贾洪洲，陈琦. 论改革开放以来我国学校体育指导思想[J]. 体育学刊，2013，20（5）.
[3] 苏金源，谌晓安. 我国青少年学生体质健康研究现状计量与可视化分析[J]. 体育科技，2021，42（2）.
[4] 教育部. 教育部关于印发《全国学生体质健康监测网络工作实施方案》的通知[EB/OL].（2002-03-21）[2020-02-01]. http://www.moe.gov.cn/jyb_xxgk/gk_gbgg/moe_0/moe_8/moe_25/tnull_285.html.
[5] 苏金源，谌晓安. 我国青少年学生体质健康研究现状计量与可视化分析[J]. 体育科技，2021，42（2）.

[6] 张丹青, 刘阳, 柯友枝, 等. 儿童青少年力量素质变化趋势分析及启示——基于1964—2017年的国内外研究[J]. 西安体育学院学报, 2021, 38（4）.

[7] 张云婷, 马生霞, 陈畅, 等. 中国儿童青少年身体活动指南[J]. 中国循证儿科杂志, 2017, 12（6）.

[8] 姚健, 于宏亮, 张树来, 等. 学校体育在青少年体质健康促进工程建设中的路径选择[J]. 南京体育学院学报（自然科学版）, 2015（2）.

[9] 教育部. 教育部关于2020年春季学期延期开学的通知[EB/OL].（2020-01-27）[2020-02-12]. http://www.moe.gov.cn/jyb_xwfb/gzdt_gzdt/s5987/202001/t20200127_416672.html.

[10] 张加林, 唐炎, 胡月英. 我国儿童青少年体育环境特征与存在问题研究[J]. 体育科学, 2017, 37（3）.

[11] 李骁天, 潘金峰, 李博. 家庭效应对中国城市社区居民体育锻炼影响的研究——基于分层线性模型的分析[J]. 西安体育学院学报, 2014, 31（4）.

[12] 陈天麒, 董彬, 张文静, 等. 儿童青少年睡眠时间与速度和耐力成绩的相关性研究[J]. 北京大学学报（医学版）, 2018, 50（3）.

[13] 杜发强, 樊晶晶. 我国青少年学生体质健康致因探析[J]. 体育与科学, 2014, 35（3）.

[14] 肖尔盾. "互联网+"背景下高校体育教学混合学习模式探索[J]. 中国电化教育, 2017（10）.

[15] 庄巍, 樊莲香, 汤海燕, 等. 新时代大学公共体育在线教学建设研究[J]. 体育学刊, 2021, 28（5）.

[16] 庄巍, 樊莲香, 汤海燕, 等. 新时代大学公共体育在线教学建设研究[J]. 体育学刊, 2021, 28（5）.

[17] 张端鸿. 在线教学是一场长期教学革命[N]. 中国科学报, 2020-02-18（5）.

数字化背景下智慧教育在初中道德与法治课程中的实践探究

● 郭 静

一、文献综述

(一)核心概念界定

祝智庭(2012)认为智慧教育是利用适当的信息技术来培养智慧型人才和落实智慧教育的理念;靖国平(2013)认为广义的智慧教育就是帮助人们建立完整的智慧体系;杨现民(2014)认为智慧教育是依托新一代信息技术打造教育信息生态系统,实现信息技术与教育主流业务的深度融合,促进教育利益相关者的智慧养成与可持续发展。

因此,本文主要阐述智慧教育如何在实践中打造网络化、数字化、智能化的学习空间,形成互联互通的线上线下相结合的学习共同体。同时,如何将教学目标有机地与智慧教育相融合形成共赢,实现学生的个性化和自主化学习。

(二)传统教学与智慧教育相融合的必要性

1. 促进师生交流和生生交流

在以往教学实践活动中,教师虽然注重提升学生的自主探究意识,但是学生们进行交流的方式较为单一,往往都是采取一问一答的形式,有时候为了能够强化教学目标的达成效果,可能在课程中都是教师在教授,这样的情况就会导致很多学生没有得到教师的关注。还有就是受到时间和空间的限制,在教学实践活动中缺乏小组合作交流互动的环节,降低教学的效果。因此,智慧教育背景下,教师可以利用数字化手段进行师生、生生的立体化交流模式,让学生对整个学习过程中的收获、问题、细节等进行反思，以小组和集体活动促进有效交流。教师通过多种线上教学途径，进行趣味的教学活动，一方面能够增加学生的好奇心，另一方面能够丰富课堂互动形式。

2. 提升学生学习兴趣，增加体验感

在初中道德与法治教学活动中就教学内容而言，对学生来说七年级全册及八年级上册的内容相对于学生的生活比较贴近，易于学生接受。但是八年级下册以及九年级全册内容相对于学生就显得晦涩难懂，同时距离学生的实际生活很远，所以教学中，教师往往会以教学任务和进度为驱动注重知识的传授，而忽略对学生兴趣的激发，无法调动学生的参与性，让课程变得乏味枯燥。学生们在学习中通过案例和图片资料了解相关的实践活动，在坐井观天的模式下没有获得真切的实践体验，对知识也是一知半解。智慧教育背景下，学生以任务为目标进行学习，学生在自主学习中收集资料、展示思维的过程，注重学生体验的过程和思维的过程，能拓宽学生的视野，增加学生的自主性，提高教学效率。教师以丰富多彩的动态视频，调用丰富的互联网资源展示学习内容，能促进学生的理解，加深学生的认识。

3. 促进学生信息素养的养成

在大数据环境下,学生信息素养的养成也是至关重要的。在智慧教育的实践中，学生通过教师布置的相关项目学习任务，在互联网中，通过自主查询和鉴别，能够促进学生对于信息辨析、专注力的培养，进而提升学生的网络综合素养。同时，也能够在一定程度上，帮助学生降低网络沉迷的情况出现，学生能够逐步形成对网络的正确使用以及在网络生活中正确价值观的形成。

（三）智慧教育与传统教学相融合，提升教学有效性

1. 以任务为驱动，实现个性化学习

智慧教育理念下，教师要让学生在多种教学活动中进行知识迁移，从而培养学生的实践能力和合作能力，让学生改变机械的被动学习方式，从而采用主动发现问题、分析问题、创造性地解决问题的学习方式，促进学生个性成长。例如，在"合理利用网络"的教学中，教师改变以往给学生们案例、视频等的灌输式教学方式，让学生们在生活中自主观察和反思，总结参与网络生活中的经验和教训。在课堂上

进行展示和交流，培养学生自主学习意识，促进学生的个性化发展。

2. 呈现思维过程，增强课堂互动

教师以现代信息技术为支撑，让学生们以互动的模式展示学习成果，呈现学生思维的过程，以便于教师对学生的学习反馈情况进行监督，并进行实时的评价和指导，能提升学生课堂注意力，增加学生进一步学习的自信。例如，在"爱在家人间"的实践活动环节，教师让学生们用手机录制与父母进行亲子活动的过程，以视频的方式呈现在课堂上。在整个教学实践过程中，学生们密切关注自己的学习成果，在对比中进行反思和总结，促进学生思维的发展。

（四）智慧教育实践中的教学模式的转变——多模态混合式教学模式

多模态混合式教学模式主要分为线上和线下两个主要环节，线上以学生自主学习为主，由教师课前发布任务单、学习视频、课前测评等活动，学生根据要求完成各项线上活动。该过程以认识新知识、掌握事实性知识、形成自主学习能力为主要目标，通过课前测评结果，学生提前了解自己的预习结果，并找出学习中遇到的各种问题，为线下授课集体讨论提供问题来源。线下针对学生在自主学习中遇到的多模态问题，由授课教师组织线下各项教学活动，主要包括问题交流、自主探索、小组合作、成果展示等，有效培养学生的沟通表达能力、小组协作能力、创新实践能力和自信力。这一过程，在教师的指导下，借助多模态课程资源、智慧教学平台、多模态互动方式、多模态评价等，解决学生遇到的多模态问题，培养学生综合能力。

（五）智慧教育对学业质量评价及设计的要求

"智慧教育"要求给予学生更加"个性化的支持和精准化的服务"。对照当前学业质量评价的实践，要做到"精准判断"和"个性支持"，需要满足以下两个方面的条件：(1)让学业质量评价的证据更多元和多样；(2)让学业质量评价的路径更科学和便捷。与此同时，智慧教育要求学业质量评价必须以学习者为中心进行学业评价设计，包括以下三个方面：(1)技术进课堂，伴随式记录学习过程数据；(2)建设学生云，开展智能化学业质量评价；(3)基于云服务，实现个性化教学资源推送。

二、智慧教育在教学实践中的问题与反思

（一）传统教育与智慧教育在教学实践中发现的问题

1. 学生在教学过程中参与度和积极性不高

居家学习时期，线上教学在一段时间内成了学生主要获取知识和与教师进行沟通联系的方式。但是，这种方式的转变对于学生的综合素养以及学习态度是一个巨大的考验和挑战。在实践教学过程中，能够明显感受到学生对于线上教学的适应程度一般，尤其是学习基础相对一般的学生，在没有教师面对面的管理和约束下，容易出现消极心态，对待学习往往是糊弄了事。那么，在实践教学过程中，不仅对于教师是一种考验，同时对于学生而言，知识上的获取也成了巨大的问题。

2. 在教学实践中师生互动情况还存在一定问题

在线上教学过程中，由于课程任务和时间的约束，很多时候，学生需要长时间集中注意力在电子设备前，对于学生而言，无论是从生理上还是从心理上都是一种"折磨"。带来的结果就是，学生开始出现面对课堂消极应对的表现。其实，与其说是消极，不如说是一种长时间的疲惫带来的"后遗症"。在这种"后遗症"的影响下，师生互动程度便开始越来越少，学生的主动性和积极性也越来越低。

3. 教师对学生掌握知识情况的把握准确性不高

从前面提到的两个问题可以看出，正是由于学生的主动性和参与性降低、与教师的沟通不畅，教师才无法在实践教学的过程中及时发现学生的问题，进而调整教学节奏和进度，最终导致教与学出现断层。学生的问题无法及时发现，教师也不能及时进行改动。所以很多时候，班级里只有一部分学生是真正能够跟上教师的节奏并理解知识的，还有一部分学生可能在走神或者无法全面掌握一节课的全部内容。最终的结果就是学生不能全员掌握，教师也不能具象化到出现问题的学生，进而导致教学目标的达成大打折扣。

4. 学生作业完成质量及效率有待提升

面对一天紧张的学习，学生的精力基本上已经消耗殆尽，但是面对最终期末的学业检测压力，学生不得不继续完成各科目布置的练习作业。作为道德与法治这个科目，基本概念的掌握和相应习题的练习也是必要的。但是，在真正实践教学过程

中，能够真正落实的学生不多，很多学生不能够保质保量地完成。

5. 学生无法完全调整好线上的学习心态

长时间高强度面对电脑的生活，给学生带来了很大的不适。很多学生变得不愿意与人交流，部分学生变得轻微厌学，还有一些学生在家庭中与家长的关系紧张。当然，还有就是学生在这种高强度的线上学习过程中，越来越脱离现实，更加乐意在网络环境中生活。这些问题都是不可忽视的。在这些问题的牵引下，很多学生在学习上的心态发生了变化。这也是在线上教学过程中出现一些消极现象的原因。

（二）针对问题进行反思与改进

1. 改变教学侧重点，采用多种形式开展教学

线上教学或者说智慧教学其实与传统教室内的教学模式还是有区别的。为了能够更好地通过网络的形式进一步落实到教学效果上，则需要在课程安排上做到精而准，将每一课的重难点进行强化。而基础性知识相对难度偏低则可以让学生通过自主学习或者小组合作的形式进行学习，课堂上则重点解决对于学生有难度的知识点。与此同时，在讲授过程中，应以视频、问题探究的形式开展，减少教师的讲授时长，更多的时候是教师针对难点进行拆分并根据学生的整体情况一步步将知识及相关学习材料展示给学生，并通过小组讨论等形式进行落实。当然，这对教师就提出了更高的要求。但是，能够更好地将课堂的主动权交到学生手中，从而提升学生的课堂参与度和积极性。

2. 拓宽师生沟通渠道，加强课后交流

由于课堂上的时间有限，很多时候留给教师与学生互动交流的时间会很少。那么，教师可以通过微信建立学习小组群等形式，参与到学生的课后生活中。与此同时，教师其实也能够在此基础上了解学生对于课前自学、课后复习等情况的摸排，还可以通过电话、小范围视频等方式针对不同层次的学生进行辅导和指导。通过扩宽渠道，能够加强师生之间的联系，不仅能够进一步落实教学任务，还能够加强师生间的信任和好感度，为之后的教学提供辅助。

3. 采用多种评价方式，及时点评

评价方式不仅仅局限于考试，其实在日常课程中也能够进行。比如，给学生以

小组的形式布置一道辨析题——"权利和义务相统一",然后通过学生展示就可以从中了解到,学生前期对于基础知识(权利、义务)的掌握和学习情况,以及学生在组内活动中的思考过程,是否已经了解了两者之间的辩证关系。在学生以小组的形式进行展示时,及时给予评价并作出指导,用积分等形式给予学生鼓励,则会进一步激发学生的学习兴趣,让他们真正感受到学习带来的成就感,而不是单纯地为了某一次考试的分数。

4. 丰富作业形式,理论知识与实践探究相结合

为了能够真正发挥作业的意义,则需要进行有针对性的调整。基础性知识可以通过知识框架、画图展示等形式落实,针对有难度的知识点,可以让学生以小组的形式进行落实。这样一方面能够减轻学生的作业负担,另一方面小组成员间能够相互讨论和帮助,在组间就能够解决一部分问题。当然,在作业呈现上也可以不完全拘泥于笔头上,可以通过视频、海报、PPT等形式进行汇报。作业只是形式,是帮助学生落实知识点、实践新知识的途径。所以,不管用什么样的形式呈现出来,最终学生能够达到掌握理解知识,并且能够运用知识解决问题就可以了。

5. 强化家校沟通,为学生保驾护航

面对突如其来的居家学习,学生的学习环境从有人监督到需要自主独立,学生会产生焦虑厌学等负面状况,导致学生学习动力不足。如果这时家长不能够给予学生理解,单方面粗暴施压,一方面学生和家长的交流沟通会出现问题,另一方面会加速学生放弃学习的心理形成。这时候则需要教师在日常教学过程中,更加关注学生的学习状况、学习效果等变化情况。当发现学生出现消极对待学习的心理出现时,一方面需要进行情况了解,分析问题的根源,从源头解决问题;另一方面需要教师从心理上给予学生鼓励和支持,结合问题帮助学生解决压力的根源。

教师要积极保持家校之间良好的沟通与合作,有针对性地指导家长树立并践行正确家庭教育观、全面育人观,继续密切关注学生居家学习与生活的情绪与状态,做好线下学习与线上学习之间的衔接,尤其是作息习惯、学习习惯的调整和优化,尽快适应线上教育教学。引导家长合理调整学生作息时间;严格控制学生使用电子产品的时间,防止或减少学生对电子产品形成依赖;充分关注学生的作业完成情况,充分关注学生的心理状况,及时发现问题,并及时做好与家长的沟通,形成教育合力。

三、总结

线上教学不仅对教师是一次巨大的挑战，同时对家长、学生也是一次从未有过的经历。在这个过程中作为教师，保障学生教学效果的达成，促进学生学习自主性、积极性的提升，是每一位教师要面临的问题和困境。综上所述，在实践中的经验，其实归根究底还是需要教师从以人为本的角度作为切入点，帮助学生适应线上教学、调整心态、树立正确的学习观念；帮助家长建立正确的教育理念和找寻符合学生实际情况及需求的教育方式和方法。只有教师、学生与家长三位一体共同努力，才能够真正帮助学生顺利度过新冠疫情防控期间这种特殊的教学时期。

有效利用自媒体获取学科知识的实践与浅析

● 赵雪婷

一、绪论

如何更好地运用信息资源创造让学生主动学习的情境，改变教学内容的呈现方式、学生的学习方式、教师的教学方式、师生的互动方式，最终使师生的信息化素养得到提升，更使其成为强大的学习工具，让学生最终真正地学会、学懂、学透，是非常急迫和重要的。

二、有效知识的获取

1. 信息及知识

在漫长的人类历史中，人类经历千万年的进化过程，可是农耕文明时代仅几千年，工业文明仅几百年，而信息文明仅几十年。有研究显示，近 30 年来，人类产生的信息量，已经超过了过去 5000 年人类的信息总和。面对着新闻信息飞速增加、娱乐信息急剧攀升、广告信息铺天盖地、科技信息指数递增、个人接受严重超载，今天的我们面临一个严峻问题：怎么判断信息是有用，还是无用呢？

信息不等于知识，当知识是碎片化、没有提炼的时候，仅仅是信息，只有那些有过程、有系统、有联系的信息，才会成为知识。[1]

2. 自媒体的特点

自媒体有别于由专业媒体机构主导的信息传播，它是由普通大众主导的信息传播活动,由传统的"点到面"的传播,转化为"点到点"的一种对等的传播概念。[2]自媒体之所以爆发出如此大的能量和对传统媒体有如此大的威慑力,从根本上说取决于其传播主体的多样化、平民化和普泛化。

三、自媒体使用情况分析

1. 学生情况

目前,中学生主要使用的自媒体平台包括:微博、抖音、小红书、B 站、快手等软件。以抖音 APP 为例,它是一款以拍摄短视频为主的音乐创意类社交软件,年轻用户占据较大比重。为了解学校学生使用抖音 APP 的情况,探究如何正确合理利用抖音短视频作为辅助学习的工具,以学校 288 名初一年级和初二年级学生作为样本,进行不记名的问卷调查。调查问题主要包含:软件使用频率、每次使用时间、使用抖音的原因。具体数据分析如图 1 所示。

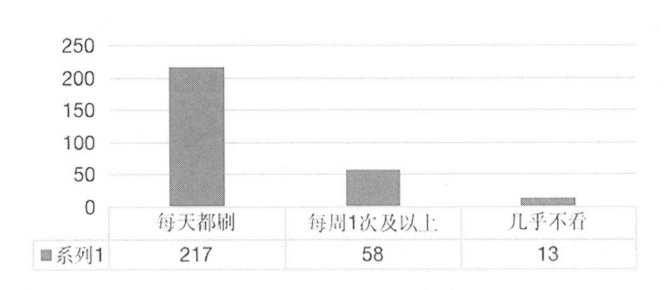

	每天都刷	每周1次及以上	几乎不看
■系列1	217	58	13

图1 抖音 APP 使用频率统计

抖音 APP 的使用频率:从统计柱状图图 1 中可以看出,参与问卷的学生绝大多数使用抖音 APP,刷抖音的现象是非常普遍的。每天都刷抖音的学生共 217 人,占比 75%,每周使用 1 次及以上的学生共 58 人,占比 20%,几乎不看抖音的学生只有 13 人,占比 5%。

使用抖音原因统计数据分析如图 2 所示(可以多选):利用抖音拍视频记录生活信息的有 32 人次,搜索技能学习的有 69 人次,追星和关注网红的有 55 人次,听音乐的有 27 人次，看直播购物的有 28 人次，关注社会热点的有 93 人次，无聊消磨时间的有 54 人次。从图 2 的柱状图可以看出，学生使用抖音的三大主要原因是关注社会热点、搜索技能学习和关注网红。

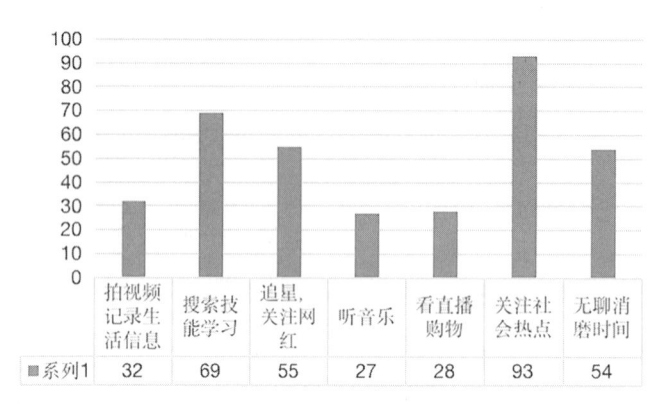

系列1	拍视频记录生活信息	搜索技能学习	追星，关注网红	听音乐	看直播购物	关注社会热点	无聊消磨时间
	32	69	55	27	28	93	54

图 2　抖音 APP 使用原因统计

2. 教师观点

通过与学校相关教师访谈，老师们的观点主要在以下三方面：

一是掌握适应时代特点的本领同样重要。随着《义务教育课程方案和课程标准（2022 年版）》的发布实施，时代的变化让教育面临全新的挑战，也对人才培养提出了更新更高的要求，除了课堂教学外，老师教授孩子们掌握适应新时代的本领也同样重要。现在的孩子从小就接触网络，互联网已经是孩子们生活的一部分，着眼未来，终身学习会成为趋势，如何在互联网上便捷获取知识就更为迫切和重要了。

二是合理有效地汲取互联网中的优秀资源。自媒体有许多优秀的互联网资源，应作为课堂教学的补充。对于自媒体不加筛选而一味地强调禁止也不符合当前的时代背景和发展趋势。优秀的互联网知识主要在于筛选及了解自媒体自身的运行规律，引导孩子关注自媒体上优秀的内容。如抖音的系统机制就是推荐你喜欢看的，只要你在某方面观看点赞的次数多了，它就会随机推荐类似的内容。老师可以在课堂展示一些优秀的公众号、视频号，避免学生盲目地查找。

三是提高教师的课堂输出与学生的信息获取能力。学校教育存在课堂教学内容供给与学生信息获取需求不对等的矛盾，比起课堂上获得的知识，学生更容易受网络信息的影响，学校和老师及家长都应当引导孩子们树立正确的理想信念、价值观与社会认知，用理性的眼观去看待，防止沉迷网络现象发生。

3. 结论

据《2021抖音泛知识内容数据报告》显示，过去一年抖音上的泛知识内容增长迅猛，播放量年同比增长达74%，成最受用户欢迎的内容之一，泛知识内容播放量已占平台总播放量的20%。截至2021年8月31日，抖音已有792个生活常识相关话题播放量过亿。自媒体软件从来没有对错，错的只是用的人，社会在迅猛发展，我们无法改变网络时代给我们生活带来的变化，但可以在合理、自律的情况下正确引导学生，使他们既能感受到虚拟世界带来的乐趣，不过分沉迷，又能让学生从中学到知识。

四、利用自媒体辅助教学的实践活动

1. 自媒体的"教"的功能

很多老师在刷抖音、上B站的同时，也注意收集、积累其中的优秀资源作为教学资源。

比如，由于现实因素的制约，很多物理现象是无法在现实中模拟出来的。例如，中学物理在讲"升华与凝华"这一内容时，如果只是单一地讲解，学生很难理解升华与凝华是如何形成的。通过抖音搜索筛选，有几个实验可以应用在教学中，一个是用干冰模拟舞台效果，即直接往干冰上加水营造出仙气飘飘的效果；另一个实验是将干冰放在瓶子里，在瓶子上方放入一个气球，干冰升华成二氧化碳气体会吹起气球。用这些有趣的实验来"吸引"学生，再在教师的引导下，根据生活知识来进行逻辑推理，从而让学生体会、参与物理探究的全过程。

2. 自媒体的"学"的功能

随着越来越多的专家学者进驻自媒体，参与科学的普及和传播，自媒体已成为大众了解科学、学习新知的"新课堂"。例如，中国物理学会在抖音开讲，陈征、魏红祥、吴彦旻讲解"天宫课堂"中的物理；王亚平演示了"点水成冰"实验。实验中，将附着部分醋酸钠晶体的玻璃棒伸入溶有醋酸钠的纯净水后，其顶端迅速出现一个白色小球，而且温度很高。原来，这是因为醋酸钠的溶解度具有随温度下降而迅速减小的特性，当温度较低的玻璃棒接触富含饱和醋酸钠的水时，充当凝结核的玻璃棒上就会附着大量醋酸钠晶体。在这个过程中，醋酸钠由液体变成固体，在相变的同时会释放出大量的热。"点水成冰"实验在现实生活中的一个具体运用是热敷袋，自动发热袋里面的液体就是醋酸钠的过饱和溶液，这种不稳定的状态遇到外界刺激后，会启动溶质的结晶过程，而此过程是放热的。

学生通过关注一些优秀的视频号，对理解抽象的物理学现象及其现实应用，也是较为重要的。

五、结论

作为学校和老师，在推进落实立德树人的教育根本任务，培养新时代社会主义建设者和接班人的同时，也应主动顺应信息革命发展潮流，知识走出"象牙塔"，积极引导和提升学生的自我辨识力，参与科学的普及和传播，使自媒体成为学生了解科学、学习知识的"新课堂"。

注释

[1] 黄建锋，碎片化学习：基于"互联网+"的学习新样式[J].教育探索，2016（12）.
[2] 王竹立,移动互联时代的碎片化学习及应对之策——从零存整取到"互联网+"课堂[J].远程教育杂志,2016（4）.

"数字化"变革　智慧教与学

● 王　垚

一、背景分析

在"双减"政策下，在新课标的引领下，充分发挥学校育人主渠道作用，让每个学生在校内都能够学得会、学得好、学得足，最终达到发展核心素养的目的。

如图1所示，依托学校生长课堂的教学方式，促进教学新变革，我尝试信息化教学，利用数字化开展课堂教学与课上课下练习活动，通过数据分析，提升课堂效率、把握课堂节奏、进行教学反思、制定教学措施，精准定位每一位学生。学生通过对数据的把握，主动并及时了解自己存在的问题及下一阶段努力的方向，从根本上实现学生个性化发展。

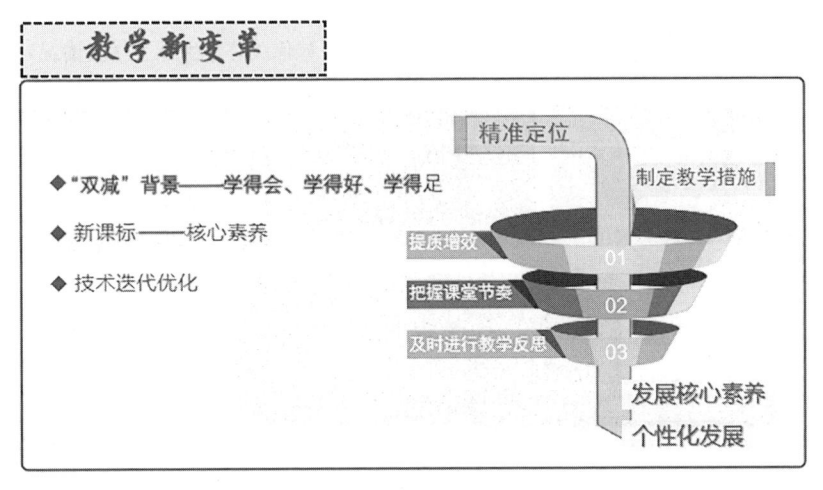

图1　教学新变革

二、情境描述

我的学生正值初三冲刺阶段，每一节课、每一次练习都需要老师有针对性地给予学生指导，学生要有目的性地进行知识积累。大数据分析精准定位显得尤为重要。在东城区的先进技术引领下，我综合运用 ClassIn 与智学网等数字化平台，开展创新性、探索性工作，总结取得的经验和成果。

（一）数字化助课堂高效

线上教学时，如何解决学生"晒网"的问题？起初我会因为学生在屏幕另一端开小差不能及时发现而心急焦虑，尝试多种办法监控学生学习状态。在摸索过程中发现，可以借助"小工具"辅助教学，进行"线上面对面"学习和交流，利用"滚动上台"，随时关注学生学习动态。为了让学生有紧张感，开启随机点人、答题器、视频墙，提高学生线上学习的专注力。学生纷纷表示，自己"晒网"的机会消失殆尽，越发认真听讲，时常主动开麦互动，学习从被动变主动，正是课堂高效的有力体现。

另外，隔着屏幕，如何关注学生的课上落实情况？如图 2 所示，利用"小黑板"可以做到。教师及时纠正反馈，学生可以立刻改错完善。收回小黑板时，同学们还能看到同伴的完成情况，教师可以借此表彰优秀的学生，对学生具有引领示范作用。

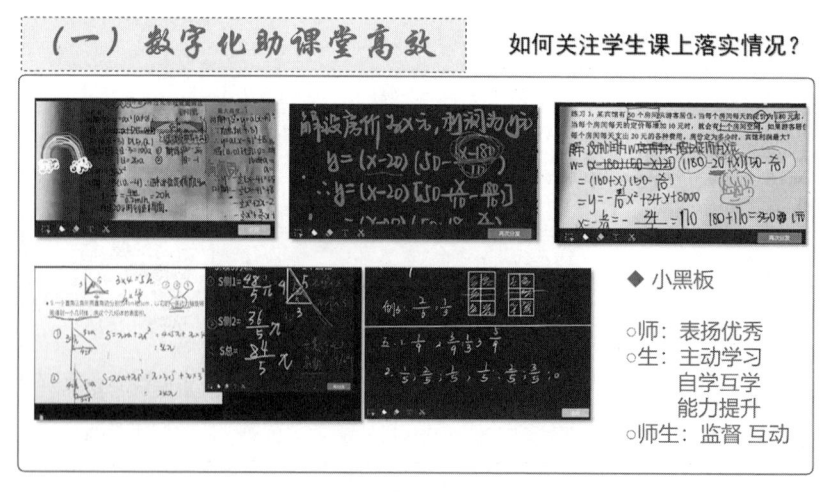

图 2　关注学生落实

逐渐会发现，完成情况不佳的同学也被带动起来，他们在教师讲解、自学互学的过程中逐步增强了自身解决问题的能力，也开始挑战卓越。教师讲解有针对性，学生学习有效率，师生、生生之间有互动，这也是课堂高效的有力体现。

（二）数字化助课后精练

现在课堂互动充分，参与度高，那么如何巩固课堂的学习效果呢？在"双减"背景下，课后作业的精心布置至关重要。如图3所示，利用数字化，不仅能做到当堂问题当堂清，还能做到当天作业当天清。可以分点分组布置作业，同步提醒学生及时改错，学生每天与我互动6—7次。教师能真正做到天天作业有批改，学生能真正做到次次作业有落实、节节作业有改错，现在学生已经有了明确目标：力求不放过任何一个知识点。

图3　数字化助课后精练

作为初三学生，如何快速地过渡到备考新学期？如何改变学生面对假期作业的消极态度？如图4所示，假期作业可以通过ClassIn进行布置，在假期即完成了老师的批阅与学生的改错，这种实时反馈、及时批改、频繁互动的形式，很好地维持了学生的学习热情，学生利用假期时间查缺补漏，实现弯道超车。

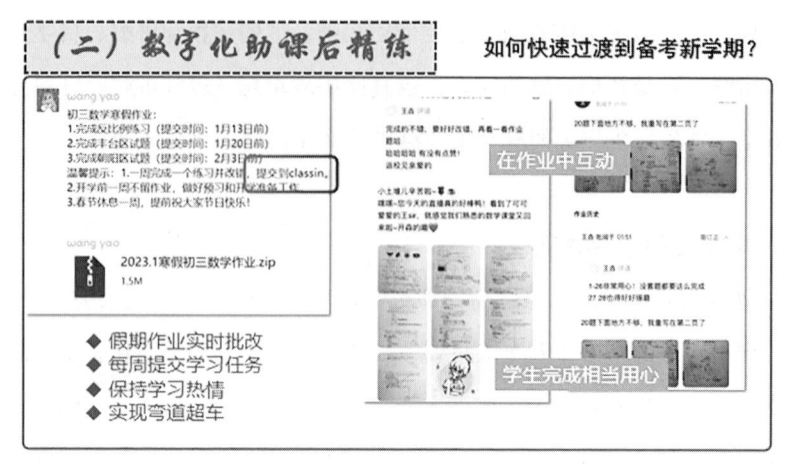

图4 快速过渡备考新学期

如图5所示，无论是假期，还是课后或周末，当学生遇到问题需要交流讨论时，学生已经养成主动联系老师、自行建立讨论室的习惯，互学答疑解惑，碰到解决不了的问题，教师能及时给予指导。学生的学习积极性得到显著提升。现在，不是网络数字化教学的终止，更是线上线下结合的开端。及时总结数字化学习的经验，与线下教学有机结合与延伸，给予学生更多资源进行更多探索，达到能力提升，给予学生更多指引，将个性化进行到底。混合式教学正是大势所趋，同时教师集备与班级研讨活动也能轻松完成。

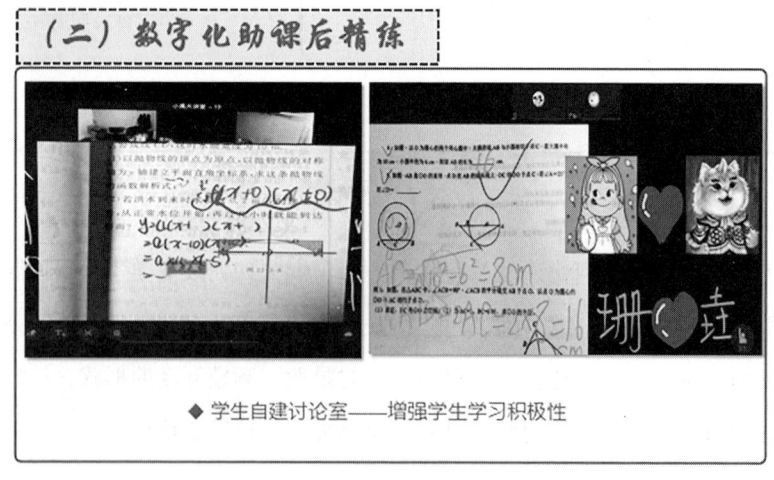

图5 自建讨论室

（三）数字化助精准分析

阶段性练习是检验学生学习成果的重要环节之一，那么如何准确把握学生完成情况呢？这是带领毕业年级冲刺的利剑。如图6所示，利用数字化精准定位学生是我最大的收获之一。最初多利用教学经验讲解复习课，针对性不足，数据分析只应用于线上教学或期中、期末考试。现在，逐步应用于日常的练习中。利用智学网进行数据收集，精准分析每一位学生的完成情况，提出下一步的举措和计划。学生除了获得自身的学习动态外，还能获得为其量身定制的"错题本大餐"，他们纷纷尝试自主复习，实现个性化发展。

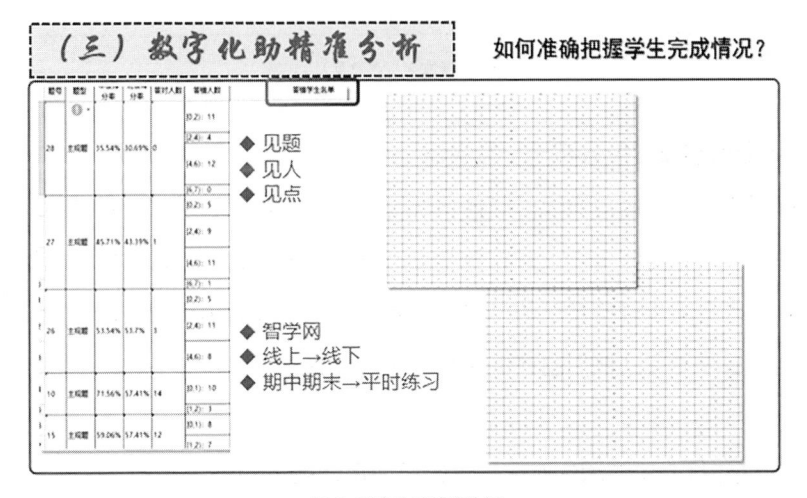

图6 数字化助精准分析

三、问题讨论

进入初三总复习，时间紧，任务重，学情复杂，如何制定个性化的学习策略，激发学生学习动力，进行高效复习呢？数据分析精准才能为学生提供更有针对性的复习建议。针对学习过程中的数据采集与分析，以某两次的日常练习举例。如图7所示，数据中可呈现各班情况、临界生对比等信息，依托数据制定措施，随时调整教学安排。学生会跟随老师脚步，主动学习，在这一过程中提升学习主动性与学习能力，寻求自我突破。

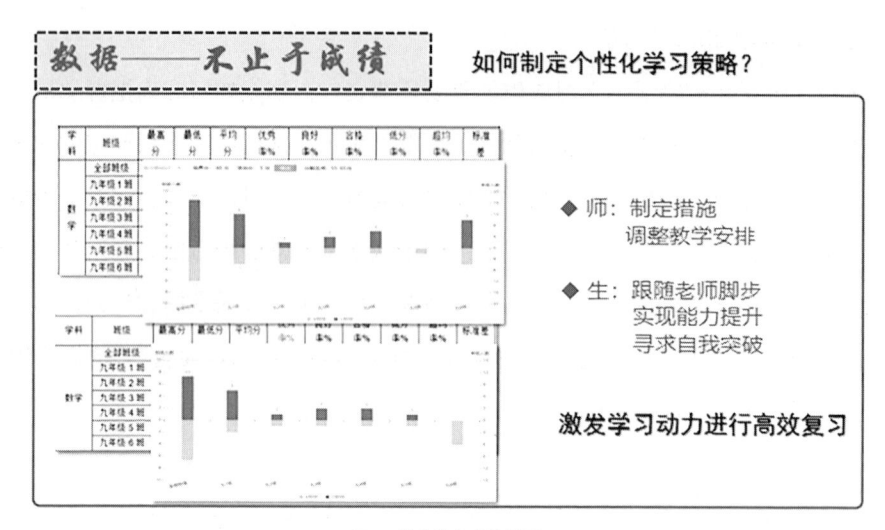

图7 激发学生高效复习

（一）通过学业等级分布——看学情

如何精准掌握年级与班级的整体情况呢？利用箱体图，学情一目了然。会发现每个班都要有培养的侧重点，后续教学更有针对性地帮助每一位学生。通过教学的调整，学生也会同步调整自己的学习目标和计划，可以看出优秀人数上升至43人，增加一倍，后续要帮助他们制订更有效的学习方案。

（二）通过优秀生学困生对比——由班情定计划

如何找到班级中存在的关键问题？可以通过优秀生与学困生的数据对比发现班级中存在分化现象，因此我会采取在课堂上进行分组的方式授课，有时是"拔高组"之间的较量，有时是"互助组"之间的切磋。会通过不同课型调整分组的方式，为每一梯度的学生制订相应的学习目标和计划。学生由数据知学情，理解分组的目的后，会更容易深入组中学习讨论，有针对性地击破属于自己的问题，学生课堂参与度更高，每一堂课后都有不同的收获。不仅增强主动性，也增强自信心，逐步提升学习能力。

（三）小分分析——落实巩固知识点

掌握以上数据，可以有效定位学生，这是前提。那么知识上存在怎样的漏洞？可以利用小分数据讲解高频错题，发现问题、解决问题。

将题目按知识点进行划分，找出问题关键，对学生学情进行更加精准的分析。如图8所示，优生存在综合题完成不佳的情况，起初我会有计划地对优生进行综合题训练，课上分组，课后布置弹性作业督促学生积极思考。现在学生能利用数据找到自己知识薄弱的环节，搜集有针对性的练习，主动挑战卓越，有困难也会及时寻求老师的帮助。提升分析问题、解决问题的能力，发展核心素养。

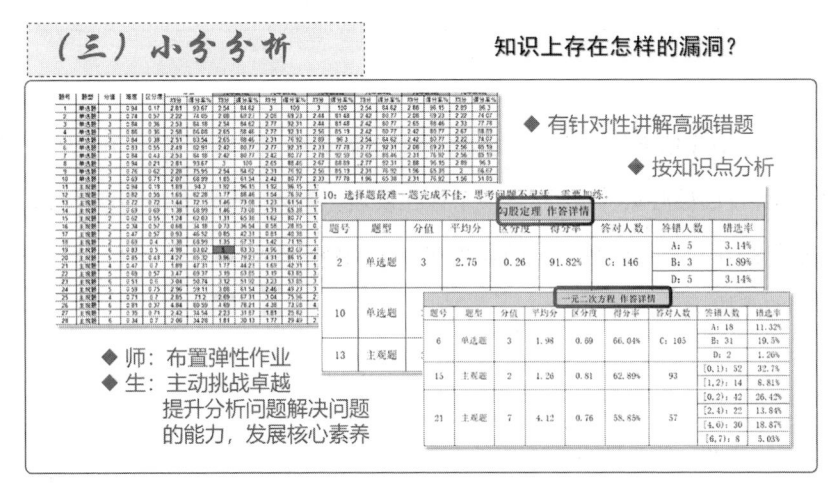

图8 小分分析精准定位

四、反思总结

在教学中，我会充分利用数据制定下一阶段的改进措施，如图9所示，开展专题讲解、分组教学等。利用数字化，靶向定位每一个学生。在"双减"政策下，在新课标的引领下，依托北京市前门外国语学校生长课堂的教学方式，运用东城区先进的数字化技术手段，结合信息化教学，让学生在线上线下学习中充分互动，总结提升。

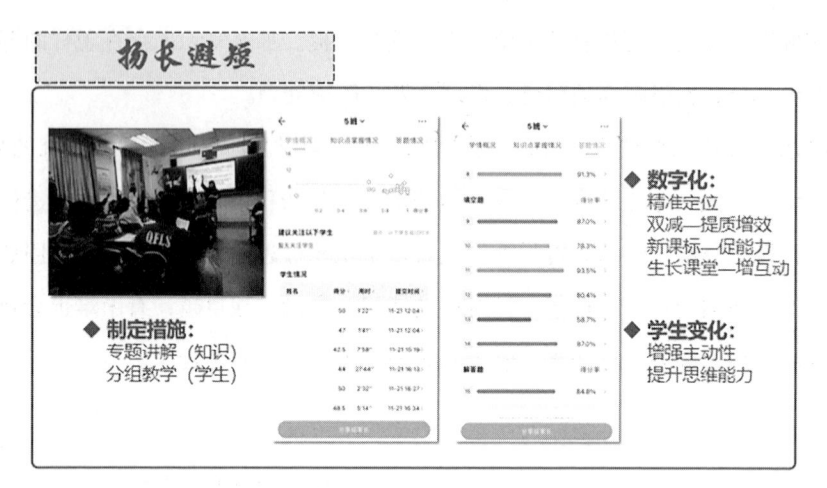

图9 扬长避短

对于初三毕业年级的学生,在大数据精准定位下,既提升了学习能力,又能由被动变主动,发展核心素养,进而实现个性化发展。量变的积累最终实现质变的飞跃!现阶段还只是在初步尝试和探索的过程中,希望将点滴收获记录下来,希望得到专家老师们的点拨指导。

日积月累，融会贯通
——浅思作文教学

● 曲文芳

作文教学一直是我们新课程要探讨的一个重点和难点问题。初中作文教学中会遇到很多问题，这些问题具有一定普遍性，它制约着学生作文水平的提高，值得我们思考。本文是根据我在作文教学中的一些心得体会，提炼出我对作文教学中关键点的认识。

一、由简到难学习，激发写作兴趣

叶圣陶老先生曾说过："练习作文是为了一辈子学习的需要、工作的需要、生活的需要，不是为了应付考试，也不是为了当专业作家。"那么，我们该怎样培养学生的写作兴趣呢？

首先，让学生认识到作文和说话很接近。像《论语》这样的经典著作不就是记录孔子及其弟子的言行吗？写作完全可以从记话入手，想说什么就写什么，写不好也没有关系。平时侃侃而谈的你一到写作文时怎么就畏首畏尾、裹足不前，这不是很可笑吗？

其次，由浅入深，引领学生亲近作文。不要让学生以为作文是让人头疼的事，最好让他们觉得很容易。可以从最简单的记叙文写起，如果学生们连这也写不好，不妨从片断练习开始，描写一个人、一处风景、一个场面，写的时候注意提醒学生一些要点，比如要有点层次感、要有细节等。学生觉得这样的东西很容易完成，就会对作文失去戒备之心。

最后，让学生有成就感。每个人都有一点小小的虚荣心，这无可厚非。老师也可以利用它达到激发学生兴趣的目的。值得一提的是，当我知道班上某人特别喜欢流行歌曲后，我便抓住契机进行引导。我对学生说："一首歌就是一首诗，它的语言简洁凝练、感情丰富。每首优秀流行歌曲都是高尚情感的产物，融注了优美感人、积极向上、崇高壮阔、催人奋发的真切情感，流淌着深邃的思想潜流，动人心弦，是不可多得的良好的写作教材。喜欢它不是一件坏事，因为它也是语文学习的资源。"学生没想到不但没被批评，反而得到认可，非常兴奋。我就因势利导：如果能在文章中引用合适的歌词，也是一件好事。果然这位同学就在后面的一篇作文里引用《爱的奉献》的歌词："只要人人都献出一点爱，世界将变成美好的人间……"另一位同学则引用《真心英雄》里的"不经历风雨，怎么见彩虹"来表白自己的心声。我及时进行作文反馈，将这一例子作为典型在班上与同学们交流，之后就有不少人纷纷效仿，收到了较好的效果。

二、巧设指导思路，保持写作热情

要想使学生有持续的写作热情，就不能仅仅让学生自行摸索，教师要扮演重要角色，对学生的写作进行指导。作文教学方法很多，都很有道理，不过我认为最重要的莫过于要学生多读多写了。

多读就是养成读书的习惯，有时间就读些东西，读的范畴可以很宽泛，中外小说名著、散文名篇、报纸杂志等都可广泛涉猎。多写就要利用一切机会写作，生活见闻、学习心得、内心体会都可随意书写。

写作水平的提高要靠多读多写，长期积累，不能速战速决。这虽是老生常谈，却也是根本办法。至于其中原因，我想引用几段张中行先生在《作文杂谈》中的话："多读，熟了，笔未着纸，可用的多种表达方式早已蜂拥而至，你自然可以随手拈来，不费思索而顺理成章。"

多读，所学不只是表达方面，还有内容方面。一是吸收思想。学作文既要能写，即顺利达意，又要有所写，即有值得写的内容。而这些内容在初期自己的观察有限，就不能不吸收他人的。二是学习"思路"，即行文的条理，也就是想得头头是道，才能写得头头是道。而这也主要来自读。

多读之外，还要多写。多写的作用也包括两个方面：一方面，由读来的熟悉，必须通过自己的笔才能明朗、巩固，进而熟练。另一方面，写不只是随着思想走，还有整理思路的过程，必须常写，内容才可以精粹，更有条理。

三、实践吸收转化，鼓励写作模仿

其实不少学生明白多读多写的道理，也读了不少，写了很多，但始终没找到写作的感觉。我想这是没有把读与写联系起来，读的东西不能有效地运用，效率当然会大打折扣。所以我认为学习写作还必须模仿。

模仿可以从各个方面，主要是主旨、结构、段落层次、语言、题目等。模仿的对象可以是你读到的任何文章的任何方面，既可以是课内的，也可以是课外的；既可以是古人的，也可以是现代人的。要模仿，首先要对模仿的对象理解得透彻，即先学习，先积累。模仿的原则是先易后难循序渐进，模仿的目的是创造，是为了提高写作能力欣赏水平。模仿名家怎么谋篇布局、怎么遣词造句，甚至怎么看待事物、评价事物。

模仿都要经过一个长时间的过程，熟悉老师的技法，然后才可以按自己的思路创作。到了一定时候，熟能生巧，创作成了自然而然的事情。名家写"猫"，我就写"狗"；他写由爱到恨再到悲痛，我也由爱到恨再到悲痛；他用了比喻、拟声、排比，我也用比喻、拟声、排比；他以事情发生的时间为顺序，我也一样。这样，也许头几次很滑稽，但是写着写着，你就会发现自己提高得很快。这个方法不是"抄袭"，因为"抄袭"是不动脑筋地照抄照搬，而"模仿"却是"照猫画虎"，是"依葫芦画瓢"，是临摹，是借鉴，是学习。每当阅读的时候，都要体会如下内容：假如自己来写会写成什么样，作者这种表达好不好。这样通过模仿把读与写联系起来，定能有效地提高写作能力，收到良好的效果。

四、善于日常积累，充实作文内容

中国有句俗话："巧妇难为无米之炊。"如果把写作文比成煮饭的话，那么文章中所用的材料就好比煮饭用的米一样。所谓积累就是把事物聚积到一起、由少到多的收集过程，作文更是一个自始至终都少不了持续不断的积累的过程。

（一）生活积累

叶圣陶说："生活如泉源，文章如溪水，泉源丰富而不枯竭，溪水自然活泼地流个不歇。"那么，如何进行生活积累呢？

首先，多观察。观察，顾名思义，"观"为看之义；"察"是体察，即调动身体的各个器官进行观察之义。观察绝不仅仅是"用眼看"，还要听一听、闻一闻、摸一摸、尝一尝等。鲁迅先生说："如要创作，第一须观察。"从作文的角度说，观察就是有意识、有目的地知觉自然或认识社会现象，从中获得写作的材料。我们每天都和人打交道，有熟悉的，也有陌生的。对于这些人，我们能否用几句话就说出他们的特征呢？大家都经历过春夏秋冬，能否用生动形象的语言写出四季之景呢？要做到这一点，就需要细致地观察。观察要注意方法。观察的方法多种多样，如由整体到部分的全面观察，捕捉事物特点的集中观察，互相对照发现异同的比较观察等。此外，还有多角度、多侧面的观察，由此及彼、展开联想的观察等。

其次，多参与。艾青说："生活是海洋，凡是有生活的地方就有快乐和宝藏。"所以，主动参与生活、体验生活，也是积累素材的重要途径。而且从生活中获取的这些材料情感性强，心理活动素材多，动态发展变化内容多，为其他积累渠道所少有。为此，同学们应积极参加各种活动，如参观、游览、调查、访问、宣传、劳动、比赛等，从中体验真伪虚实、优劣美丑，观察各种人物的言谈举止、神态变化。活动中所积累的材料往往由于富有情趣而使人印象深刻，使用起来容易抒发情感，达到文情并茂。

最后，多思索。孔子说："学而不思则罔，思而不学则殆。"没有思考就没有新发现。观察与思考是密不可分的，观察如果离开了思考，也就失去了观察的意义。观察不仅要留心，而且还要带着自己的感情去观察，用心去听，用心去看，用心去体悟。

在生活中，有一些发人深省的小事、平常事，它不像独立鸡群的白鹤，让人一眼便看出它的亮和美来，如不留心观察与思考，就会一闪而过。只要善于观察、精心选择、深入挖掘，小事也可以表现出具有现实意义的大主题来。

（二）阅读积累

生活是写作的源泉，阅读是写作的基础。我们强调广泛阅读，其目的不仅在于学习成千上万成功的写作模式，更重要的是要通过阅读，积累丰富的语言材料，开拓写作思路，提高认识事物和表达事物的能力。

阅读积累可从两个方面来进行。一是从课本中积累素材。教材中的选文都是文质兼美的经典之作。这些文章不论是从选材立意、思想情感，还是从表现技巧上看，都是中学生学写作文的蓝本。所以，认真阅读教材，充分运用课文，跟着课文学作文，是一个有效的途径。比如写人，可从《俗世奇人》中学用夸张手法突现人物特点，使人物鲜活而有个性；可从《范进中举》中学用对比手法刻画人；可以学《邓稼先》中由点到面综述与专项相结合；可以学《说和做——记闻一多先生言行片段》中分时段多角度评论人物的一个方面；可以学《福楼拜家的星期天》中把对人物的评价糅进对他的外貌、行动描写中。比如写事，《走一步，再走一步》给我们提供了一个写文章的典型结构，事中寓理，理从事来；想把事写得感人可以学《背影》，描写时不断注入与强化个人的感受；想把事写得生动吸引人可以学《社戏》，一波三折造波澜。再比如写景，《春》《济南的冬天》便是很好的范例。二是从课外阅读中积累素材。教材中的例子质量虽然高，但数量有限，因此，必须加强课外阅读。杜甫说："读书破万卷，下笔如有神。"因此，要多读古人写的诗词歌赋，多读今人写的优美诗文，多读中外的精美小说，多读报纸杂志上的时文。

在读的同时，要多记，记下精彩的段落和句子，记下名言名句，积少成多，集腋成裘。在积累的过程中，尤其要注意词语的积累。因为词语可以组成千姿百态的句子，形成千差万别的篇章。当然，积累绝不仅仅是字词篇章的积累，同时更要注意思想的积累、认识的积累、文化的积累。

可以写入作文的材料非常多，生活中值得思考的事件、书本中充满智慧的故事、社会上引起争议的热点都是我们要特别关注的素材。可是学生在写作的时候常常用不上,因为他们单纯地把它当作一篇文章来读、一篇课文来学、一个故事来听,缺乏对事件的整理归纳和深层次的思考。要不时提醒学生积累这样的资料,把它当作随时可以写入文章的材料来对待。积累得多了,并有意识地运用到作文中去,久而久之,思想也会变得深邃,写起文章来自可得心应手。

"人生如春蚕,作茧自缠裹。一朝眉羽成,钻破亦在我。"是诗人陆游的诗句。学习写作的过程也像春蚕羽化一样。这里我要借用学生习作中的一句话来作为本文的结尾:"没有哪一只蚕可以不经结茧而羽化,没有哪一场传奇可以不经灾厄而流芳。作茧固然自缚,而作茧是必经的道路。羽化虽然美丽,却不能忽视作茧的艰辛;作茧固然艰辛,却不能失去破茧的勇气。破茧固然艰难,却是成功必需的磨砺。"

戏剧教育融入初中语文教学
——以《木兰诗》为例探究人物精神品质

● 李梦楠

一、抓住人称转换，细致梳理故事情节

《木兰诗》开篇以"唧唧复唧唧，木兰当户织"为引，运用第三人称"木兰"，以客观视角描绘了木兰勤劳织布的景象。这不仅展现了她辛勤劳作的场景，也反映了她作为女性在家庭中的重要角色。在那个时代，女性的勤劳与坚忍是社会的常态，而木兰的行为正是这种精神的缩影。"不闻机杼声，唯闻女叹息"，此处巧妙地将人称由"木兰"转为"女"，而"女"字作为象形文字，生动描绘了女性形象。在甲骨文中，"女"字形态宛如女子双手交叉于胸前，屈膝跪坐，有时头顶更添一横以象征头饰，尽显女性温婉之姿。[1]人称的转变，不仅再现了木兰织布的忙碌，更细腻刻画了闺阁女子内心的愁绪与哀思。

随后，第三段转入木兰出征的篇章，"不闻爷娘唤女声"以重复句式强化了木兰踏上征途的决绝与紧迫，日夜兼程，不辞辛劳。此处"女"与"爷娘"的呼应，明确了"女"即"女儿"的身份，而"黄河流水鸣溅溅""燕山胡骑鸣啾啾"的描写，则巧妙烘托了木兰对亲人的深切思念。她的心中充满了对家乡的眷恋，对父母的牵挂，但为了家国大义，她毅然决然地选择了前行。

第四段，木兰万里赴戎机，边塞军营中的艰苦战斗被生动展现。"将军百战死，壮士十年归"，互文手法的运用，揭示了战争的残酷与漫长，同时也凸显了木兰在军营中的英勇与坚忍。她与男儿们并肩作战，不畏艰险，用实际行动证明了自己的勇气与智慧。她的故事，成为后世传颂的佳话，激励着无数人。

第五段，木兰功成名就，却辞官不受，一心只想回归故里。"愿驰千里足，送

儿还故乡",一句"儿"的称呼,流露出木兰对家园、对亲人的无限眷恋与向往。在她的心中,家是最温暖的港湾,是她永远的归宿。无论外面的世界多么精彩,都无法替代那份对家的深情。

第六段,木兰还乡,与亲人团聚的喜悦溢于言表。"女""妹""姊"等人称的交替使用,生动描绘了家人团聚的温馨与欢乐。而"开我东阁门,坐我西阁床,脱我战时袍,著我旧时裳"的描绘,更是让木兰找回了自我,重拾了女儿家的温婉与柔情。她脱下战袍,换上旧衣,仿佛卸下了所有的重担,回到了那个无忧无虑的少女时代。

最后,第七段以双兔奔跑、难辨雄雌的巧妙比喻,对木兰女扮男装、代父从军却未被发现的事实做出了精妙解答。"安能辨我是雌雄","我"字一出,不仅展现了木兰内心的骄傲与自豪,更让读者感受到了她历尽磨难后的成长与蜕变。她用自己的行动证明了,女性同样可以拥有不输男儿的勇气与智慧。

通过人称的灵活转换与巧妙运用,《木兰诗》成功地展现了木兰丰富的内心世界与情感变化,使这一角色更加鲜活、立体。同时,这也使得整个故事情节更加丰富多彩、引人入胜,让读者在品读中感受到了诗歌的独特魅力与深刻内涵。木兰的故事,不仅是对一个女性英雄的赞歌,更是对人性中坚忍、勇敢与爱的颂扬。

二、"英雄气概"与"女儿情怀",多角度赏析人物形象

相较于传统的讲授式教学,将戏剧教育融入语文教学无疑是一种充满创意与实效性的教学模式。通过戏剧的形式,学生们能够在模拟的情境中更加深入地理解和应用语言知识,从而显著提升学习语文的兴趣与效果。鉴于此,我特地将戏剧教育元素融入《木兰诗》的教学中,旨在帮助学生更加巧妙地进入诗歌所描绘的情境之中。

在课堂教学的初始环节,我首先引导学生们齐声诵读《木兰诗》,并鼓励他们找出直接描绘木兰英雄本色的诗句。学生们在初次阅读时,往往更容易被诗中的战争场景吸引,但经过我们的深入探讨,他们逐渐意识到,《木兰诗》所展现的远不止于战争的硝烟,更多的是对木兰日常生活情景的细腻描绘。例如,木兰在家中辛

勤织布的场景，不仅展现了她的勤劳，也反映了她对家庭的深厚情感和责任感。

随后，我要求学生们再次阅读《木兰诗》，并特别关注诗中木兰人称的变化。这一变化不仅代表着木兰身份的转换，更伴随着她内心情感的起伏。从木兰当户织时的心事重重，到奔赴战场时对家人的深切思念；从得胜归来后对故土的无限眷恋，到与家人团聚时的喜悦以及恢复女儿装束的欣喜……这些情节无不生动地展现了木兰的巾帼情怀。学生们在讨论中逐渐理解到，木兰的每一次人称变化，都是她内心世界的一次深刻转变，是她从一个普通女子成长为一位英雄的历程。

诗歌作为一种独特的文学体裁，以其凝练的语言和跳跃的诗句塑造出鲜明的形象。而诗句与诗句之间往往蕴含着丰富的情节、画面或情感上的"空白"。为了填补这些空白，我组织学生们以小组为单位，通过戏剧定格的方式，加入合理的想象与创造，共同再现了《木兰诗》中的主要情节。在这一过程中，学生们不仅加深了对诗歌内容的理解，也锻炼了他们的团队合作能力和创造力。[2]

木兰的形象在学生们的心中由最初的平面、抽象逐渐变得立体、生动。她不仅是一位英勇善战的战士，更是一位温婉可人的少女。木兰的英雄气概与女儿情怀相得益彰，共同构成了她复杂而深刻的内心世界。而这样的英雄形象，不仅超越了传统意义上没有英雄感的平民英雄范畴，更深刻地揭示了不忘女性本来面貌的女性英雄的独特魅力。学生们在这一过程中，不仅学到了知识，更学会了如何从多角度去理解和欣赏文学作品，这对他们的成长和思维发展都有着深远的影响。

三、北朝民歌见社会生活，多重性深刻性探究主题

北朝民歌以其质朴粗犷、豪迈雄壮的风格而著称，这些特点在很大程度上是由北方各族统治者长期混战的历史背景所塑造的。在这样的历史时期，民歌中反映战争的题材自然较为丰富，既有描绘战争和徭役给人民带来的深重苦难，也有歌颂剽悍的尚武精神。[3]《木兰诗》便是其中的杰出代表，它以满怀激情的笔触赞美了木兰女扮男装、代父从军的传奇事迹，与《古诗为焦仲卿妻作》并称为乐府民歌中的"双璧"。[4]

关于《木兰诗》的主题思想，历来存在着不同的解读和争议。一些人认为，木兰这一英雄形象本身就是对封建社会中歧视妇女的传统观念的无情嘲弄和挑战。在那个时代，女性往往被束缚在家庭和私人的领域，而木兰却勇敢地突破了这些限制，以男性的身份参与了国家大事，这无疑是对传统性别角色的一种颠覆。另一些人则认为，《木兰诗》反映了封建社会中追求功名利禄的传统思想，而木兰却拒封辞赏，选择回归劳动人民的耕织生活，这充分展现了劳动人民质朴谦逊的品质和对平凡生活的珍视。还有观点认为，《木兰诗》的主题思想在于赞颂劳动人民出身的妇女英雄。

通过将教育戏剧融入语文教学，我带领学生一起走进木兰的世界，从而更深刻地理解了《木兰诗》的主题。这首诗共分为七个自然段，其中只有一句"朔气传金柝，寒光照铁衣"直接描写战争，其余大部分内容都是对木兰家庭生活的细腻描绘。这表明，作者的意图并非歌颂尚武精神，而是表达了人民对和平生活的深切向往。与杜甫在《石壕吏》中通过"天明登前途，独与老翁别"的愁苦情调和悲剧手法表达不同，《木兰诗》采用了女子代父从军的喜剧形式，使得故事更加引人入胜，富有感染力。

在这首诗中，木兰的形象充满了传奇色彩，她的英雄性格和最终的喜剧结局，都深刻反映了普通民众的生活理想和审美趣味。木兰不仅勤劳不息，而且孝顺、勇敢、纯朴、忠诚，并且具有智慧，她将所有美好的品质集于一身，成为一个健康明朗、充满人情味的巾帼英雄。通过这样的描绘，作者不仅塑造了一个令人敬仰的女性形象，也传达了对和平与美好生活的向往和追求。

《木兰诗》不仅是对一个女性英雄的颂歌，也是对社会变迁与性别角色转变的深刻反思。在那个男尊女卑的时代背景下，木兰的行为无疑是对传统性别观念的一次勇敢挑战。她不仅证明了女性在特定环境下同样能够展现出非凡的勇气与智慧，更激励了无数女性去追求自我价值的实现，打破了性别的桎梏。此外，《木兰诗》还蕴含着深厚的家国情怀。木兰代父从军，不仅是对家庭责任的承担，更是对国家忠诚的体现。她用自己的行动诠释了"国家兴亡，匹夫有责"的深刻内涵，展现了普通民众在国家危难时刻的担当与牺牲。这种家国情怀，不仅在当时的社会背景下具有重要意义，而且对于今天的我们来说，依然具有深远的启示和教育意义。同时，《木兰诗》的文学价值也不容忽视。它以其生动的人物形象、紧凑的情节结构、优美的语言风格，成为中国文学史上的瑰宝。这首诗不仅具有高度的艺术成就，更在文化传承中发挥了重要作用。它让后人得以窥见古代社会的风貌与人们的生活状态，也让木兰这一英雄形象跨越时空的界限，成为永恒的文化符号。[5]

在现代社会，我们依然可以从《木兰诗》中汲取力量与智慧。它提醒我们要勇于面对挑战、追求自我实现；它也教导我们要有家国情怀、勇于担当责任。同时，《木兰诗》还启示我们要以开放包容的心态去看待性别与身份的差异，尊重每个人的选择与努力。只有这样，我们才能共同创造一个更加和谐、平等、美好的社会。

注释

[1] 刘易.《木兰诗》教学设计[J].文学教育（下），2016（1）.

[2] 赵光勇.汉魏六朝乐府观止[M].西安：陕西人民教育出版社，1998.

[3] 杜士铎.北魏史（修订本）[M].太原：北岳文艺出版社，2017.

[4] 李燕，张璞.从女性主义视角审读《木兰诗》中的女性意识[J].剑南文学（经典教苑），2012（9）.

[5] 王富仁.《木兰诗》赏析及其文化学阐释[J].名作欣赏，1993（3）.

初中英语教学中指向深度学习的情境创设优化实践

● 董秋芳

一、引言

核心素养是课程育人价值的集中体现，是学生通过课程学习逐步形成的适应个人终身发展和社会发展需要的正确价值观、必备品格和关键能力。英语课程要培养的学生核心素养包括语言能力、文化意识、思维品质和学习能力等方面。[1]核心素养统领下的英语课程秉持在体验中学习、在实践中运用、在迁移中创新的学习理念，坚持学思结合、学用结合和学创结合，倡导学生围绕真实情境和真实问题，积极主动地参与到指向主题意义探究的深度学习活动中，运用所学解决现实生活中的问题，形成适应未来发展的正确价值观、必备品格和关键能力。

在传统的初中英语教学中，学生的参与性和体验感低、在学习过程中"被动接受"多而"主动探索"少、学习内容碎片化、不能建立新知与旧知以及课堂知识与生活实践的联系，这导致学生难以实现对知识的深度理解，在遇到实际问题时无法综合运用所学知识给予解决，这种浅层化的学习不利于学生高阶思维的发展和关键能力的培养。本文将在英语学科核心素养视域下探索指向深度学习的情境创设原则，并以 2013 年版外研版初中英语教材为例，结合具体的教学实践，分享课堂实际操作中优化情境创设的策略和经验，旨在为解决上述问题提供新的视角。

二、核心概念界定

（一）深度学习的内涵和意义

深度学习是指在教师引领下，学生围绕具有挑战性的学习主题，全身心积极参与、体验成功、获得发展的有意义的学习过程。[2]深度学习强调要以学生为主体，推动结构化知识的建构，把握学科内容的本质意义，促进学生深度思考，同时还强调知识向能力的转化和能力向素养的发展，注重解决真实情境中的问题，立足立德树人，共同指向育人目标。[3]

由此可见，深度学习旨在培养学生运用高阶思维解决现实生活中的复杂问题的关键能力，促进学生形成正确的价值观和必备品格，是发展学生核心素养、落实立德树人根本任务、深化义务教育课程改革、发展素质教育的重要途径。

（二）情境创设的内涵和意义

情境创设指教师在教学过程中以教学目的和教学需要为指引，用教学语言将学生代入与书本内容相适应的场景与氛围中。[4]情境是语言知识得以形成、发展和延续的本源。情境认知理论认为，知识是在真实情境中产生的，因而知识的理解和掌握离不开具体情境的支撑。[5]

由此可见，教师根据学生的认知特点，创设符合学生生活实际的、丰富有趣的真实情境，能有效激活学生已有知识经验，引导学生将书本知识与生活实践相结合，形成新的知识结构，创造性地解决生活中的实际问题，获得积极的学习体验，进而激发学生参与学习的主动性和积极性，将学生由"被动的旁观者"转变为"主动的参与者"，成为意义探究的主体和积极主动的知识建构者。

（三）深度学习和情境创设的关系

促进学生深度学习需要教师创设真实情境，以学生为学习活动的主体，引导学生在感知、思维、情感、意志、价值观等方面全面主动参与、全身心积极投入学习活动，促进学生在围绕主题学习语言、获取新知、探究意义和解决问题的过程中发展语言能力、提升思维品质、建构文化意识、提高学习能力，形成核心素养。

综上所述，深度学习与情境创设有着紧密的联系，情境创设是促进学生深度学习的重要方式和途径，是实施深度学习的重要基础。

三、指向深度学习的情境创设原则

基于深度学习与情境创设的紧密联系，笔者认为，指向深度学习的情境创设应符合真实性、相关性、探究性和语用性原则。以下就这四项原则分别进行探讨。

（一）真实性原则

所谓真实情境，其本质是指那些贴近学生既有经验且符合其当下兴趣的特定环境，正是这样的真实情境，为学生搭建了连接其日常生活实践与学校课程（领域）的桥梁，赋予学习活动以意义，使学生实践、反思及与社会互动变得必要并成为可能。[6] 以学生为中心的教学理念强调学生才是学习活动的主体，深度学习也要求学生做课堂的主角，教师在创设指向深度学习的教学情境时应充分考虑是否符合学生的生活真实度、心理真实度和认知真实度。

1. 符合生活真实度

符合生活真实度的情境应该是来源于学生的真实生活，其中涉及的学习任务也是来源于学生日常生活中普遍会遇到的实际问题，对于学生而言是真实存在的，不仅在当下可以引起学生联想、启发学生思考，而且在今后的学习生活中还会遇到这样的情境，可以"学以致用"。学生的生活是教学情境的来源，教师要将教学中的实践元素与生活中的教学元素结合起来，创设教学情境时要做到从学生的生活中来，再到学生的生活中去。

以外研版八年级下册 Module 4 "Seeing the doctor" 中第一单元的听说课为例，教师为了让学生复述 Daming 找医生看病时与医生的对话，设计了如下活动情境："Suppose you went to the hospital with Daming, and now you are back at Daming's home. Daming went to his bedroom to rest. Please describe Daming's illness and the doctor's advice to Daming's mum." 然而，对于初二的学生来说，极少出现自己生病后父母没法陪

自己去看病，而由自己的同学陪自己去医院看病的情况。所以这样的情境就不符合学生生活的真实度，学生在完成此活动时没有相关的、可供提取使用的知识经验，在本堂课上完之后，也不会有机会去巩固练习课堂所学，无法实现学以致用。如果将这个活动情境做如下更改则能有效地解决这些问题："Act out a conversation between a doctor and a patient with your partner, and you can change your roles after you finish it."

2. 符合心理真实度

拉森—弗里曼（Larsen-Freeman，2005）[7]提出"心理真实度"的概念，即语言活动要使学生感受到真实性和交流的必要性。因此，教师在创设指向深度学习的教学情境时应充分融入学生情感，丰富学生的切身体验，提升学生在课堂上的兴奋度，激发学生内在的交际意愿和学习动机。

以外研版七年级上册 Starter 模块的教学为例，为了帮助刚从小学升到初中的新生尽快熟悉班级同学，顺利适应初中的生活和学习，教师设计了如下任务情境："Find as many classmates as you can to talk with, and try to write down their names, ages and telephone numbers."然而，对于同班同学来说，他们的年龄都是差不多的。现今的学生也早已不会通过电话来联系彼此了，在入学之前已经通过微信建立了班级群，开学后同学之间如果要建立进一步的联系也是通过微信班级群互相加为好友。所以这样走马观花似的交流后记录下来的姓名、年龄和电话号码对于促进新生熟悉同班同学意义不大，他们很难将这些信息与相应的同学对号入座，也很容易忘记这些信息。如果将这个活动情境做如下更改则能产生更好的效果："Go around the classroom with your handouts, find a friend who likes (sports, sweet foods, spicy foods, English stories, ...) / has (a brother, a sister, a cat, a dog, ...) / can (swim, cook, play the piano, do a handstand, ...), and write down their names on your handouts."。这种真实而鲜活的人际互动情境就更贴合学生的兴趣点和年龄特征，与他们想要寻找和自己具有相同点的新朋友以及在新同学面前展现自己个性的实际心理需求密切相关，能激发学生完成交际任务的高度热情，促使其在行为、情感和认知上全身心地参与其中。

3. 符合认知真实度

教师创设指向深度学习的情境要进行深入的学情分析，确保学生已经具备学习新知识所必需的知识、经验和技能，必要时可提前铺垫相关的语言和文化背景知识。

创设的情境要适合学生当下的生活经验和认知水平，符合学生的最近发展区要求，这种符合学生认知真实度的情境才能激活学生已有知识经验，使学生在已有知识经验和新的问题之间建立联系，找到自己的认知差距，形成学习期待。进而在学习新知时建立新旧知识之间的关联，构建新的知识结构，从而解决新的问题，实现深度学习。

以外研版九年级上册 Module 9 "Inventions"中 Unit 1 的听说课为例，语篇的主要内容是关于一些现代发明的电子产品及其对我们生活产生的重要影响。为导入语篇内容并铺垫生词，教师设计了如下导入情境：展示现代发明的电子产品照片，并让学生谈论"How have these inventions changed people's lives?"。然而，由于学生极度缺乏相关话题的词汇储备，完全无法按老师的要求进行谈论或表达，最后只能由老师来解说，学生则被动地在下面听讲并记录相关生词的意思。如果将这个导入情境做如下更改则能有效地解决这一问题：教师将导入情境设计为一个 Guessing Game，教师向学生展示描述这些电子产品的特征和影响的英文句子，学生结合自己已有的知识经验并联系上下文猜测句子中生词的意思，进而在理解句子意思的基础上猜测其描述的是哪一样电子产品。

（二）相关性原则

指向深度学习的教学情境应服务于教学目标，突出教学重点，与教学内容紧密联系。教师在创设情境时，要将学习情境与学习任务、学习资源、学习内容、学习评价等进行整合，使情境成为课堂教学的线索和抓手，即情境既能将课堂知识串联起来，又能以情境中的现象启发学生，激发学生在学习活动中思考、联系和解释，帮助学生搭建生活情境与课堂知识的桥梁。

以外研版九年级上册 Module 6 "Problems"中 Unit 1 的听说课为例，听力语篇的内容是 Tony 和爸爸的对话，对话中因双方对 Tony 的课后活动安排意见不一致而发生了激烈的争吵。教师在导入环节设置了这样的问题情境："What do you usually do after school? What do your parents think of that? Do they encourage you to do that?"教师原本预测学生对最后一个问题都会给出否定回答，进而可以追问"Why not? Why do you want to do that?"，于是引出学生与父母在关于自己课后活动安排方面意见不一而产生"Problems"这一话题。然而，很多学生的回答谈及的都是自己放学后从事的活动就是父母给安排的，以及父母认为这些活动有哪些好处。究其原因，还是教师在创设情境时没有抓住情境与教学的相关性，没有聚焦在课堂重点"Problems"上，而是转向了"课后活动"上。基于相关性原则，本课教学情境可设计如下："Let's have a talk about 'problems with parents'. For example, this boy in the picture wants to play basketball after school, but his parents always assign him a lot of homework. Do you have similar problems with your parents?"

（三）探究性原则

创设指向深度学习的情境，教师应立足课本，认真研读语篇，深入挖掘语篇的原生价值，创设具有一定深度和思考价值、能引起学生认知冲突的探究性教学情境，进而激发学生深入探究主题意义、多角度认识和理解世界。教师在创设情境时还应保持一定的开放性，要对话题进行适当拓展和延伸，进而引导学生超越语篇、创造性地解决新情境中的问题。

以外研版九年级上册 Module 4 "Home alone"中 Unit 2 的阅读课为例，如果仅仅将读后的活动情境设计为复述或彼此向同桌介绍本文作者 Zheng Chenyu 在父母离家后独自居家的经历和感受，学生则仅停留在识记和背诵的"浅层学习"上。而如果教师认真研读语篇，会发现作者在描述完独自居家两天的糟糕经历后，直接以"When my parents came home, they were happy to find that I could cook and tidy up now..."结束整篇文章，并没有谈及自己在父母回家之前是如何学会做饭、打扫卫生等家务，实现观念和行为上的巨大转变。教师可以据此挖掘语篇的原生价值，引导学生推测作者的观点和行为，评价作者的态度和思想，探索语篇背后的价值取向，将本课的读后活动情境设计为基于主题意义探究的读后扩写："What might Zheng do before his parents came home? Take the third day as an example and write down your ideas."

（四）语用性原则

语言是在使用中学会的，指向深度学习的情境创设应符合语用性原则，保证学生对目标语言有足够的表达空间，所进行的语言活动有真实而鲜活的人际互动、观点碰撞和情感交流，让语言输出成为常态，实现有效练习目标语言的目的。

1. 避免假交际

以外研版七年级下册 Module 6 "Around town" 中 Unit 1 的听说课为例，在学习了有关问路指路的知识后，教师设计了如下听后活动情境：PPT 上展示教师制作的学校周边区域的简化版地图，学生两人一组，按要求对某些地点进行问路指路的对话。但由于交际双方都能看见完整的地图，问路指路的必要性不大，从而导致学生的交际意愿不足，敷衍了事，语言交流不充分。为了避免这样的假交际，教师可设计具有信息差的 A、B 两版不同的地图。A 版地图中标注出名称的地点在 B 版地图中是不标注的，同时 B 版地图中标注出名称的地点在 A 版地图中是不标注的。两人一组对话的学生拿到的是 A、B 两版不同的地图，在互相问路指路时，双方都要积极主动提问，并认真倾听对方的描述，这样才能在自己的地图上将路线和地点名称准确地标注出来。

2. 避免无互动

以外研版九年级上册 Module 6 "Problems" 中 Unit 1 的听说课为例，在学习了 Tony 和爸爸因双方对 Tony 的课后活动安排意见不一致而发生了激烈争吵的对话后，教师设计的听后活动情境为："Work in pairs and role-play the conversation between Tony and his dad."。然而，在这种机械的语言操练情境中，学生的语言学习活动更多的只是停留在简单的、浅层的背诵识记和重复练习，对于初三的学生来说太过容易，他们在课后利用碎片时间自己进行朗读、复述即可达到这一巩固、强化语言的效果。而在课堂上则应充分利用同伴合作学习、教师及时指导等资源进行更深入、更高效的学习，因此可将该活动情境优化为："Tony and his dad can't make a deal, so they ask mum for help. They decide to have a family meeting and try to make a deal. Now please work in groups of three and act out the family meeting. Everyone makes clear of his/her ideas and reasons, and you make a deal at last." 在这种符合语用性原则的情境下，学生既要准确理解他人，又要得体表达自己，这样的语言活动具有很强的互动性。一方面，学生要基于对文本主题意义的探究转述、分析、评价 Tony 和 Dad 的观点及背后的理由；另一方面，在尝试 make a deal 这个寻求答案、解决问题的过程中，学生需要进行积极、深入、多角度的思考和表达，这能有效提高学生的语言交际能力，将学习过程变成一个创造过程，实现深度学习。

四、结语

指向深度学习的情境创设能有效解决传统初中英语教学中学生参与度低、课堂活动主体缺失、课堂与生活脱节、学习浅层化、素养培养割裂化等问题。教师在备课时应认真分析学情，创设的教学情境应符合学生的实际生活经验和认知水平、年龄特征和心理状态、交际意愿和兴趣爱好、目前已有的知识和技能等。同时，还应认真分析教材，把握教学目标和教学重难点、挖掘语篇的原生价值和主题意义，创设出有助于学生习得语言知识与语言技能、开展深度学习、运用课堂所学探究解决实际问题、形成正确价值观、发展核心素养的有效情境。

注释

[1] 中华人民共和国教育部.义务教育英语课程标准：2022年版[S].北京：北京师范大学出版社，2022.

[2] 郭华.深度学习及其意义[J].课程·教材·教法，2016（11）.

[3] 王蔷，孙薇薇，蔡铭珂，等.指向深度学习的高中英语单元整体教学设计[J].外语教学研究前沿，2021（1）.

[4] 林芸芳.巧设语境 读写结合——落实"语用"教学的两个策略[J].新教师，2015（3）.

[5] 袁国超.情境化学习：实现语文深度学习的重要途径[J].课程教学研究，2020（12）.

[6] 杨向东.如何基于核心素养设计教学案例[N].中国教育报，2018-05-30（5）.

[7] Larsen-Freeman, D. Teaching Language: From Grammar to Grammaring [M]. Beijing: Foreign Language Teaching and Research Press, 2005.

融合美育的初中英语教学探究

● 龚 楠

一、美育与英语教学

美育，又称"美感教育"。张大均教授指出美育注重培养学生认识美、欣赏美、爱好美和创造美的能力，从而使学生具有美的理想、美的情操、美的品格和美的素养。[1]但是美育并不仅仅是指在音乐、美术等艺术课程中提升学生的审美能力和美学素养，而是将美学原则渗透于各个学科中去，培养学生的审美素养，促进学生全面发展。

《义务教育英语课程标准（2022年版）》指出义务教育英语课程不仅具有工具性和人文性，还具有基础性、实践性和综合性的特点。[2]学生在英语课堂中发展语言能力，培育文化意识，提升思维品质和提高学习能力。初中阶段的学生更是要在感知、体验、积累和运用等语言综合实践活动中，学会欣赏和鉴别美好事物。这样的英语课堂有助于学生提升综合素养，形成健康向上的审美情趣和正确的价值观，最终形成深厚的人文底蕴。

众所周知，人文底蕴不仅包括人文积淀、人文情怀，还包括审美情趣。由此可以看出，人文底蕴和审美情趣息息相关，那么学生的审美素养提高了，人文素养也一定会随之提高，两者相辅相成，相互促进。这样的融合美育的英语教学，更能帮助学生提高综合素质，更有助于落实立德树人的根本任务。因此，初中阶段的学生处于世界观、人生观、价值观形成的重要时期，在英语教学中融合美育是十分必要的，教师可以利用各种学习途径，抓住各种学习契机，培养学生的审美素养和英语学科素养，以美促学，以美育人，从而达到培养学生全方面综合素养的目的。

二、美育和初中英语教学融合的途径

（一）巧用多媒体资源，让学生感受美

教师在备课的时候要设计合适的教学活动并精心制作教学课件，将美的元素融入课堂。教师可以合理使用不同字体、字号和色彩，巧妙利用精美、直观、形象的图片，生动有趣的音频、视频等多媒体资源，调动学生的各种感官，创设积极良好的学习氛围，让学生感受到英语学习的美好，激发学生的好奇心和求知欲，让学生在感受美的同时积极投入学习。

例如，七年级上册第十模块 Spring Festival 的第一单元"Are you getting ready for Spring Festival?"。本节课的听力材料是一个对话，对话发生在托尼和玲玲之间。托尼和玲玲打电话，俩人谈论此刻玲玲一家人和朋友在春节前做准备的情景，并且最后托尼也想加入他们春节前的准备活动。通过学习，学生可以了解春节前准备的习俗，弘扬中国传统文化。

春节是我国非常重要的传统节日。春节给人红红火火、喜气洋洋的感觉。因此，在设计课件背景的时候，教师选取了祥云、红色剪纸和中国结的元素，如图 1 所示，主标题和正文选取黑色，小标题选取红底白色字，如图 2 所示，答案用红色，其他标注使用暗红色，整个课件的画面简洁大方，学生既能感受春节的特色，又能清楚地看出本课的学习重点。在导入环节，教师精心挑选春节前做准备等相关习俗的视频和图片，增加学生的视觉体验，并且以问题链"What's the biggest festival in China? What do people usually do to get ready for Spring Festival? What are they doing to get ready for Spring Festival?"引导学生回答问题。

通过这样的设计，可以快速激活学生的学习兴趣，让学生在美的感受中，进一步了解春节前做准备的相关习俗，并且能够感受到春节喜气洋洋温暖祥和的美好氛围。

（二）巧挖文本，让学生欣赏美

教师要深入挖掘文本内容，围绕语篇的主题意义来设计不同层次的教学活动，通过听力或者阅读活动，让学生欣赏和探究文本的主题美，从而促进学生形成基于

图1 七年级上 M10U1 标题页设计

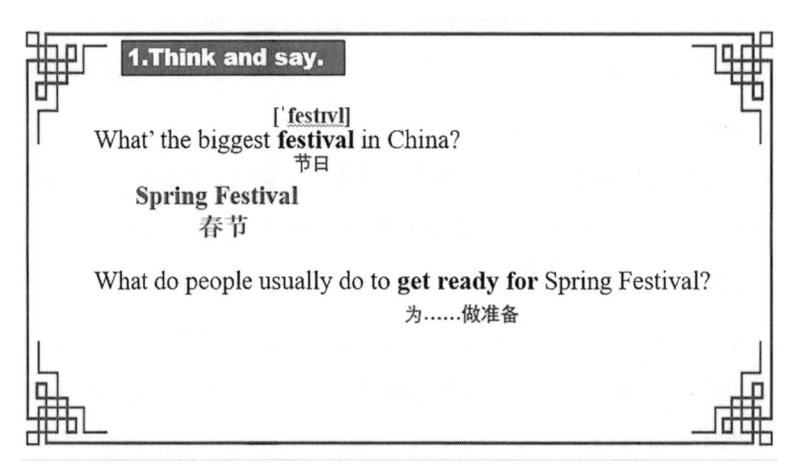

图2 七年级上 M10U1 导入页设计

主题意义的信息结构图以及课堂笔记。如图 3—图 6 所示，学生的信息结构图和课堂笔记不拘泥于一种形式，而是依据文本内容的不同、主题意义的不同，以及学生自身的喜好和擅长，在课堂上生成风格多样的信息结构图。学生可以运用不同颜色的笔标注出重点、难点，写下改错内容以及记录个性化的课堂笔记。这样的课堂笔记内容不仅是课堂知识和思维的浓缩，而且美观，富有创造力，给人以美的享受。

例如，七年级上册第二模块 My family 的第二单元 "These are my parents."。本节课的主要文本是一篇配图的说明文。托尼、玲玲、贝蒂和大明分别介绍了自己父母的职业和工作地点，学生通过学习可以了解每一个家庭成员的职责和他们对家庭

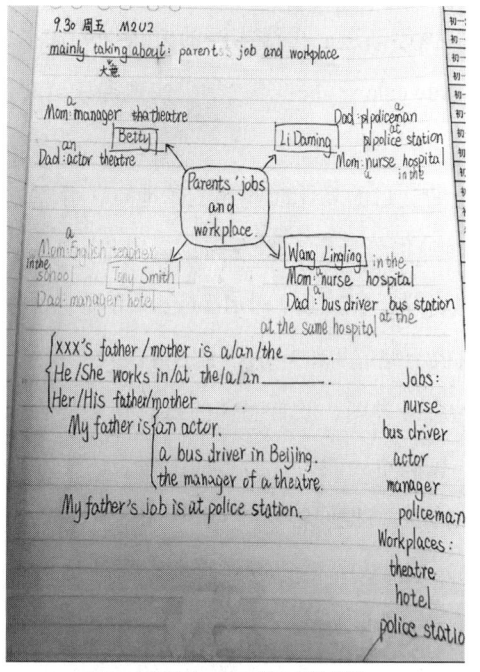

图3 七年级上 M2U2 学生思维导图一

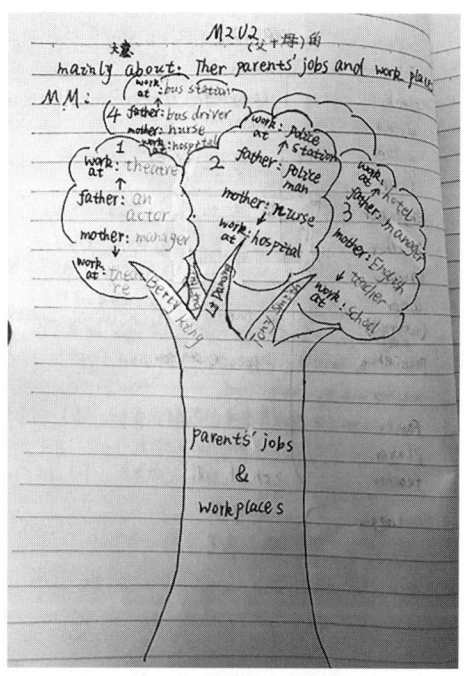

图4 七年级上 M2U2 学生思维导图二

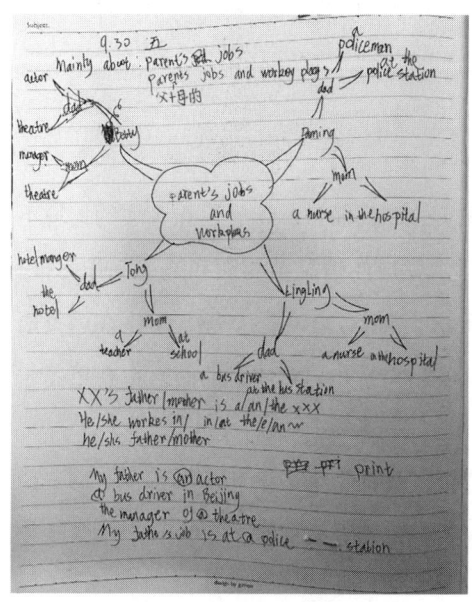

图5 七年级上 M2U2 学生思维导图三

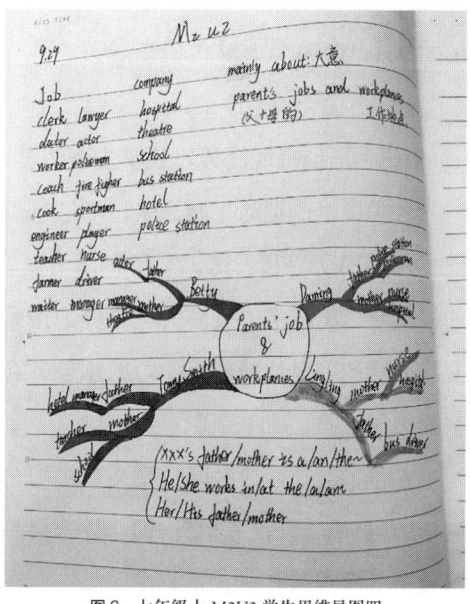

图6 七年级上 M2U2 学生思维导图四

教学论文

153

的付出，从而感受家人之间的互相关爱。

在设计本节课的阅读活动时，教师采取循序渐进、由浅入深的方式探究文本。首先教师提问"What are the four children mainly talking about?"，学生快速通读全文，感知本篇文章的主要内容。

然后学生再次阅读文章获取这四名学生的父母的具体职业和工作地点，并完成思维导图。在学生描画思维导图的时候，教师指导学生大胆发挥，运用不同形式，使用不同颜色的笔将文章主要信息记录清楚。学生完成后，小组讨论，用其他颜色的笔进行修改补充，然后教师引领学生在黑板上完成思维导图，学生再次对照信息，完善自己的思维导图。同学们互换完善后的思维导图，欣赏同伴的富有想象力的思维视觉化呈现形式，取长补短，相互学习，提高审美能力、信息加工和表达能力。

最后，教师在学生已经完全理解文本内容后，提问学生"What's the purpose of writing this passage?"，让学生积极思考，深入挖掘文章的主题意义美。学生通过讨论交流分享，达成共识：虽然本文只是简单地介绍了四名学生的父母的职业和工作地点，但是旨在表明父母的职责和对家庭的贡献，感受家庭成员之间的无私付出。

通过不断挖掘文本和引导学生发散思维，学生可以以美的形式将思维内容可视化。同时，这样精心设计的思维导图又可以帮助学生内化文本内容，理解文章深意，帮助学生理解和欣赏文章的主题美。

（三）巧创情境任务，让学生表达美

教师根据语篇的主题意义，巧妙创设真实的情景任务，让学生在真实的语境下进行真实的交流和表达。学生可以借助课堂上完成的信息结构图和笔记制作海报、创编故事、进行情景表演等。这样的情景任务可以让学生更感兴趣，学生在用英语交流表达的同时体验英语学习的乐趣，在完成相关新知识的体验的同时也在培养学生的美学素养。

在任务完成后，教师让学生积极参与评价，鼓励学生依据评价量表，对展示的同学的内容、语言、语音语调、仪容仪态、美观程度等方面进行评价，引导学生相互欣赏，发现闪光点。

例如，八年级上册第七模块 A famous story 的第一单元"Alice was sitting with her sister by the river."。本节课有两个听力材料。第一个听力材料是一个的独白，简单介绍《爱丽丝漫游仙境》这本书，让学生对主要角色和情节有个初步了解，为第二个听力材料做铺垫。第二个听力材料是以对话的形式就童话故事内容展开讨论。整个对话内容轻松幽默，易于学生接受，通过学习，学生可以了解西方著名的童话故事以及了解西方国家文化。

通过听力，学生已经归纳总结出文本的关键信息和讲故事时所使用的语言，并形成思维导图。因此，在输出环节，教师创设真实的情境，希望学生能在真实的语境中使用本课所学。故事配音活动需要学生对本课所学的内容进行内化与迁移，同时需要学生用夸张的语言语调，只有这有这样才会有好的语言表现力。如图7所示，本节课的情境任务是故事配音：本周学校演讲台的主题是故事秀，请同学们为《爱丽丝漫游仙境》的故事配音，展现自我风采。学生依据自己的思维导图进行练习，同时同伴互帮互助，以达到最好的效果。

学生们在展示的时候，既能够展现本课所学，又可以展现自我的个人魅力，其他学生也可以欣赏到不同的故事配音呈现。每位学生展示后，其他同学依据评价内容对展示的同学的故事内容、语言、语音语调等方面进行评价，相互学习，相互促进，如图8所示。

图7 八年级上 M7U1 情境任务

图8 八年级上 M7U1 学生评价表

通过创设情境任务，学生可以在真实的语境下解决实际的生活问题。学生通过艺术化的形式展示课上所学，既能提高语言运用能力，又能促进审美能力。

（四）巧设综合性实践作业，让学生创造美

教师基于教学目标，设计好课后的综合性实践作业，建立好课堂所学和学生生活的联系，加强学生运用课堂所学和美育等跨学科知识的融合，引导学生综合运用并且创造性地完成相关实践任务。如图9、图10所示，在这样的综合性实践任务中，

Qianmen has a very long history, and there are many China's time-honored brands. The place I recommend is Xianyukou Street. You can walk there. Enter Qianmen Street from Dashilan Street, cross Qianmen Street, and turn right, you can see the Wuyutai Tea Shop, and you can have tea there. Tea tasting is traditional Chinese culture. Turn left and then turn right at the first intersection to enter Xianyukou Street, go straight along the road, you can see a lot of delicious food, such as fried bean sauce and barbecue, Beijing Duck. Of course, Bianyifang's Beijing duck is very authentic. Bianyifang has a very long history, with Shandong cuisine being the main dish. Across from Bianyifang is the famous theatre Tianleyuan. Mei Lanfang and Cheng Yanqiu used to perform here. Maybe you can watch the Beijing Opera here. I think you should be hungry after watching Beijing Opera, so turn left, walk along the street, you can see the Duyichu steamed pork dumplings. Duyichu was founded in the Qing Dynasty, so it has a very long history, too.

I believe you have gained a lot of knowledge about Qianmen, and I am looking forward to your visit here.

图9 七年级下M6学生综合性实践作业一

Qianmen Street has many famous buildings and China's time-honored brand. I will introduce the tour of Qianmen Street, including mainly three China's time-honored brands.

First, take a bus to Yueliangwan. After arriving at Yueliangwan, you can see the Dangdang Cars Ticket Office. If you want to enjoy the scenery, you can take the Dangdang Car for sightseeing. You can travel on the Dangdang Car, from the north to south on the Central axis imperial road. Beside the street, you can see many China's time-honored brands. If you want to visit China's time-honored brands, you cannot take the Dangdang Car. You don't need to cross many streets. It's easy to find your interested time-honored brands.

First, go straight along the central axis imperial road. The third time honored brand on the left, is Quanjude. Quanjude is a traditional time-honored brand. It has a long history of 140 years. The founder is Yang Quanren. He is famous for making Beijing Duck. Quanjude Roast Duck has a long history. There are not only roast ducks but also many duck dishes. If you want to enjoy duck meat, here is a good choice. There are also many desserts for afternoon tea.

Go on and turn left, there is a small road. Go straight, you can see Bianyi Fang. If you don't want to visit, you can walk forward. The 11th house on the right is Daoxiangcun. Daoxiangcun is a traditional China time-honored Brand. It sells many deserts, meat and other specialty products. Traditional fresh meat mooncakes and jujube cake are very delicious. And you can buy them as gifts for your friends or family.

Go on, the third house on the left is Qingfeng Baozi. Qingfeng Baozi has a long history and is also a traditional China's time honored-brand. It has the good product quality. Making Qingfeng Baozi is not easy. It must have the beautiful appearance and have a delicious taste. If you want to enjoy the delicious Baozi you can come to this time-honored brand to have a try. Go straight, you can also see the Chinese bookstore and Zhang Yiyuan. Zhang Yiyuan is famous for tea.

Go on, you will see Zhushikou East Road. This tour is over. Qianmen Street, a famous ancient street, is the fruit of culture and history. Coming here and walking along this street, makes people feel the cultural prosperity, ancient and modern coexisting. The visit to Qianmen Street this time will make people feel the fascination of this street.

图10 七年级下M6学生综合性实践作业二

学生用所学语言设计创作，结合自己的特长优势，用自己喜欢的方式，加入自己的审美完成作业任务。这样的学用结合，学科融合的方式有助于学生学以致用，施展才华，提升学生英语学科素养和美育素养，提升学生的综合素质。

例如，七年级下册第六模块 Around town。这一模块的第一单元是关于在日常生活中问路和指路，第二单元是伦敦的短途旅游介绍，主要介绍了出行路线和一些著名的景点。由此教师确定了本模块的任务，为外国朋友推荐北京前门大街一日游：制作中英双语版前门大街示意图。学生以"The Tour of Qianmen Street"为题写一篇旅游攻略，内容包含合理的游览路线、交通方式以及游览景点的简单介绍，学生还可以录成音频，方便多渠道传播。

此项实践性作业所依据的是本模块的学习内容，融合了美育，以及地理、美术、信息技术等学科内容，学生通过实地考察、收集资料，完成示意图的制作、旅游攻略的撰写，以及音频的录制。此项综合性实践作业可以充分调动学生的积极性，发挥自己的特长，提高英语综合语用能力，展示自己的审美情趣，创造出具有个人风格的旅游攻略，传播中国优秀的文化。

三、结论与反思

将美育与初中英语教学相互融合，不仅仅是简单的一加一等于二，而是一加一大于二，因为相融合后的效能会呈螺旋式上升。一方面，在英语课堂中，学生在各个环节发现美、感受美、欣赏美、创造美，学生不断地得到美感的熏陶，学生的审美能力和审美情趣得以提高。另一方面，因为美育而带来的良好的情绪体验和美学素养有助于学生在英语课堂中保持浓厚的学习的兴趣，养成良好的学习习惯，从而促使学生在课堂上更加专注地体验英语学习的乐趣和意义，促使学生更乐于使用英语进行高质量的交流和表达，促使学生创造性地运用跨学科综合知识来进行实践探究。

美育和初中英语教学相互融合的模式可以帮助学生陶冶情操，帮助学生发展语言能力和思维品质，帮助学生树立正确的世界观、人生观和价值观，最终帮助学生形成美的情操、美的人格。因此，在美育和英语教学相融合的路上，我们应该继续加强探索。

注释

[1]张大均.教育心理学［M］.北京：人民教育出版社，2004.
[2]中华人民共和国教育部.义务教育英语课程标准：2022年版［S］.北京：北京师范大学出版社，2022.

借助信息化技术实现英语课堂中的高效自学

● 杨光宇

《义务教育英语课程标准（2022年版）》中写道："要倡导教育信息技术和数字化手段与英语教与学的深度融合，重视教育信息化背景下教学方式和学习方式的变革；鼓励教师根据信息化环境下英语学习的特点，合理利用并创新使用数字技术和在线教学平台；选择恰当的信息化教学手段，创设丰富的语言学习情境，搭建自主学习平台，为学生提供满足个性化需求的优质英语学习资源；拓宽学生学习和运用英语的渠道，探索依托信息技术开展因材施教和精准施教的路径，充分发挥现代信息技术对英语课程教与学的支持和服务功能，促进义务教育均衡发展。"

众所周知，信息化教学具有很多传统教学无法比拟的优势。它可以把枯燥的语言文字转换成图片、音频或者视频的形式，从全新而多样的角度向学生传递信息。它还可以突破时间和空间的界限，让学生在小小的一间教室里了解到更为丰富和广泛的知识素材。对于英语教学而言，多种教学软件的开发和使用更是给师生提供了前所未有的便利。

作为一名英语教师，在深入学习新课标的基础上，我对于如何在课堂上将新课标理念和精神体现在自己的课堂上，也进行了认真的思考和总结。英语教师具备语言上的优势，应该能够更好地利用互联网资源和数字化教学平台，为学生打开一扇通往更优质教育的平台。通过信息技术，我们能够在课堂上更充分地发挥学生的主动性和创造性，能让学生在虚拟空间和跨时空语境中开展合作式学习，引导学生主动思考、积极提问、自主探究。在英语词汇、阅读和写作教学中，都可以借助信息化手段让教学变得更加高效。

一、信息化技术对词汇学习的促进

词汇是英语学习的基础,很多英语学习者在学习英语中遇到的最大问题就是生词不知义、发音不准确、语调不自然、朗读生硬而机械,进而导致读不懂文章、写不出句子。这自然也是学生们面临的最大难题。在英语课堂中,学生在学习词汇的环节,就可以借助信息化手段,让词汇学习更加主动、高效而有趣。

比如,最基础的做法是,在学习词汇时,老师可以使用教材配套的音频资料,让学生通过模仿标准的发音自学生词,反复跟读,掌握重读、弱读、连读、略读等不同的朗读技巧,纠正不良发音,逐渐培养正确的语音语调。此外,老师还可以制作词汇专题课件,借助图片影像等素材,设计一些词汇小游戏,比如看图猜词、词语接龙、看图补全句子等,让枯燥的词汇学习变得生动有趣,从而激发学生自主学习词汇的动力。

除此以外,学生回家后也可以借助网络,让词汇学习变得高效而有趣。老师可以让学生根据自己的偏好和需求制作词汇小报或思维导图,定期对所学词汇进行总结归纳,构建符合自身需求的英语词汇知识结构体系,有选择性地借助网络搜集自己想要的资源。学生在完成项目的同时,会自觉地通过网络查找相关词汇,不仅增加了词汇量,还提高了学生的逻辑思维和总结归纳能力。

此外,很多优秀的词汇学习软件也越来越多地出现在我们的生活中,比如百词斩、扇贝单词、奇迹英语背单词等,都能把词汇学习变得充满挑战性又趣味盎然,让学生逐渐养成自主读单词背单词的好习惯。

二、信息化手段对阅读能力的提升

英语阅读是学习英语的重中之重。从某种意义上来说,我们学习英语很大的一个目的就是能够读懂不同文字、听见更多声音、了解更为广阔的世界。如果说词汇学习可以通过勤勉刻苦的努力而有所收获,那阅读水平的提升其实还需要学生具备一定的理解力和灵活性。因为不同的词汇在不同的语境中往往会产生不同的含义,所以对阅读语篇是否能够深入理解不能单纯只看词汇量，还需要学生具备一定的文化背景知识储备。

传统的英语阅读教学，主要是以老师讲解全文的方式，让学生进行被动的记忆，这样不能调动学生自主学习的积极性，从而造成学生学习效率不高。信息化手段的应用，可以在一定程度上解决这个问题。

1. 导入环节

例如，在导入环节，可以利用多媒体将文本和背景知识以多种形式呈现，可以是趣味性的小游戏，可以是通过图片或者视频创设情境，也可以是微课教学，通过多种形式帮助学生构建对阅读语篇的初步印象，促进对文本的理解。比如，在八年级下册 Module 5 "Animals in Danger"一课，我以谜语的形式导入主题，引发学生兴趣。"It lives in the ocean. It is bluish-grey. It is the largest animal in the world." 随着问题的层层推进，学生也越来越接近谜底。最后，在学生恍然大悟脱口而出的同时，谜底"Blue whale"和与之匹配的图片展示在学生面前。在这一环节中，学生们聚精会神地思考和讨论，自觉进入学习状态，为接下来的自主阅读打下了基础。

2. 自主阅读环节

在这个环节，老师也可以利用信息技术合理优化和创新教学方法。比如，在九年级上册 Module 5 "Museums"一课，在讲到博物馆这一话题时，学生表现出极大的兴趣。于是为了让学生更深入地了解世界各地著名的博物馆，我通过网络搜索并展示出一些相关图片和资料，引发学生积极讨论。形象的图片和丰富的资料唤起了学生对博物馆的好奇心和对知识的渴望，从而激发了学生对课文文本的兴趣，很多学生积极主动地参与到了课堂讨论中，在老师的带领下对课文进行了深层次的探究，最终达到了较为理想的学习效果。

此外，信息技术的合理应用还能丰富教学内容、开阔学生视野。八年级上册 Module 2 "My Hometown and My Country"一课的主题是家乡的变化，而一个 14 岁左右的初二学生有时并不能真正理解城市化对其居住者带来的巨大改变和影响。所以在这节课上，我事先请一位同学通过网络查找资料，用数字和图片展示了他的家乡四川省乐山市这数十年来的变化。通过这些具体的数据，学生更深刻地体会到了祖国的变化，也对城市化带来的一些不利影响有了辩证的认识。在输出环节，学生们畅所欲言，客观地表达了他们对城市化这一现象的看法和对未来的思考。

三、信息化手段对写作水平的提升

写作是很多学生最头疼的事情，也是老师们苦思冥想希望能解决的一大难题。我曾经认为，只要学生能够拥有一定的词汇量，了解了基础的语法规则，熟练掌握若干常用句型，就能写出合格的文章。但是，后来我发现实事并非如此。比如，有的学生在写作时思维混乱，语篇缺乏逻辑，内容空洞，言之无物，整体语篇中心思想模糊不清，语言质量也不高，很多问题并不是通过扩大词汇量和巩固语法知识就能够解决的。

合理利用信息化技术，可以在一定程度上帮助学生解决这些难题。比如，我们可以利用网络帮助学生丰富英语写作素材。例如，在以节日活动为主题的写作练习中，很多学生对于一些中国传统节日或者西方节日并不十分了解，这时可以让学生自主在网络上查找相关信息，然后以思维导图的形成呈现。在查找信息的过程中，学生既能对写作中可能用到的词汇进行自主学习，又能通过思维导图的形式理清思路，分清主次，还能开阔眼界，增长见识。在接下来的写作过程中，学生的思路更加清晰了，也就能详略得当、清楚明了地把事情叙述明白。

此外，老师也可以借助多媒体，在课堂上即时对学生的习作进行讲评。在我的写作练习课上，我经常让学生在规定的时间内完成习作，之后通过电子屏将学生作品展出。我让全班学生以小组为单位，对同学的作品认真点评，标出文中多样化的词汇，画出文中优美的句子，再总结出该文章最与众不同的特点。当学生看到自己的文章在全班同学面前展出时，听到自己的文章被称赞的时候，心里或多或少都会有一些自豪。当然，我也会让学生找出文中出现的问题，有的是单词拼写错误，有的是时态运用错误，有的是句式错误……当这些问题被反复发现并改正的时候，同学们自然会对它出现的原因有所思考，也会自觉地从自己的作文发现类似问题并改正，从而让学习的效率变得更高。

综上所述，把信息化技术与英语生长课堂有机结合起来，对于提升学生学习兴趣、促进学生自主学习能够起到很大的作用。

"育"见科技，让更好的教育由此发生

● 杨碧歆

一、敬畏教育，拥抱数字化，促进学科核心素养

党的二十大报告提出要加快建设"数字中国"，"推进教育数字化，建设全民终身学习的学习型社会、学习型大国"，这为新时期教育数字化转型指明了方向。[1]《教育部2022年工作要点》中提出，实施教育数字化战略行动。强化需求牵引,深化融合、创新赋能、应用驱动，积极发展"互联网＋教育"，加快推进教育数字转型和智能升级。[2]

针对英语学科，《义务教育英语课程标准（2022年版）》提出"推动信息技术与英语教学的深度融合"，教师通过数字化教学资源，开展智能化教学。"数字技术为学生个性化学习和自主学习创造了有利条件，提供了适应信息时代所需的新的学习模式。通过计算机和互联网，学生可以根据自己的需要选择学习内容和学习方式，使学生之间更有效地互相帮助，分享学习资源。"[3]数字化教学运用科技手段满足不同学生的高品质、个性化学习需要，实现"更高质量、更多选择、更加便捷、更加开放、更加灵活"的教育服务。

2023年2月13日召开的世界数字教育大会上，教育部部长怀进鹏指出，我们要强化数据赋能，提升教书育人效力。教育数字化的优势在于：(1)教学评价科学化、个性化，运用海量数据形成学习者画像和教育知识图谱，更好地实现因材施教；(2)教育教学多元化、多样化，加强数字教育环境下的教学研究，有针对性地帮助教师提高数字化教学能力，更好地创新教育教学模式和测评方式，助推教学质量提升；(3)教育治理高效化、精准化，通过人工智能、大数据等技术应用，实现业务协同、流程优化、结构重塑、精准管理，从而更好提升教育管理效率和教育决策科学化水平。[4]

二、义务教育课程方案中的"技术"定位

在谈论技术与教育融合的实践之前，我们需要明确，"技术"在课程与教学中的定位。

在早期的教学过程中，教师、学生和课程三者是重要的组成部分，他们的关系是：课程经由教师传递给学生，学生通过教师不断地理解课程、转化课程。在这样的传统关系中，教师设定课程目标、设计课程活动、进行学习评价。

在新时期，我们强调"以学生为中心"的教育观，在这种教育理念下，学生可以独立学习、相互学习，教师给学生提供有效的技能指导，起到良好的支撑作用，促进学生学习。

当我们将技术融入教学时，它应该在学习过程中起到更好的支撑作用，辅助教师推进课程，帮助教师探索新技术背景下学习环境与方式的变革。同时，我们也应注意到，《义务教育英语课程标准（2022年版）》中强调"探索以学习者为中心的学习环境，凸显学生的学习主题地位，开展差异化教学"。技术的使用不应仅仅由教师主导，更要有学生参与，让学生通过自主使用技术，实现"学会、会学"。信息技术与英语学科的融合还可以体现在"改进评价"方面，新课标提出"推动考试评价与新技术深度融合"。

本文将就信息技术在以下四个方面的应用，对英语学科与信息技术结合的学习过程进行描述。

三、融合信息技术的情境建构

2022年版新课标强调，"教师要根据学生的认知特点，设计多感官参与的语言实践活动，让学生在丰富有趣的情境中，围绕主题意义，通过感知、模仿、观察、思考、交流和展示等活动，感受学习英语的乐趣"[5]。

在教学过程中，教师利用信息技术创造多维度的真实情境。一方面，吸引学生的兴趣，更重要的是帮助学生进入真实情境中。创造真实情境的资源是多模态的，

包括：文字、图像、视频、模型、数据集、虚拟场景等，他们为学生提供了生动、直观、富有启发性的学习材料。增强学生发现问题、分析问题、解决问题的能力。

在讲授外研版九年级上册 Module2 "Public Holidays" 这一单元时，要求学生介绍中国传统佳节"中秋节"，为将学生代入过节的情境中，笔者在"一起中学"软件上找到关于"中秋节"传统习俗的一段配音。完成配音的过程中，学生观看动画进一步了解节日，代入过节的气氛，产生对中国节日的自豪感，培养文化自信，引发对用英文介绍"中秋节"的兴趣。边看视频边朗读的形式，增进了学生的语音知识，更好地体会重音、意群、语调与节奏等语音方面的变化，感知说话人表达的意思，更加准确地理解说话人的意图和态度。

讲授外研版七年级下册 M6U2 "The London Eye is on your right" 阅读课时，需要学生根据课文画出文章作者的行进路线图。为了让学生更加直观地理解课文，笔者在课前给学生找到伦敦旅游宣传片，了解地标性建筑，结合伦敦地图，带学生进行简单的导览。在之后的阅读课中，学生能够快速、准确地标画出文章中的行进路线。

四、携手信息技术的互动优化

开展线上教学以来，学校利用在线教学平台 ClassIn 分别实施了"线上 + 线下"融合的教学模式和远程"线上"的教学模式。

（一）利用 ClassIn 平台多样的教学互动工具
1. 上台、定时器、举手、随机选人、抢答器、小黑板、投屏

通过使用教室内的工具，课堂氛围变得更加活跃，学生的互动性有所提升。

对于一些积极发言的同学，加入抢答器的使用让他们感到课堂更加有趣、刺激，另一些相对不习惯主动发言的学生，则可以采用随机选择工具选取回答问题的学生。课堂上完成客观选择题时，可以使用答题器来回答，尤其是刚讲过的知识点，当堂检测，答题器可以很清晰地统计出学生的作答情况，对于下一步教学是复习还是推进新知提供了依据。主观题用小黑板来回答，当小黑板上包含重点内容时，可保存下来，发给学生，作为课堂中的练习题。在做题时，结合计时器来规范学生回答时间，使课堂更有效率。

2. 即时奖励

在课堂上，同学积极回答问题或完成课堂任务后，教师可以通过点击小奖杯给予学生奖励，这种即时奖励可以暗示学生积极参与课堂是被鼓励的行为，从而更加积极地投入。课堂结束后，教师可点击奖励排行榜展现最终课堂的表现结果。

3. 多人协作数字黑板、分组讨论

在课堂中进行"小组学习"时，可以使用分组讨论的形式，有固定分组和随机分组两种形式，需要注意安排好小组组长，明确任务。在小组讨论时，学生可以在组内进行板书书写，分享各自的想法。

（二）基于 ClassIn 平台教学互动工具的班级互动小游戏

除了上述 ClassIn 中直接带有的工具箱，笔者还利用这些功能创设了自己班级的特色活动，多维度调动学生参与课堂，如"主题色"合影活动。

课前为提高考勤率，笔者会每天邀请学生设定一个"主题色"，每个同学前一天准备好与主题色相关的物品，可以是衣服、台灯、书本、水杯等。课前两分钟，邀请学生上台合影，合影时带好自己的"主题色"物品。

五、整合信息技术的素养聚焦

《义务教育英语课程标准（2022 年版）》指出："英语课程要培养的学生核心素养包括语言能力、文化意识、思维品质和学习能力等方面。语言能力是核心素养的基础要素，文化意识体现核心素养的价值取向，思维品质反映核心素养的心智特征，学习能力是核心素养发展的关键要素。核心素养的四个方面相互渗透，融合互动，协同发展。"[6]

在提升学生的语言能力方面，使用科技软件可以更精准地针对每一位学生。

针对语音语调的提升，采用东城区政府提供的教考平台测试软件和教考平台练习软件，每次朗读后学生都能看到自己的评分，以及读错的单词。

针对文化意识的提升，使用"英语趣配音"中的片段配音让学生们通过观看短片，将文化传统"可视化"，再用语言表达出来，让学生了解语言的同时了解背后的文化。用英文讲中国传统文化，从而使学生形成健康的审美情趣，具有国家认同感和文化自信，有正确的价值观和积极向上的情感态度，有自信自强的良好品格，做到内化于心，外化于行。

有了科技手段的帮助，学生高涨的学习热情带动了学习能力的提升，学生愿意通过配音软件或单词软件进行提前预习，和小组同学合作，角色扮演，课后复习课文。增强了英语学习的自信心，学习态度更加积极进取。

六、贯穿信息技术的教学评价

《义务教育英语课程标准（2022年版）》指出："教学评价对促进学生核心素养的发展具有重要作用。教学评价有助于学生不断体验英语学习的进步和成功，更加全面地认识自我，发现自我，保持并提高英语学习的兴趣和自信心；有助于教师获取英语教学的反馈信息，对自己的教学行为和教学效果进行反思，不断提高教学水平和专业能力。"[7]

（一）利用信息技术精准分析试卷

评价阶段，学校采用智学网对学生的学习成果进行精准分析。在智学网检测报告界面，可以了解班级的得分情况，包括：平均分、最高分、优秀率、及格率、班级排名，还可以了解班级中学生的成绩分布，进步生、退步生、临界生和需要特别关注的学生。

从"试卷讲评"一栏进入，可以看到班级整体的答题情况，根据颜色的不同，展示了每道题的得分情况，红色为得分率最低的题，约为50%，需要进行课上"集体讲评"；黄色为得分率在60%上下的题目，也需要进行全班讲解；蓝色为得分率在70%左右的题，针对错题人进行"个别讲评"；绿色为得分率在80%以上的题目，需要了解具体错题的学生，进行个别辅导。针对需要全班讲解的题目，笔者常常采用"先改错再讲解、错题人讲错题"的方法，在智学网上可以清楚地显示出每道题错生的姓名。

在学生成绩一栏，可以看到学生个性化的成绩分析，包括得分、在全校的单科成绩排名、班级中的位次、进步退步名次。虽然排位是不通知给学生的，但对于班主任来说，有了学生的单科校级排位和全科级位，可以很好地帮助学生分析优势、劣势科目，便于指导学生下一步的学习计划。

另外，通过了解学生历次考试成绩的折线图，在和班级学生的对比中，可以了解学生的进步或退步情况。

根据智学网上提供的各种数据，教师可以做到精准分析学生每次卷面的得失分情况，做出细致、个性化的分析。

（二）利用信息技术精准分析课堂与作业，提高形成性评价质量

利用信息化手段的评价不仅限于测试，针对作业进行形成性评价能及时、积极反馈学生的学习情况，对教师的精准教学提供依据。新课标提出，教学评价应采用多种评价方式和手段，体现多渠道、多视角、多层次、多方式的特点。应将形成性评价与终结性评价相结合、定性评价与定量评价相结合。

利用 ClassIn 平台课堂评价系统进行的学生课堂评价，在奖励数一栏是学生通过参与课堂获得的定量评价，评语一栏为教师根据学生具体表现进行的定性分析。学生能够积极引导小组同学讨论、发言，适时提出质疑，达到了核心素养中学习能力三级学习目标中的"1. 积极主动的学习态度；2. 注意倾听，积极使用英语进行交流；3. 能在学习活动中积极与他人合作，共同完成学习任务"。作为教师，笔者利用 ClassIn 评语功能，对该生进行定性分析，鼓励表扬学生课堂上表现优秀的一面，让学生对自己有了更全面的评价分析。

在作业分析方面，笔者利用智学网分析作业情况，根据作业得分率反馈找出易错题,将易错题和做错的答案（用于分析错因）进行总结,针对做错题的学生进行"个别讲解"，之后邀请这些学生进行题目讲评（"错题人讲错题"），并将讲评过程录制成微课，发布到智学网平台，供其他做错的学生进行学习，其他同学还可以对微课中的内容提出建议和质疑，实现"同伴互评"。

《义务教育英语课程标准（2022年版）解读》中提到："作业是学生课堂学习过程中和课堂学习之后，为了运用和巩固所学知识而设计的基本训练材料和学习诊断材料。要发挥作业的评价功能，必须紧扣课堂学习的内容和目标，以课堂学习内容的掌握为基本要求和评价标准，重视对学生知识的理解和应用能力的评价。"[8] 根据学生能力和擅长专项的不同，笔者会将分层作业以多种多样的形式进行布置。例如，针对课堂听力有"困难词汇"的同学，笔者会利用"一起中学"和"趣配音"平台，选择学生"困难词汇"相关的对话布置成听力练习，听力生词反映出学生对"音"的不熟悉，相应地，笔者会布置词汇相关的朗读练习；对于写作中句子书写困难的同学，笔者会用"扇贝"软件中的用词造句功能进行针对性训练。

七、结语

　　2022年全国教育工作会议指出，新时代教育工作要做到"五个深刻认识和把握"，明确提出要"实施教育数字化战略行动"。该行动在促进我国教育事业的高质量发展中具有基础性、全局性和先导性的地位。作为一线教师需要高度重视、思考落实数字化与教学的结合实践。本文主要阐述了笔者将信息技术赋能于英语学习的"情境建构""互动优化""素养聚焦"与"教学评价"四个方面所进行的探究与实践。旨在运用科技手段满足不同学生的高品质、个性化学习需要，用以实现"更高质量、更多选择、更加便捷、更加开放、更加灵活"的教育服务。

注释

［1］习近平. 高举中国特色社会主义伟大旗帜 为全面建设社会主义现代化国家而团结奋斗——在中国共产党第二十次全国代表大会上的报告［N］. 人民日报，2022-10-26（1）.

［2］卢秋红. 教育数字化转型的战略与行动［J］. 中小学信息技术教育，2022（4）.

［3］中华人民共和国教育部. 义务教育英语课程标准：2022年版［S］. 北京：北京师范大学出版社，2022：52.

［4］怀进鹏. 数字变革与教育未来——在世界数字教育大会上的主旨演讲［J］. 中国教育信息化，2023（3）.

［5］梅德明，王蔷. 义务教育英语课程标准（2022年版）解读［M］. 北京：北京师范大学出版社，2022：51.

［6］梅德明，王蔷. 义务教育英语课程标准（2022年版）解读［M］. 北京：北京师范大学出版社，2022：4.

［7］梅德明，王蔷. 义务教育英语课程标准（2022年版）解读［M］. 北京：北京师范大学出版社，2022：53.

［8］梅德明，王蔷. 义务教育英语课程标准（2022年版）解读［M］. 北京：北京师范大学出版社，2022：57.

利用信息化教学手段，在初中英语教学中优化课程和作业设计，落实"双减"政策

● 高 乔

2021年7月，中共中央办公厅、国务院办公厅印发《关于进一步减轻义务教育阶段学生作业负担和校外培训负担的意见》（简称"双减"政策），"双减"政策强调，第一，要健全作业管理机制，合理调控作业结构、加强作业统筹，同时，不得要求家长检查和批改作业；第二，要提高作业设计质量，发挥作业诊断、巩固、学情分析等功能；第三，鼓励布置分层、弹性和个性化的作业，同时做好及时反馈，给予个性化的作业指导。[1]

针对上述几点要求，在初中英语日常教学实践中，我利用信息技术手段进行课堂教学和课后作业的设计与管理，现从以下三个方面谈谈我的措施和取得的成效。

一、嵌入智能技术，优化课堂活动，提高课堂效率

新冠疫情防控期间，我们都经历了长时间的线上教学，其间，我们主要使用ClassIn软件进行网络教学，结合日常用的PPT、Video Player等软件辅助教学。接下来，我将就课堂各环节的具体实施进行简要说明。

首先，在课堂的导入环节，我一般会提前在网上搜索与本课主题相关的音频、视频或图片等多媒体资料，并用软件进行合理剪辑，在课上播放给学生，力求用最短的时间呈现最直接、最丰富的内容，以此来吸引学生的注意力，提升学生对这节课的兴趣和期待。比如，在进行外研版八年级下册第八模块的新授课时，我在第一课时的导入环节给学生播放了一段北海公园的视频，配以《让我们荡起双桨》的背

景音乐；第二课时，我又搜集并剪辑了一段介绍张家界的视频，当屏幕上出现波光粼粼的北海，奇特的天子山巨石和壮丽的云海时，学生忍不住在评论区惊呼，并开始了热烈的讨论。别看只是简单的视频，它们给长期居家的学生们带去的更多的是精神上的焕然一新，这两场"云旅游"盘活了整个大单元的学习气氛，学生收获了更好的体验，更乐于主动学习，直到半年后还记得当时的课堂内容，网课的学习效果得到很大提高。

在英语课的讨论环节，我充分利用 ClassIn 软件的分组功能，将学生随机分成若干小组进行活动。分组结束后，我还会关注每个小组的人员构成情况，如果每组学生之间水平差异过大或本组之内学生水平过于一致，我会马上在线调整，让组间水平尽量均衡，让每组同学都有话说。同时，组内可以形成以强带弱的学习氛围，让各个层次的学生都有所收获。在小组讨论的过程中，我的屏幕上可以显示所有小组的实时状况，我也可以随时进入任何一组的会议室参与讨论，及时为学生提供帮助。如果有学生讨论与课堂无关的内容，我可以直接将他禁言，减少学生之间的互相干扰。如果想结束讨论，只需要一个简单的操作步骤，学生就回到了大教室。这种形式既打破了线下教学分组的空间局限性，提升了活动的趣味性和学生的参与度，又能减少维持纪律的情况，提高整体的沟通效率，进而提高课堂效率。

二、利用智能软件，进行个性化作业布置、批改和辅导，精准助力教学

"双减"政策对每个学科布置作业的时长和内容提出了明确要求，教师要摒弃作业布置的盲目性，根据学生自身的情况进行合理布置，比如，英语学科每天的作业量一般要控制在 15 分钟之内。然而，对于英语学科来说，要在这 15 分钟内帮助每个学生精准地对课堂所学进行巩固，实属不易。

针对此问题，我们各课组研究后决定利用 ClassIn 和"智学网"的作业功能，分层布置每天的作业。我会给每层同学上传相应的辅助材料，如音频、视频、补充阅读文章等，来实现较为精准的作业布置。

通常情况下，大单元教学的第一课时都是单词学习和听说课，我会布置听录音朗读单词和课文的任务，这是每个同学的必做作业。我把需要跟读的音频发在ClassIn的作业区，学生可以直接打开来听，进行跟读并上传录音；我会在下节课前听同学们传上来的录音，并以文字或语音的形式给予个性化反馈。对比从前，只能在下节课上抽查某几位同学，这样的形式极大程度提升了教师检查此类朗读作业的效率，为英语听说训练提供了有力保障。并且，通过线上布置、线上检查，教师可以对每位同学的作业进行精准评价，相当于一对一进行指导，这对学生掌握基础性的语音语调和朗读技巧至关重要。

而在第二课时的阅读课后，我们通常会在题库中搜集补充阅读练习的资料。由于学生能力水平差异较大，我就利用分组功能，为每一层次的学生推送符合他们最近发展区的阅读材料，杜绝太难或太简单的无效作业，确保每位学生的阅读能力都能得到发展。

在布置单元任务的时候，我有时会安排学生在小组内合作完成，比如让学生两人一组编对话，或四人一组写广告、制作电子海报等。这时，我会先通过ClassIn随机分组，然后安排学生组内讨论方案并完成任务，最后合作完成一份作品即可。对比线下教学，大家在线就能完成所有任务，同学们组内沟通的效率得到了提高，大大缩短了做作业的时间。

在作业检查方面，利用ClassIn等平台布置作业，在一定程度上提高了班级整体的作业完成度。我每天布置作业都会设置上交时间，要求学生"今日事,今日毕"，这对于有"拖延症"的学生还是有一些约束作用的，在老师和家长的监督下，全班都能在第二天上课前完成作业。另外，在线下学习中，有的学生上课不注意听作业，也不用记事本记作业，经常出现回家后又找同学问作业、要资料，导致作业完成不及时或不准确的情况发生，而利用线上手段布置作业也减少了此类情况的发生。

对于教师来说，每天的作业批改是一项重要而且工作量巨大的任务，有时也难免会给家长增加负担。然而，利用智学网的智能批改系统，就能实现客观题自动批改、批改后自动统计分数，在学生提交作业后，系统还会给予学生及时的反馈，让其能够明晰自己的薄弱之处，并有针对性地解决。这不仅大幅减少了作业批改的重复工作量，提高了教师的工作效率，而且提高了学生的自主学习意识和学习效率，还可以促进自我反思，提高核心素养。

此外，在进行九年级英语听说考试备考时，我们利用"E听说""一起中学"和"天学网"来进行寒假期间的听说训练。三者区别只在题目的内容和难易度上，操作大体相同，此处只以"天学网"为例。首先，我们根据区模拟的成绩，将学生进行精准分层，在"天学网"上进行相应分组设置。其次，根据学生的答题数据，选择适合每组同学水平的题目，比如，基础稍弱的同学今天只做听后选择专项，而基础稍好的同学可以再多做一个听后记录并转述专项，每层同学收到的都是符合他们水平的内容和作业量。

总之，利用智能作业系统后，作业的布置更加科学合理，题目更加精准，还排除了不必要的重复题目。虽然作业总量下降了，但作业布置的精准性得到了很大程度的提高，为学生科学备考提供了有力支持。

三、分析作业和检测数据，形成学生专属台账，助力教师精准诊断教学

在各年级笔试考试备考时，我们主要选用"智学网"来辅助教学。它有强大的数据收集和分析能力，可以记录学生初一入学第一次检测以来的所有数据，形成每位学生独有的台账，展示学生的知识发展路径，为教师高效分析学情、精准诊断教学，为学生实现个性化难点突破提供了很大的帮助。

在以前的教学和检测中，我们都采取纸质作业和试卷的方式，这往往只能看到学生作答的最终结果，无法统计更精准的作业和考试数据，在分析数据时就会很费时费力，对于作文等题目也不易形成资料库，导致作业和测试做完了、讲完了，就忘了，没有形成数据追踪，也就很难充分发挥其加强和巩固学习的作用。

"双减"政策中鼓励提高个性化作业和个性化指导，以此来提高作业的精准性。要实现作业的个性化推送，首先要了解学生的"个性"所在，这就需要一个庞大的数据库支持。利用"智学网"这类的智能平台完成作业或检测，一方面，教师能够追溯作业和检测试卷中每一道题的得分情况，有利于对全班学生和每个学生的知识

掌握情况进行统计和诊断。另一方面，每位学生的作业和检测数据都能够留存在后台，形成学情分析报告。教师通过分析数据，比如看雷达图等，能分析出每一位学生作业和检测的具体情况，明确学生的兴趣点和知识漏洞。在积累了一定量的学生数据后，智能系统就可以针对不同学生的学习情况进行作业的精准推荐，比如，针对该名学生薄弱的知识点，在题库中筛选出题目，布置给学生当作练习，达到举一反三的效果。同时，系统还能将学生反复出错的题目形成个性化错题本，助力学生突破难点。这样，就能尽可能达到精准教学，更有效地达到作业和检测巩固学习的目的。

今天的世界形势瞬息万变，这对基础教育提出了新的要求。义务教育的发展由基本普及进入全面普及的时代，由以规模发展为主转向以内涵发展为主，人民群众的需求从"有学上"到"上好学"，从"面向每个人"转向"适合每个人"。新课标也明确了"打好基础，杜绝拔苗助长，考什么就教什么"的根本思路。这都要求我们教师要加强对"双减"工作的研究和落实，提高教学设计的能力，为课堂提质增效，切实减轻学生的学业负担，同时还要做到五育并举。这是一个漫长而不易的转型过程，所幸迅猛发展的信息技术能为我们的新型教学提供有力保障。作为一线教师，我们需要聚焦核心素养，面向未来，不能用过去的知识，教育现在的孩子，让他去面对不确定的未来。同时，我们还要保持空杯心态，积极学习信息技术，合理使用新技术，将新技术与优秀的教学理念相结合，不断探索更适合学生的教学思路和方法，让技术更好地为我们的教学服务，把立德树人根本任务落实到底，为国家培养优秀人才。

注释

[1] 中共中央办公厅 国务院办公厅印发《关于进一步减轻义务教育阶段学生作业负担和校外培训负担的意见》[EB/OL].（2021-07-24）[2021-10-12]. http://www.gov.cn/zhengce/2021/07/24/content_5627132.htm.

教学设计

如何借助意象品读现当代诗歌
——以艾青《我爱这土地》为例

● 詹雅丽

一、单元背景

统编版语文九年级上册第一单元的课文材料包括《沁园春·雪》《周总理，你在哪里》《我爱这土地》《乡愁》《你是人间的四月天——一句爱的赞颂》《我看》。除了《沁园春·雪》外，其余都是新诗歌。分析教材内容和教参上的单元目标，本单元的概念指向诗歌的关键要素，如情感、意象、节奏、语言、韵律等。《义务教育语文课程标准（2022年版）》有关"阅读与鉴赏"学习任务群第四学段的要求如下："欣赏文学作品，有自己的情感体验，初步领悟作品的内涵，从中获得对自然、社会、人生的有益启示。能对作品中感人的情境和形象说出自己的体验，品味作品中富于表现力的语言。"有关"文学阅读与创意表达"学习任务群第四学段的要求如下："阅读表现人与社会、人与他人的古今优秀诗歌、散文、小说、戏剧等文学作品，学习欣赏、品味作品的语言、形象等，交流审美感受，体会作品的情感和思想内涵。"

因此，本单元的基本问题可以明确为"如何把握阅读新诗的重点元素，学会阅读新诗，丰富人生体验"。为解决此问题，本单元创设真实的情景任务："经典的新诗是'情感'的故事，从中不仅能听到诗人的心声，也能唤起读者的共鸣。为了进一步感受新诗魅力，九年级创建《新诗评论》文册，面向大家征集新诗鉴赏文章。让我们一起走进九年级上册第一单元的学习，探寻新诗意象、语言和节奏的文艺密码，与诗歌艺术之美同行。"

在这一情景任务统摄下，我们将分课时为学生搭建读新诗的台阶，引导他们从对新诗的未知到已知，从不感兴趣到产生兴趣，最终让学生真正热爱诗歌。从中获得对自然、社会、人生的有益启示，传承中华民族优秀的诗歌文化。单元设计流程如图 1 所示。

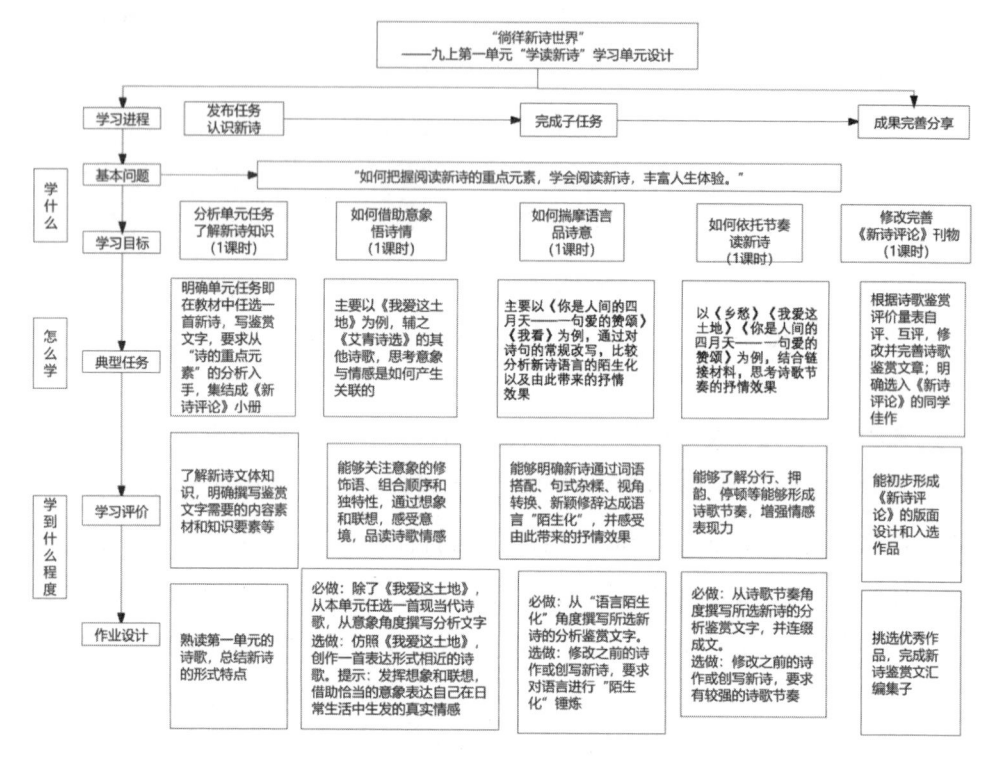

图 1　九上第一单元设计流程图

二、《我爱这土地》教学内容分析

《我爱这土地》是艾青的代表作之一，也是中学语文教材的经典名篇。这首诗歌诞生于 1938 年艰难的抗战时期，彼时艾青漂泊在湖南，目睹祖国大地满目疮痍，山河破碎，侵略者的铁蹄肆意践踏，百姓流离失所，内心被痛苦与悲愤填满。

在这种浓烈情感的驱使下，艾青挥笔写下此诗。诗中，他精心选取了一系列别具深意的意象："鸟"，以鸟自喻，象征着诗人自己以及无数像他一样在苦难中挣扎、抗争的爱国志士，即便喉咙嘶哑，也要为祖国歌唱；"土地"，这是祖国的象征，承载着千百年的厚重历史，此时正遭受着侵略者的无情践踏，满目疮痍；"风"，象征着侵略者的暴行，如狂风般肆虐，给国家和人民带来巨大灾难；"河流"，隐喻着人民心中的悲愤，如滔滔江水，绵绵不绝；"林间"，代表着被战争破坏的宁静家园；"黎明"，寓意着对光明未来的渴望与期待；"羽毛"，代表着诗人愿意奉献出自己的一切，即便微不足道，也要为祖国付出；"泪水"，则是诗人为祖国的苦难而流淌的哀伤之泪。这些意象相互交织，层层递进，共同营造出一种悲壮而深沉的氛围。

在教学过程中，教师可以引导学生从这些意象的特点入手，分析它们是如何传递情感的。比如，鸟"用嘶哑的喉咙歌唱"，"嘶哑"一词，生动地展现出鸟歌唱的艰难，这背后是诗人为祖国发声的坚忍与执着。同时，关注意象的排列组合顺序，会发现诗人先描绘土地的苦难，再表达自己的悲痛，最后抒发对黎明的向往，这一顺序清晰地展现出诗人情感的脉络。

借助《我爱这土地》的学习，学生能够深切体会到，意象的选择和组合在诗歌抒情中起着至关重要的作用。学会从意象入手，就如同掌握了一把钥匙，能够开启欣赏诗歌、理解诗歌深层内涵的大门，进而领略诗歌独特的艺术魅力，提升文学鉴赏能力。

三、教学目标

1. 把握诗歌中的意象，学习通过解读意象分析诗人情感的基本方法。
2. 知人论世，结合时代背景，深入体会诗中蕴含的深沉而真挚的爱国之情。

四、教学重难点

通过学习解读意象、分析诗人情感的基本方法，体会诗歌意象的选择和组合对情感表达的作用。

五、教学过程

（一）导入

【教师提问】诗以抒情、诗以言志、诗以表心，自古以来，诗歌就是人们寄托情感、抒发情怀的载体。回顾自己学过的诗歌，思考诗歌一般都是怎么抒情的？

【学生活动】思考问题、回答问题。

【明确】中国古典诗歌常常借意象去抒情，这一点在现代诗歌当中也尤为明显。今天这节课，就让我们借助艾青的《我爱这土地》，感受现代诗歌以意象抒情的特点，学习如何借助意象去品读现当代诗歌。

（二）诵读诗歌，把握意象

【教师提问】诗歌选取了什么意象？表达了怎样的情感？

【学生活动1】自由地放声朗读诗歌，要求：读准字音；圈画出诗中出现的意象，初步感受诗歌情感。

【学生活动2】一位同学朗读，其他同学从字音和情感两个角度进行评价。

【学生活动3】请结合具体意象进行分析，应该读出怎样的感情？

【教师提问】如何借助意象更好地读出情感？

【学生活动】你从哪里读出这些情感？

【预设】土地是饱受暴风雨摧残、坑洼不平的。河流是怒水湍急、汹涌奔腾的，像长期郁结在我们心中的悲愤一般。风是无止息地吹刮着的、激怒着的，代表了人们心中永不停息的对暴风与恶行的愤怒。黎明是无比温柔的，即对光明的希望。

【学生活动】比读原诗与下面改诗，看看哪一版本更好？为什么？

假如我是一只鸟

我也应该用嘶哑的喉咙歌唱

这土地

这河流

这风

那黎明
　　——然后，我死了
　　连羽毛也腐烂在土地里面

　　【预设】不能，因为修饰语赋予了这些景物能够体现作者情感的特点，土地是饱受摧残的，河流是充满悲愤的，正是这些修饰语把这组事物变成了含有作者主观情感的意象，表现了作者对土地的爱和关切，对暴风雨的仇恨愤怒和反抗的决心，以及对黎明的向往。

　　【小结】从意象的修饰语可以读出情感。

　　【学生活动】这些意象能够调换顺序吗？读出你的理解。

　　【预设】不能，因为前三个都是"这"，写的是眼前所见，是这片土地正在遭遇的事情，而最后一个是"那"，是未来的，是一种希望、一种憧憬。最后一句的"那"是远指，黎明是诗人对光明未来的憧憬与期盼。4个意象之间存在着组合和排列次序，体现了作者情感的起伏变化：从心痛到奋力斗争，最后再迎来黎明。充分显示了黑暗总是暂时的，只要奋起斗争，终会有光明美好的未来。

　　【小结】从意象的组合顺序可以读出诗人的情感变化。

　　【学生活动】除了这些意象之外，诗中还有一个重要的意象——鸟。请比较原诗和改诗，思考诗人为什么要以鸟的视角？

　　①圈画出直接写鸟的句子。

　　②鸟让我们想到的关键词有哪些？

　　③鸟有哪些行为？这些行为在我们脑海里呈现了什么画面？体现了什么情感？

　　【小结】从意象的独特性可以读出情感。在诗歌中运用意象，能够使抽象的情感具体可感，能够引发我们产生丰富的联想和想象，在脑海里构建画面，品味意境，从而体察出作者在诗中的情思。

（三）知人论世，深读情感

　　【教师提问】同学们，要想进一步理解诗歌，我们还需要结合诗人的创作背景，也就是知人论世。你们能从课文中找到这首诗创作背景的蛛丝马迹吗？

【预设】1938年11月17日,从时间上看,作品写于1937年卢沟桥事变之后的一年。此时正值国难当头,饱经沧桑的祖国正在遭受日寇铁蹄的践踏。

【教师提问】结合诗歌的创作背景,我们再来看这首诗歌,你们对选用的意象和诗人的情感有什么更深入的理解呢?

【预设】土地代表了正在遭受日寇欺凌的祖国国土;河流代表了我们因祖国苦难而汹涌的悲愤之情;风代表了人民心中永不停息的对侵略者暴行的愤怒和反抗;黎明代表着人民为之奋斗、献身的独立自由的曙光。作者通过这些意象,表达的不仅是对土地的热爱,更是对生养他的祖国以及人民的热爱。

【小结】结合时代背景,可以挖掘意象的深层含义,更好地理解诗歌情感。

【学生活动】再次朗读,读出那份对国家深沉的爱。配乐读,最后两句反复读。

(四)学以致用,总结方法

【学生活动】学以致用,阅读艾青另一首诗歌的节选部分,结合具体内容,从意象的角度分析诗人的情感。

【预设】"雪落在中国的土地上,寒冷封锁着中国呀"选取了"雪"这一意象,雪是寒冷的,从"封锁"一词中更能看出这雪势之大,象征了中国这片土地和土地上的人民正遭受着深重的灾难,体现了诗人对中国及人民遭受磨难的悲痛和对他们的深沉的爱。

"雪落在中国的土地上""雪夜的草原"以雪、草原等自然物象渲染了一种苍茫而悲凉的气氛,象征了中国所处的艰难环境;"无数的土地的垦植者/失去了他们所饲养的家畜/失去了他们肥沃的田地"选取垦殖者为代表人象,通过他们的遭遇突出民族苦难深重;"绝望的污巷""阴暗的天""饥馑的大地"表现了残暴的侵略战争使中国人民处于水深火热之中。这些意象共同营造了悲伤凄惨的气氛,体现了诗人对中国及人民遭受磨难的悲痛和对他们的深沉的爱。

【学生活动】结合评价量,自评、互评和修改,如表1所示。

表1　意象分析评价量表

1. 结合具体的意象	★
2. 分析意象的特点	★
3. 描绘意象营造的画面或氛围	★
4. 品析作者的情感	★
5. 语言连贯	★

（五）板书设计

如图2所示：

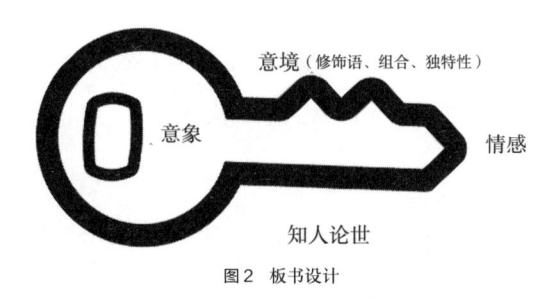

图2　板书设计

（六）作业设计

必做：除了《我爱这土地》，从本单元任选一首现当代诗歌，从意象角度撰写分析文字。

选做：仿照《我爱这土地》，创作一首表达形式相近的诗歌。提示：发挥想象和联想，借助恰当的意象表达自己在日常生活中生发的真实情感。

六、教学反思

在中学语文教学里，诗歌鉴赏是培养学生文学素养的关键内容。这节课主要以《我爱这土地》为例，辅之艾青的其他诗歌，思考如何借助意象来解读诗歌中蕴含的情感。学生在借助意象品读诗歌时，能够关注意象的修饰语、组合顺序和独特性，通过想象和联想，感受意境，品读诗歌情感。此外，对于一首诗歌的风格特点、意象选取倾向等方面应该有整体性的把握。艾青诗歌的赏析不能单单从一首诗歌出发，还应多连接艾青的其他诗歌，去感受不同意象带来的不同的抒情效果。

因此，这节课，我们以单篇带动多篇，既是大单元设计中的一个子环节，又连接本单元最后的名著导读部分，即《艾青诗选》。通过对《我爱这土地》和《雪落在中国的土地上》这两篇脍炙人口的诗歌进行深入剖析，帮助学生掌握从意象解读新诗的有效路径。学生在学习过程中，学会分析意象的方法，积累阅读新诗的经验，提升对新诗的鉴赏能力，进而激发对《艾青诗选》乃至其他新诗的阅读兴趣，领略新诗独特的艺术魅力，提升文学鉴赏能力。

从学生课上的练习展示，如图3—图5所示，可知，大部分学生能够结合具体语句，从意象角度分析诗歌的情感。分析的内容可以较为详细地结合意象的特点和意象营造的意境，这说明课堂目标的落实效果尚佳。

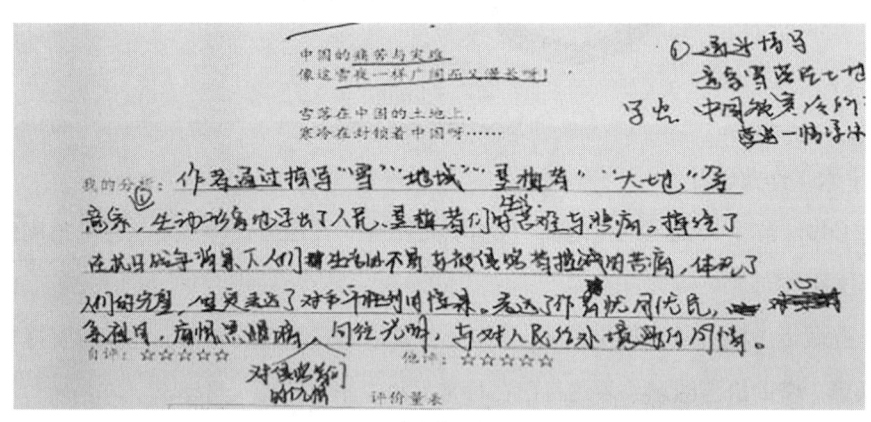

图3 学生练习展示一

图4 学生练习展示二

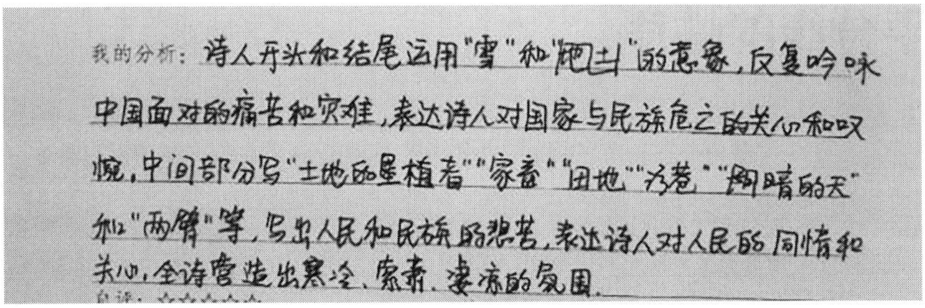

我的分析：诗人开头和结尾运用"雪"和"炮弹"的意象，反复吟咏中国面对的痛苦和艰难，表达诗人对国家与民族危亡的关心和叹惋。中间部分写"土地的垦植者"、"家畜"、"田地"、"河流"、"阴暗的天"和"两臂"等，写出人民和民族的悲苦，表达诗人对人民的同情和关心。全诗营造出寒冷、萧索、凄凉的氛围。

图5 学生练习展示三

然而，课堂总是不完美的，缺憾始终如影随形。回顾此次教学历程，有诸多方面亟待改进。其一，在授课期间，应将目光平等地投向每一位学生。若仅聚焦于少数积极回应的学生，便如同将光芒只洒在狭小角落，难以激发全体学生参与课堂的热情。

其二，朗读指导环节需要精雕细琢。尽管教师的示范朗读能够起到引领作用，但对于学生在朗读时的发音、语调、节奏把控等细节，还需给予更具针对性的指导，帮助他们在朗读中精准传达情感，展现诗歌魅力。

其三，对语文教学内容的钻研务必深入。需要反复咀嚼文本，挖掘遣词造句潜藏的深意，只有自身对诗歌文本的理解达到庖丁解牛般的透彻，才能在课堂上引领学生深入探索，领略诗歌蕴藏的无尽魅力，让学生在诗歌的宇宙中自在遨游。

这次教学实践是一次宝贵的历练，让我收获满满。我将珍藏这些经验与教训，以更坚定的步伐、更饱满的热情，在语文教育这片美丽的乐园中辛勤耕耘，矢志不渝。

角平分线的性质

● 王 萌

　　《义务教育数学课程标准（2022年版）》的基本理念是数学教育既要使学生掌握现代生活和学习中所需要的数学知识与技能，更要发挥数学在培养人的思维能力和创新能力方面的不可替代的作用。因此，无论是需要学习的主题，还是用于展开学习的素材，都应当反映社会生活的特点，需要以社会生活中的实际情境为背景，让学生在"解决现实问题"的过程中展开数学学习。本单元学习的第1课时从选择超级市场的位置引入，到制作平分角的仪器，最后通过折纸游戏顺利突破本节课的重、难点。整节课处处体现了"用数学的眼光认识世界"的主动意识，让学生感受到现实中存在大量与数学相关的问题，可以使用数学解决它们，培养学生的创新思维能力。第2课时在第1课时的基础上，改变限制条件，以选择便利店的位置问题引入，通过探究式学习，运用数学知识创造性地解决实际问题，从而引发学生对角平分线性质的逆定理的探究。之后我又设计了变式练习，让学生发现三角形外角的平分线的交点也具有类似的性质，培养学生的发散性思维和创新意识。第3课时重在落实对于角平分线性质及其逆定理的运用，落实几何证明题的书写。本单元设计的数学活动生动、丰富，增强了学生的实践能力和合作学习能力，体现了《义务教育数学课程标准（2022年版）》中提出的利用数学建模，发展学生的应用意识和创新意识。

　　应用意识和创新意识都是新课标中提出的数学课程的核心概念。发展应用数学的意识是学生学习数学的一个基本目的，所以我将教科书的思考加工后作为我新课的引入，然后又联系实际生活中工人师傅用分角仪平分一个角，鼓励学生借助简单的工具，解决实际问题，培养学生的应用意识和创新思维能力。

一、教学内容分析

本单元选自人教版数学八年级上册第十二章第三节"角的平分线的性质",其内容是全等三角形知识的运用和延续。用尺规作一个角的平分线,其做法原理是三角形全等的"边边边"判定方法和全等三角形的性质;角的平分线的性质证明,运用了三角形全等的"角角边"判定方法和全等三角形的性质。角平分线体现了角是轴对称图形的性质,角平分线的性质反映了角平分线的基本特征,利用角平分线构造两个全等的三角形,常用来证明两条线段相等。角平分线的性质的研究过程为以后学习线段垂直平分线的性质提供了思路和方法。

尺规作图作已知角的角平分线是第1课时的重点和难点之一,为了突破难点,课本安排了思考观察平分角的仪器,并说明它的道理。我设计了两段视频,一段视频展示了平分角的仪器的使用过程,另一段视频教授学生仪器的制作方法,进而顺利突破本节课的第一个难点。探究角平分线的性质是本节课的另一个难点,我设计了折纸游戏帮助学生发现结论,又利用几何画板验证结论,最后学生完成推理证明结论。这些设计为学生将来应用数学知识解决实际问题积累了经验。

探究角平分线性质定理的逆定理是第2课时的重点和难点。我在第1课时的基础上,改变限制条件,以选择便利店的位置问题引入,引发学生对逆定理的探究。学生通过小组探究式学习,创造性地运用数学知识解决实际问题。两节课实际问题的引入也有利于培养学生的空间观念和创新意识。

应用角平分线的性质定理及其逆定理解决问题是第3课时的重点内容,目的是发展学生演绎推理和逻辑推理的能力,培养学生熟练运用三种数学语言的能力,提高学生书写几何证明题的能力。

二、学生情况分析

在知识储备方面,学生已经学习了全等三角形的判定和性质,并能熟练运用全等三角形的知识证明两条线段相等和两个角相等;学生能够利用尺规作图截取已知线段，作一个角等于已知角，并理解做法。

在研究能力方面，本班学生在学习全等三角形的判定时具备尺规作图的能力和一定的动手操作能力。在七年级时形成了学习小组，并以小组合作的方式开展过调查统计。

在情感态度方面，此年龄段的学生有较强烈的自我发展意识，喜欢表现自己，对有挑战性的任务很感兴趣，并且我班的部分学生数学兴趣比较浓厚，不满足仅仅停留在"只知其然，不知其所以然"的状态。因此，我抓住这一特点，在学习素材的选取、学习活动的安排上设法给学生提供"做数学"的机会，目的是利用实际生活让学生体验数学的实用性，发展学生的应用意识。

但是有些同学动手能力不是特别强，有些同学逻辑思维能力弱，因此合理的小组合作非常必要。

三、单元教学目标

如表1所示：

表1 单元教学目标

目标维度	教学目标	课时安排
知识技能	掌握用尺规作图作已知角的平分线的方法，了解做法的合理性	第1课时
	探索并掌握角的平分线的性质定理	第1课时
	探索并掌握角的平分线的性质逆定理	第2课时
数学思考	在确定超级市场位置和便利店位置的过程中，发展学生的空间观念	第1、2课时
	经历探究分角仪的工作原理的过程，经历探究折纸游戏结论的过程，发展学生的演绎推理能力	第1课时
	运用角的平分线性质定理及其逆定理解决问题，发展学生的逻辑推理能力，提高学生书写几何证明题的能力	第1、2、3课时
问题解决	经历将实际问题抽象为数学问题的过程，得到用尺规作图作已知角的平分线的方法和角的平分线的性质定理及其逆定理，增强学生的应用意识和实践能力，发展学生的创新思维	第1、2课时
	能够运用角的平分线的性质定理及其逆定理解决问题	第3课时
情感态度	在运用数学解决实际问题的过程中，让学生体会数学的价值	第1、2、3课时
	在制作分角仪的过程中，学生学习劳动者的勤劳和智慧	第1课时
	通过生长课堂，营造一个平等合作的学习氛围，促进同伴间的交流、质疑、思辨	第1、2、3课时

四、知识结构图

如图 1 所示：

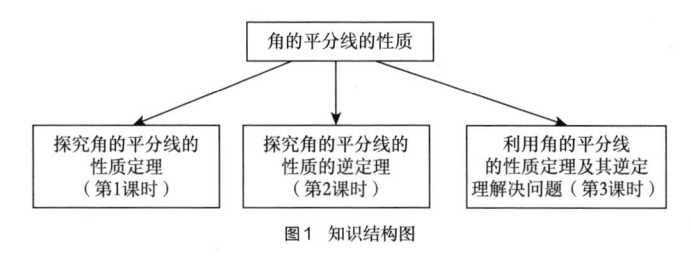

图 1　知识结构图

五、课时设计

第 1 课时　超级市场应建于何处

（一）教学目标、教学重点和难点

【知识技能】掌握用尺规作图作已知角的平分线的方法，了解做法的合理性；探索并掌握角的平分线的性质。

【数学思考】在确定超级市场位置的过程中，发展学生的空间观念；经历探究分角仪的工作原理的过程，以及探究折纸游戏的结论的过程，发展学生的演绎推理能力和逻辑推理能力。

【问题解决】经历将实际问题抽象为数学问题的过程，得到用尺规作图作已知角的平分线的方法和角的平分线的性质，增强学生的应用意识和实践能力。

【情感态度】在运用数学解决实际问题的过程中，让学生体会数学的价值；在制作分角仪的过程中，学生学习劳动者的勤劳和智慧。

【教学重点】①利用尺规作图作已知角的角平分线；

②角平分线的性质定理及其证明。

【教学难点】①根据平分角的仪器提炼出角平分线的尺规画法；

②探究角平分线的性质。

（二）教学流程

如图2所示：

图2 教学流程

（三）创设情景，提出问题

【教师提问】某市要在S区建一个超级市场，使它到两条高速公路的距离相等，并且离两条高速公路的交叉处500m。请你帮助施工队，找到这个超级市场应建于何处？（在图上标出它的位置，比例尺为1∶10000）

【设计意图】在知识的产生过程中，教师提供具有现实背景的问题情境，学生感受到现实中存在大量与数学相关的问题，可以使用数学解决它们，如图3所示。

图3 实际问题图

在尝试画图的过程中，发展学生的空间观念。

根据实际情境学生提出数学猜想，引领了本节课后续的学习，体现了数学来源于生活。

【学生活动】自制学具，感悟画法。

学生观看视频1。在生活中为了平分一个角，工人师傅制造了平分角的仪器。

学生跟着视频2学做平分角的仪器，如图4所示。

【设计意图】向学生展示普通劳动者的勤劳和智慧，向劳动者致敬。

通过自制分角仪的数学活动让学生感受到现实世界

图4 分角仪

中存在大量与数学相关的问题，培养学生"用数学的眼光认识世界"的意识，即用全等三角形的知识解决实际生活中的问题。学生进行必要的、有趣的数学活动，积累数学学习方法的经验，发展学生创造性思维。

在证明 AE 就是∠DAB 的平分线的过程中，发展学生的演绎推理能力，体现了数学学科的严谨性和科学性。

【教师提问】 从利用平分角的仪器画角的平分线中，你受到哪些启发？如何利用直尺和圆规作一个角的平分线？如图 5 所示。

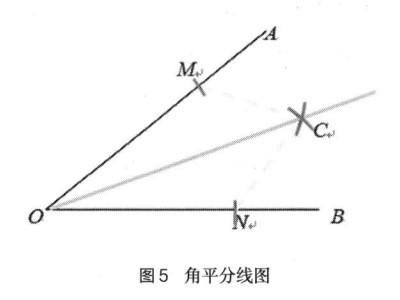

图 5　角平分线图

已知：∠AOB。求作：∠AOB 的平分线。

【设计意图】 学生将从生活中得到的经验应用到解决数学问题中来，积极参与数学活动，对探究活动充满好奇心和求知欲，体验合作式学习的乐趣和必要性，落实本节课的教学重点，突破教学难点。

教师把课堂交给学生充分体现学生在学习中的主体性，帮助学生学会倾听他人的想法，分享自己的收获。在与他人的交流中，勇于发表自己的想法，建立学好数学的信心。

【教师活动】 教师播放视频 3。

学生进行折纸游戏，并分享在游戏中的发现，如图 6 所示。

1. 折痕 OP 是∠AOB 的平分线；

2. 折痕 PC、PD 分别与 OA、OB 垂直；

3. 折痕 PC、PD 相等。

图 6　折纸游戏

教师利用几何画板验证发现。

学生总结角平分线的性质"角平分线上的点到角两边的距离相等"。

已知：∠AOC=∠BOC，点 P 在 OC 上，PD⊥OA，PE⊥OB，垂足分别为 D，E，如图 7 所示。

图 7　角平分线的性质

求证：PD=PE。

学生自己证明。

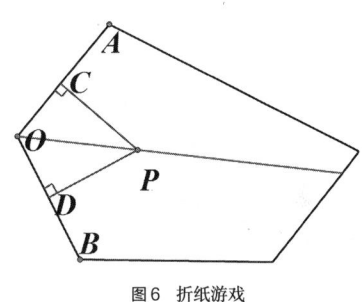

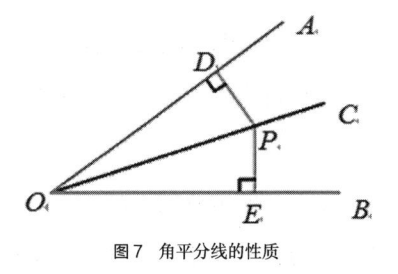

【设计意图】 通过折纸活动，进一步验证了角平分线上的任意一点到角两边的

教学设计

191

距离相等，回答了学生在折纸活动中提出的问题。学生自觉地应用全等三角形的判定和性质，观察、分析折纸中的现象，并解决其中的数学问题，突破本节课的教学难点，即探究角平分线的性质。

在证明的过程中，发展学生的演绎推理能力，体现了数学学科的严谨性。

在总结时明确了角平分线的作用，为后续课程打下基础。

（四）学以致用，巩固所学

【教师提问】例题：下列结论一定成立的是_____。

1. 如图8所示，OC平分$\angle AOB$，点P在OC上，D，E分别为OA，OB上的点，则$PD=PE$。

2. 如图9所示，点P在OC上，$PD \perp OA$，$PE \perp OB$，垂足分别为D，E，则$PD=PE$。

3. 如图10所示，OC平分$\angle AOB$，点P在OC上，$PD \perp OA$，垂足为D，若$PD=3$，则点P到OB的距离为3。

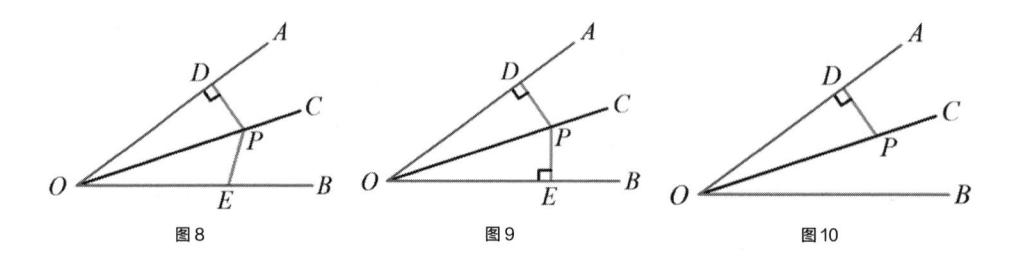

图8　　　　　图9　　　　　图10

学生应用角平分线的性质完成例题。

【设计意图】学生应用角平分线的性质完成例题，再次强调定理使用的条件。

（五）归纳总结

【设计意图】学生通过练习题加强对角平分线的性质的理解和运用，教师了解教学效果，有针对性地指导和调整教学。

第 2 课时　角平分线的性质逆定理

（一）创设情景，提出问题

【教师活动】展示望京地区的图片，提出问题。

【教师提问】图为望京地区局部图，如图 11 所示，为方便居民生活，现要在 S 区内修建一个便利店。要求这个便利店到三条公路的距离相等，应建在何处？

【学生猜想】应建在三条角平分线的交点，并利用尺规完成作图。

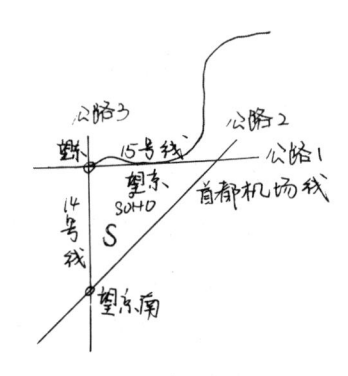

图 11　望京地区局部图

【设计意图】在知识的产生过程中，教师提供具有现实背景的问题情境，学生感受到现实中存在大量与数学相关的问题，可以使用数学解决它们。

在尝试画图的过程中，发展学生的空间观念和合情推理能力。

根据实际情境学生提出数学猜想，引领了本节课后续的学习，体现了数学来源于生活。

【教师提问 1】角平分线性质定理的条件和结论分别是什么？如果将它的条件和结论互换会得到什么新的命题？

【学生提出新命题】角的内部到角的两边的距离相等的点在角的平分线上。

【教师提问 2】你能证明新命题成立吗？

学生进行小组活动，将文字语言转化成数学语言和图形语言，然后进行推理证明。

如图 12 所示，$\triangle ABC$ 的角平分线 BM、CN 相交于点 P，求证：点 P 到三边 AB、BC、CA 的距离相等。

【教师提问 3】点 P 在 $\angle A$ 的平分线上吗？这说明三角形的三条角平分线有什么关系？

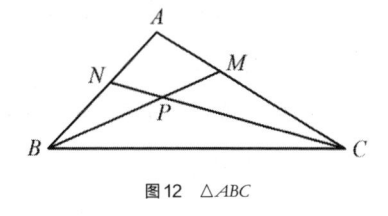

图 12　$\triangle ABC$

【设计意图】学生经历证明几何命题的一般过程，在证明过程中，发展学生的演绎推理能力和几何证明的书写能力，体现了数学学科的严谨性，落实本节课的教学重点，突破教学难点。

教师把课堂交给学生充分体现学生在学习中的主体性，学生通过小组活动，体验合作式学习的乐趣和必要性，学生学会倾听他人的想法，分享自己的收获。

（二）学以致用，巩固所学

【变式练习】上题中除了可以选择在 S 区内修建便利店，是否还有其他符合到三条公路的距离相等的施工地址，如果有画出施工处，如果没有说明理由。

学生通过小组合作，利用尺规作图，找到三个外角的平分线的交点。

【设计意图】发散学生的思维，使学生认识到三角形的外角平分线也具有同样的性质，培养学生的空间观念和创新意识。在证明过程中，发展学生的演绎推理能力和几何证明的书写能力，体现了数学学科的严谨性。教师把课堂交给学生充分体现学生在学习中的主体性，帮助学生学会倾听他人的想法，分享自己的收获。

例题1：如图 13 所示，$DE \perp AB$ 于 E，$DF \perp AC$ 于 F，若 $BD=CD$，$BE=CF$，则下列结论：① $DE=DF$；② AD 平分 $\angle BAC$；③ $AE=AD$；④ $AC-AB=2BE$ 中正确的是_____。

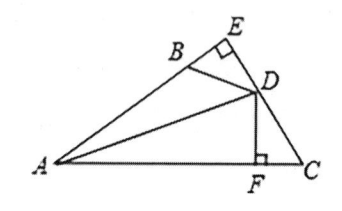

例题2：如图 14 所示，BD 平分 $\angle ABC$，$AB=BC$，点 P 在 BD 上，$PM \perp AD$，$PN \perp CD$，M、N 为垂足。求证：$PM=PN$。

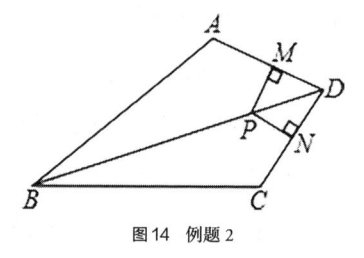

图13 例题1

图14 例题2

【设计意图】在证明过程中，发展学生的演绎推理能力和几何证明的书写能力。正确理解角的平分线的性质定理及其逆定理的条件和结论分别是什么，正确使用定理。

例题1考查了全等三角形的判定与性质，到角的两边距离相等的点在角的平分线上，熟练掌握三角形全等的判定方法并准确识图是解题的关键。利用"HL"证明 $Rt\triangle BDE$ 和 $Rt\triangle CDF$ 全等，根据全等三角形对应边相等可得 $DE=DF$，再根据到角的两边距离相等的点在角的平分线上判断出 AD 平分 $\angle BAC$，然后利用"HL"证明 $Rt\triangle ADE$ 和 $Rt\triangle ADF$ 全等，根据全等三角形对应边相等可得 $AE=AF$，再根据图形表示出 AE、AF，再整理即可得到 $AC-AB=2BE$。

例题2根据已知条件结合三角形全等的判定方法通过"SAS"证明△ABD ≅ △CBD，得∠ADB=∠CBD，从而根据角平分线的性质即可证明结论。此题考查了全等三角形的判定和性质以及角平分线性质的逆定理：角平分线上的点到角两边的距离相等。

（三）归纳总结，布置作业

【设计意图】学生通过练习题加强对角平分线的性质及其逆定理的理解和运用，教师了解教学效果，有针对性地指导和调整教学。

第3课时 角的平分线的性质定理及其逆定理

（一）习题选讲

【课前测】如图15所示，在△ABC中，∠A=90°，AB=AC，BD平分∠ABC，DE⊥BC于E，若BC=10cm，则△DEC的周长是（　　）。

A. 5cm　　　B. 10cm

C. 15cm　　D. 20cm

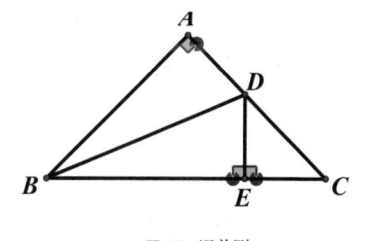

图15 课前测

【设计意图】在课前测中本题的得分率是最低的。通过课后访谈我了解到学生能够找出 AD=DE、AB=BE、AB=AC、DE=EC 等相等线段，但是之后等量间的相互转化就混乱了，学生不能有条理地进行逻辑推理。对于几何证明题学生出现的问题往往就是如此，他们能够推出一些结论，但是不能将这些结论与求证联系起来，不能进行有效的逻辑推理，这正是本节课的重、难点。

以【课前测】题作为本节课的开始更有针对性，更能吸引学生的注意力。

【变式1】如图16所示，在△ABC中，∠A=90°，AB=AC，BD平分∠ABC，求证：AD+AB=BC。

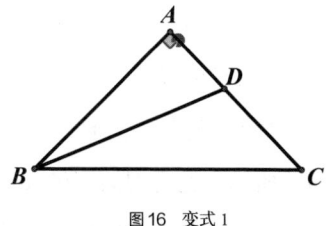

【设计意图】学生将从上题中得到的解题经验和方法应用到变式练习中来，积极参与数学活动，对探究活动充满好奇心和求知

图16 变式1

欲，体验合作式学习的乐趣和必要性，落实本节课的教学重点，突破教学难点。

教师把课堂交给学生充分体现学生在学习中的主体性，帮助学生学会倾听他人的想法，分享自己的收获。在与他人的交流中，勇于发表自己的想法，建立学好数学的信心。

（二）学以致用

例题 1：如图 17 所示，四边形 ABCD 中，AB∥CD，∠1=∠2，∠3=∠4．求证：BC=AB+CD。

【设计意图】学生将从上题中得到的解题经验和方法应用到此题中。学生应用全等三角形的判定和性质，利用角平分线的性质定理解决问题。在证明的过程中，发展学生的演绎推理能力，发展学生几何证明的书写能力，积累解决几何证明题的经验。

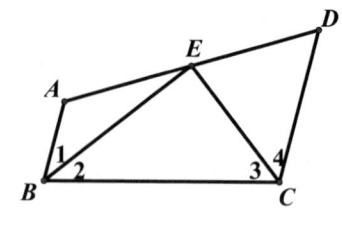

图17　例题1

（三）总结所学

【设计意图】在本节课的学习中，关注同学们在知识层面与思想方法层面有哪些收获？

【布置作业】

1. 完成练习册。

2. 完成变式 2。

【变式 2】如图 18 所示，已知：在△ABC 中，∠A=90°，AB=AC，∠ABC 的平分线交 AC 于 D，过 C 作 BD 的垂线交 BD 延长线于 E。猜想：BD 与 CE 有怎样的数量关系？

【设计意图】学生通过练习题加强对角平分线的性质及其逆定理的理解和运用，教师了解教学效果，有针对性地指导和调整教学。

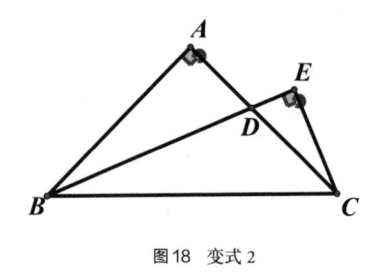

图18　变式2

六、学习效果评价

第1课时学生活动评价

如表2、表3所示：

表2 个人评价表

评价方式	评价内容			
	评价项目	评价等级		
		A	B	C
个人自评	知识水平			
	制作学具			
	推理能力			
	参与程度			
	小组合作			

表3 个人评价量规

评价方式	评价内容			
	评价项目	评价等级		
		A	B	C
学生自评	知识水平	能理解分角仪的工作原理，并会推理证明	能理解分角仪的工作原理，但书写证明过程有困难	能听懂同学的讲解
	制作学具	成功制作学具，并能用学具画出一个角的平分线	在同伴的帮助下成功制作学具，并能用学具画出一个角的平分线	能制作出学具，但不会使用
	推理能力	能够独立完成数学的推理证明	能够结合他人的讲解写出推理证明过程	不能写出推理证明的过程
学生自评	探究能力	有强烈的求知欲，不断提出许多与任务相关的问题，并努力寻找答案。能在遇到问题时独立寻找解决办法，不放弃	能够提出与主题相关问题，希望找到答案。能在遇到困难时自己进行探究或与同伴讨论寻求解决途径	在活动中经常遇到困难，需要依靠同伴解决问题
	参与程度	积极举手发言，积极参与讨论与交流	能举手发言，参与讨论与交流	不举手发言，不参与讨论与交流
	小组合作	在小组中起领导作用，吸收接纳并能给出建议，并帮助其他小组成员，贡献大	参与小组的讨论，能接受他人的建议，并勇于尝试其他方法，与小组成员相处融洽	不参与小组的讨论，不愿意接受他人的建议

七、教学特色

1. 活动丰富生动，突出学生主体

本单元课程充分发挥了学生的主体作用，学生的学习不是停留在课本上，而是与教师一起动手动脑地参与数学活动。教师将课本知识生动地传授给学生，让学生体验数学活动的乐趣和真谛，丰富了学生参与数学活动的经验，体现了新课标的要求。

2. 知识能力并进，蕴含研究方法

教师不仅传授了数学知识，同时注重培养学生的数学能力。学生体验了解决实际问题的一般过程，进行了推理证明，总结了证明几何命题的一般步骤，提高了学生逻辑推理的能力。

3. 信息技术辅助，优化直观体验

通过观看视频，学习制作分角仪的方法。教师利用几何画板验证结论。

4. 联系生活实际，增强应用意识

本单元课程学生多次经历了将实际问题转化为数学问题的过程，旨在使学生认识到现实生活中蕴含着大量与数量和图形有关的问题，可以用数学的方法予以解决。学生创造性地利用数学的知识和方法解释现实世界中的现象，解决实际问题，体验到了数学的价值。

5. 重视数学思维，关注数学素养

本单元的学习使学生体验从实际背景中抽象出数学问题、构建数学模型、寻求结果、解决问题的过程，发展了学生的创造性思维，体现了核心素养中的数学抽象，数学建模和逻辑推理。

多项式教学设计

● 马文博

一、单元课程背景分析

（一）指导思想

本课程以《义务教育数学课程标准（2022年版）》为依据，充分考虑数学教育的目标、内容、教学方式等要素，旨在提高学生的数学素养，培养学生的创新精神和实践能力。在课程实施中，重视学生的主体地位，倡导学生主动参与、乐于探究，培养学生分析和解决问题的能力以及交流与合作的能力。

（二）理论依据

皮亚杰的认知发展理论表明，学生在不同年龄阶段有不同的认知特点，七年级学生处于由具体运算阶段向形式运算阶段过渡的阶段，他们已经具备了一定的数学基础和抽象思维能力，能够进行一定的推理和概括。因此，在本课程中，需要充分考虑学生的认知特点，引导学生通过观察、分析、归纳等思维活动，掌握整式加减的运算规律。

（三）学校文化

学校注重培养学生的创新精神和实践能力，倡导"以人为本、全面发展"的教育理念。在数学教育中，注重培养学生的数学思维能力和解决问题的能力，倡导学生在探究中学习、在实践中成长。同时，学校注重与生活实际的联系，让学生在学习中感受数学与生活的密切联系，增强数学学习的兴趣。

（四）课程资源

本课程所需的教学资源包括教材、多媒体教学设备、教学课件、教具等。教材是课程实施的基础，我们将结合学生的实际情况和教学目标，选择适合的教材。多媒体教学设备和教学课件能够帮助学生更好地理解课程内容，提高教学效果。教具包括计数器、图形模具等，能够帮助学生更好地理解数学概念和运算规律。

（五）内容分析

本课程的主要内容包括单项式和多项式的概念、整式加减的运算规律等。单项式和多项式的概念是整式加减的基础，整式加减的运算规律是本课程的重点和难点。在教学中，需要引导学生通过观察、分析、归纳等思维活动，掌握整式加减的运算规律，并能够解决实际问题。

（六）教材分析

本课程选用的教材是人民教育出版社出版的数学七年级上册，本教材注重与小学知识的衔接，内容安排由浅入深，循序渐进。在内容安排上，先介绍单项式和多项式的概念，然后通过实例讲解整式加减的运算规律，最后通过练习和例题巩固所学知识。本教材注重实际应用，安排了一些与生活实际相关的例题和练习题，让学生能够感受到数学与生活的密切联系。

（七）学情分析

七年级学生已经具备了一定的数学基础和抽象思维能力，能够进行简单的推理和概括。同时，他们也具备了一定的学习能力和合作精神，能够积极参与课堂讨论和合作探究。但是，部分学生可能会存在理解上的困难和计算上的错误，需要教师在教学中注重引导和帮助。

二、单元课程目标

在本单元中，学生将学习整式的加减法，了解整式的运算法则，掌握整式的加减法技巧，从而培养他们的数学计算能力和逻辑思维能力。以下是具体的单元目标：

1. 理解整式的概念，能识别单项式和多项式。
2. 能够准确找出多项式的各项，及各项系数。
3. 掌握整式的加减法法则，能够正确地进行整式的加减运算。
4. 掌握合并同类项的方法，能够正确地合并同类项。
5. 理解去括号法则，能够正确地去掉括号。
6. 掌握整式的化简方法，能够将整式化简为最简形式。
7. 能够解决一些与整式加减法有关的实际问题。

通过本单元的学习，学生将能够熟练掌握整式的加减法运算方法和技巧，提高他们的数学计算能力和逻辑思维能力，为后续的数学学习和日常生活打下坚实的基础。

三、单元课程内容

（一）单元概述

本单元"整式加减"是学生学习整式的起点，也是今后学习更高级数学的基础。整式加减法是数学中的基本运算之一，它涉及数的运算和代数式的处理。通过本单元的学习，学生将掌握整式加减法的基本法则，能够处理简单的整式问题，并为后续学习打下坚实的基础。

（二）课程目标

1. 理解整式的概念，掌握整式的加减法法则。
2. 能够解决简单的整式问题，如合并同类项、去括号等。
3. 培养学生的数学思维和逻辑推理能力。

（三）课程内容

1. 整式的概念：介绍什么是整式，什么是单项式和多项式，以及它们的定义和特点。

2. 整式的加减法：讲解整式的加减法法则，如何进行整式的加减运算，并举例说明。

3. 合并同类项：介绍如何合并同类项，并举例说明。

4. 去括号：讲解如何去括号，并举例说明。

5. 简单的整式问题：通过实例讲解如何解决简单的整式问题，如求代数式的值等。

四、单元课程实施建议

1. 通过实例引入概念，帮助学生理解整式的概念和性质。

2. 通过讲解例题和练习题，让学生掌握整式的加减法法则和简单的整式问题的解决方法。

3. 组织小组讨论和互动，激发学生的学习兴趣和主动性。

4. 及时反馈学生的问题，给予指导和建议。

五、单元课程评价

1. 通过课堂练习和作业，评估学生对本单元知识的掌握情况。

2. 通过小组讨论和互动，评估学生的参与度和合作能力。

3. 通过期中和期末考试，综合评估学生对本单元知识的理解和应用能力。

六、课时教学背景分析

（一）指导思想与理论依据

根据初中数学的课程标准，本节课的教学应以"学生为主体，教师为引导"的教学理念为指导，充分激发学生的学习兴趣，调动学生的积极性，培养学生的数学思维能力和解决问题的能力。同时，根据建构主义理论，学生是在原有的知识基础上，通过与新知识的相互作用，建构自己的理解，从而形成新的知识结构。因此，本节课的教学将注重学生的已有知识水平，引导学生在多项式的学习中自主探究、合作交流，从而实现对多项式的理解和掌握。

（二）学情分析

七年级的学生已经具备了一定的数学基础和认知能力，同时也对数学产生了浓厚的兴趣。但是，他们的抽象思维能力和逻辑推理能力还相对较弱，需要教师在教学中注重引导和培养。此外，学生在日常生活中接触到的多项式概念较少，因此需要在教学中注重与实际生活的联系，帮助学生理解并掌握多项式的概念命名规则。

（三）教材分析

本节课的教材内容比较简单，但是知识点较多，需要学生认真理解并掌握。教材中通过一些实例和问题引入多项式的概念和运算法则，便于学生理解并掌握。同时，教材中也设置了一些练习题和思考题，可以帮助学生加深对知识的理解并提高解决问题的能力。但是，教材中的一些概念和运算法则的表述比较抽象，需要教师在教学中注重引导和讲解。

七、课时教学内容

本节课的教学内容是人教版数学七年级上册"多项式"。主要内容包括多项式的定义、多项式的项数和次数。这些内容是后续学习整式、分式等数学知识的基础，也是解决实际问题的工具。

八、课时教学目标

（一）知识技能

1. 掌握多项式及项数、次数、常数项的概念。
2. 准确地确定一个多项式的项数和次数。
3. 知道整式的概念。

（二）数学思考

1. 能从具体情境中抽象出数量关系和变化规律，使学生经历对具体问题的探索，培养符号感。
2. 类比对有理数的分类过程，对多项式进行分类思想，体会分类标准的重要，从而感受到分类思想在数学中的应用。

（三）问题解决

1. 通过小组讨论、合作交流，通过类比的方法让学生经历新知识的形成过程，培养学生比较、分析、归纳的能力。
2. 通过回忆有理数的分类过程，探究多项式的分类过程，从而再次体会分类的过程和分类的次序的重要性。

（四）情感态度

1. 在教学中渗透分类和次数思想，让学生在数学活动中学会与人相处。
2. 在数学活动中感受探索与创造，体验成功的喜悦，初步体会类比和分类的数学思想。
3. 学生能够通过数学解释世界。

教学重点：多项式的定义、多项式的项数和次数以及常数项等概念。

教学难点：多项式的次数。

九、教学流程

如图1所示：

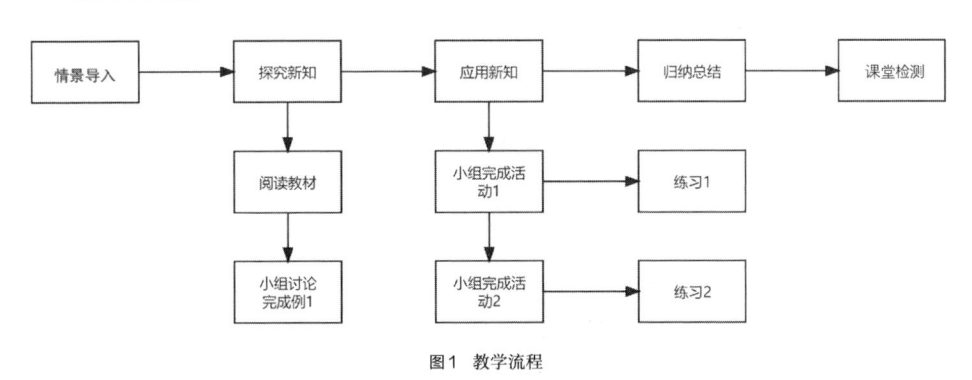

图1 教学流程

十、教学过程

（一）情景导入

【教师活动】展示运动会的照片，并展示运动场的平面展开图，然后提出问题，如图2所示。

图2 运动会照片

【教师讲述】如图3所示，运动场可以简化成由一个长方形和两个半圆组成。

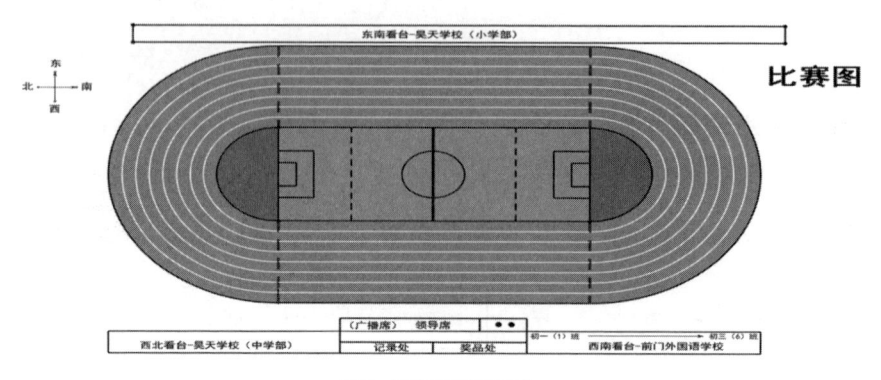

图3 运动场平面展开图

【教师提问】如图4所示，如何用含有 a、b 的式子表示运动场的面积？

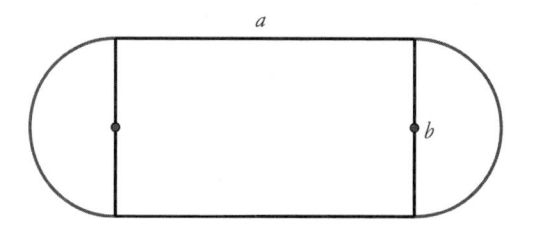

图4 运动场数学模型图

【设计意图】在知识的产生过程中，教师提供具有现实背景的问题情境，学生感受到现实中存在大量与数学相关的问题，可以使用数学解决它们。

学生将现实世界的事物抽象成数学模型，培养建模意识，也体现了数学来源于生活。

（二）探究新知

【教师提问】

$\frac{\pi}{4}b^2+ab$

1. 这个式子是单项式吗？

2. 这个式子中有单项式？都是哪些？

3. 这几个单项式做了哪些运算?

自主阅读数学书第 58 页，并将 $\frac{\pi}{4}b^2+ab$ 蓝体字圈画出来。

根据阅读的内容做出例题 1 小组讨论，自主练习。

【例题 1】多项式 $\frac{\pi}{4}b^2+ab$ 中，它的项分别是 $\frac{\pi}{4}b^2$，ab，每一项的次的次数是 2，2，它是 二 次 二 项式。

【练习】多项式 $-x^4+2x^2+3$ 中，它的项分别是 $-x^4$，$2x^2$，3，每一项的次的次数是 4，2，0，它是 四 次 三 项式。

【设计意图】学生通过阅读教材从教材中提取重要信息，并通过提取出的信息进行对例题 1 的解答，在小组中分享提取出的信息。

通过阅读教材培养学生的阅读能力和提取信息能力，在小组讨论中，培养学生的表达能力，让学生学会在小组中学习和分享知识。

（三）应用新知

【小组活动 1】请左右两个同学一组，一个同学写出多项式，另一个同学说出多项式的项数和次数。

（讨论中有意识地知道学生思考单项式与多项式次数的区别）

小组分别上台展示。

【设计意图】同学之间相互配合，不断训练寻找多项式的项数和次数，并在讨论中有意识地知道学生思考单项式与多项式次数的区别。培养学生的创新意识。

【练习 1】判断这些 $-2x^2+2y^2$，$a^4-2a^2b^2-b^4$，$x^2y-xy^2-x^3-2x^2-x+6$，是否是多项式并指出多项式的次数和项数，如表 1 所示。

表 1

多项式	$-2x^2+2y^2$	$a^4-2a^2b^2-b^4$	x^2y-xy^2	$-x^3-2x^2-x+6$
次数	2	4	3	3
项数	2	3	2	4

再次强调多项式的次数和项数,并引导学生思考二次项及二次项的系数。

【设计意图】引导学生思考在多项式中寻找高次项及高次项的系数,并再次巩固寻找多项式的次数和项数的方法。

【小组活动2】小组间相互出题。

请每个小组在长方形卡片上写出一个多项式(限制字母数和最高次)并上台展示。

【设计意图】让学生在相互出题中发现自身的问题,并在小组内予以解决。

【练习2】如图5所示,用式子表示圆环的面积。当R=15cm,r=10cm 时,求圆环的面积。(π 取 3.14)

【设计意图】培养应用意识,根据实际问题引导学生列出多项式,并说出多项式的项数和次数。

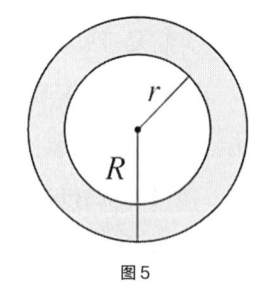

图5

【拓展】

1. 若多项式 $(m-2)x^2+3x+4$ 的次数是 7,则 m=____。

2. 若多项式 $a^2+8a^{m+1}+a^2b^2$ 不含二次项,则 m=____。

【设计意图】提出参数问题,提高一个难度,再次让学生深入理解多项式的项数和次数。

(四)归纳总结

1. 本节课学了哪些主要内容?你有哪些收获?

2. 这些知识与我们之前所学有哪些联系?

3. 本节课用了哪些数学思想和方法?

(五)课堂检测

1. 列式表示:

(1) 温度由 t°C 下降 5°C 后是____°C;

(2) 图6中阴影部分的面积为____;

(3) 某班有男生 x 人,女生 21 人,则这个班的学生一共有____人。

图6

2. $3a^2b - 4ab^3 - 5b^2 - 9$是____次____项式，常数项是_____，最高次项系数是_____。

3. 指出下列多项式的项数和次数，是几次几项式。

（1）$3x^4 - 2x^2 + 1$　　（2）$2x^2 - 3xy^2 + 6$

十一、学习效果评价

（一）评价方式

1. 课堂检测。

2. 作业。

（二）评价量规

1. 课堂检测 1

（1）能够用含 t 的式子表示 +1。

（2）能够正确写出含有 t 的式子 +1。

2. 课堂检测 2

（1）能够说出阴影部分是不规则图形 +1。

（2）能够列式求出矩形面积 +2。

（3）能够列式求出阴影部分面积 +3。

3. 课堂检测 3

（1）能够写该多项式的各项及项数 +1。

（2）能够写出该多项式的最高次数 +1。

4. 课堂检测 4

（1）能够写该多项式的各项及项数 +1。

（2）能够写出该多项式的最高次数 +1。

十二、教学实施效果

通过本次教学，学生们能够更好地掌握多项式的相关概念，如项数、次数和常数项等。同时，学生们还能够通过小组讨论和合作交流，经历新知识的形成过程，培养了比较、分析、归纳的能力。在探究新知环节，学生们通过阅读教材和小组讨论，能够自主提取信息并进行解题。在应用新知环节，学生们能够通过多项式解决问题，如判断多项式的次数和项数、寻找高次项和其系数等。此外，学生们还能够通过小组活动和出题练习，发现自身的问题并予以解决。在拓展环节，学生们能够根据实际问题列出多项式并说出其项数和次数。最后，学生们还能够通过归纳总结环节，回顾本节课所学内容并分享感受。

综上所述，本次教学实施效果良好，学生们能够较好地掌握多项式的相关概念和应用方法，同时也能够积极参与课堂活动并发挥自己的主观能动性。

广袤的大地
——中国地形特征和主要地形区

● 崔丽美

一、单元指导思想与理论依据

贯彻立德树人的核心使命，遵循"学习对生活有用的地理"和"学习对终身发展有用的地理"的教学理念[1]，引导学生从地理的角度审视问题，关注自然与社会的互动，逐步培养学生形成人与自然和谐共处及可持续发展的理念，为培育具备地理素养的公民奠定基础。

本单元通过丰富多样的教学活动，旨在激发学生的兴趣，培养其观察、分析和解决问题的能力。在教学过程中，注重理论与实践相结合，让学生在掌握地理知识的同时，能够将其应用于实际生活中，解决实际问题。同时，通过引导学生关注自然与社会，培养其环境保护意识和社会责任感，为实现人、地协调与可持续发展贡献力量。[2]

二、单元教学背景分析

（一）教学内容分析及课时分配

根据《义务教育地理课程标准（2022年版）》，运用中国地形图概括我国地形地势的特征，培养学生热爱祖国，渗透可持续发展思想的教育内容，确定了该单元教学设计名称是"广袤的大地——中国地形特征和主要地形区"，并设计了三个课时：1.中国地形地势特征；2.中国主要地形区；3.中国地形地势的影响。本单元是同学们学习自然地理部分的起始单元，学习最重要的自然地理要素——地形。因此，我设计了三个课时，从分析认识中国的地形地势的特征，到认识我国主要的地形区，再到从我国地形地势特征探究这样的地形地势特征对我国经济发展产生了哪些影响。知识内容层层递进，激发地理学习兴趣，进一步关心我国的基本地理国情，从而激发学生的爱国之情。

（二）学生情况分析

学生已经学习了中国的疆域、地形图的判读等相关知识，但是如何描述一个国家或地区的地形特征，对于山脉及走向的概念、地形区的概念还比较陌生，需要在课堂上给学生明确相关概念，本节课识记的知识量偏大，考虑到学生刚刚接触这些主要地形区，为了提高学生对地理的学习积极性，在教学设计时，通过自制的教学工具（山脉磁贴），充分调动学生学习主动性，设计适合学生的学习活动。通过前面课时的学习，继续引导学生探究中国地形地势特征对我国产生了哪些影响。引导学生从利弊辩证的角度来分析问题，以及如何人、地协调发展，如何实现可持续发展。通过学习探究，内化本单元的知识。

三、单元教学目标

如图1所示：

```
广袤的大地——中国地形特征和主要地形区
教学目标：
运用图文资料，分析我国地形地势的主要特征；认识我国地势三级阶梯分
界山脉和主要地形区；探究分析地形地势对我国的影响；进一步关心我国
的基本地理国情，从而激发学生的爱国之情
```

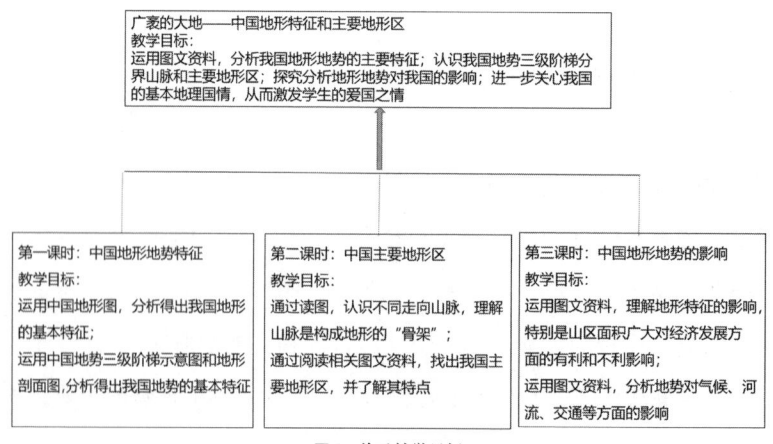

```
第一课时：中国地形地势特征              第二课时：中国主要地形区         第三课时：中国地形地势的影响
教学目标：                              教学目标：                      教学目标：
运用中国地形图，分析得出我国地形         通过读图，认识不同走向山脉，理解  运用图文资料，理解地形特征的影响，
的基本特征；                            山脉是构成地形的"骨架"；         特别是山区面积广大对经济发展方
运用中国地势三级阶梯示意图和地形         通过阅读相关图文资料，找出我国主  面的有利和不利影响；
剖面图,分析得出我国地势的基本特征         要地形区，并了解其特点            运用图文资料，分析地形对气候、河
                                                                      流、交通等方面的影响
```

图1 单元教学目标

四、单元教学过程设计

（一）第一课时　中国地形地势特征

因为是本单元教学的起始课，所以课堂充分利用图文资料，利用之前所学习的地形图的判读方法和五种主要的地形类型的判读，深入分析我国地形地势的特征，如图2所示。

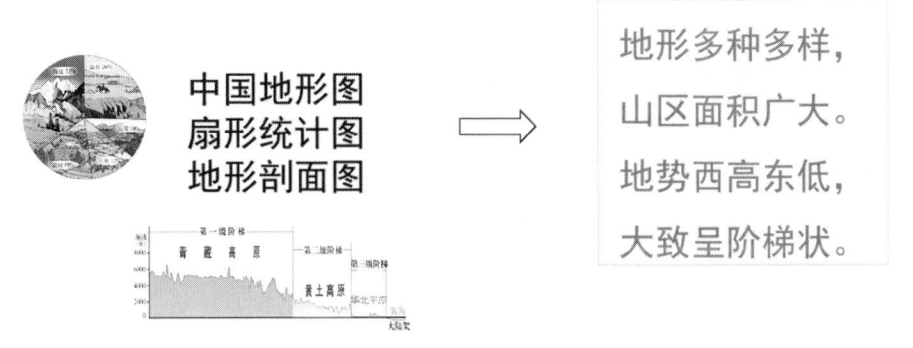

图2　"中国地形地势特征"　板书设计

（二）第二课时　中国主要地形区

本节课识记的知识量偏大，考虑到学生刚刚接触这些主要地形区，为了提高学生对地理的学习积极性，在教学设计时，通过自制的教学工具（山脉磁贴），充分调动学生学习主动性，设计适合学生的学习活动。激发学习兴趣，培养爱国之情，如图3所示。

图3　"中国主要地形区"　板书设计

（三）第三课时　中国地形地势的影响

本节课提供图文资料，让同学们分小组畅所欲言，探究地形地势对生产、生活等方面的影响，要学会利弊辩证地分析问题，通过思维导图的形式，帮助同学们梳理思路，从而更好地认识地理事物之间的相互联系、相互影响，培养学生的可持续发展观和人、地协调发展观，如图4所示。

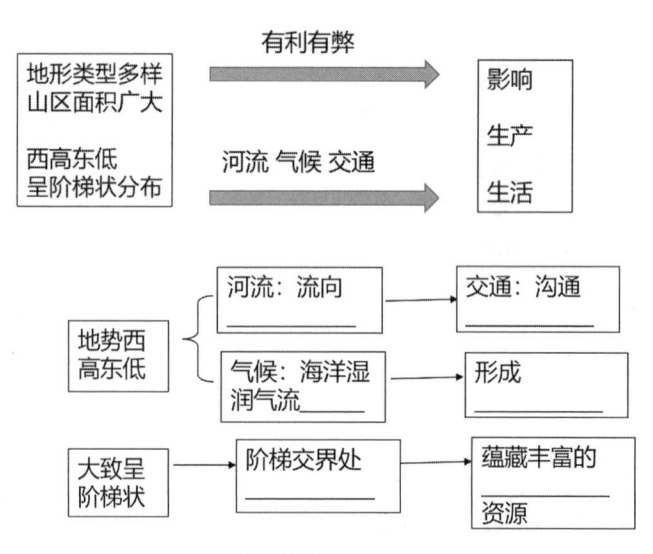

图4　"中国地形地势的影响"　板书设计

五、单元学习效果评价及分析

如表1所示：

表1　小组评价表

组别	自学任务	闯关任务	任务展示	课堂检测	教师评分	总分
1组						
2组						
3组						
4组						
5组						
6组						

本单元教学 3 课时，都尝试运用"生长课堂"的理念，并采用自学深思、互学讨论、展示成果、师生点评的教学环节，完成每课时的教学探究任务，使学生在课堂中得到真正的生长，并通过评价表，采用小组自评和组间互评以及教师评价三个权重，为每个小组评分。评价的最终目的是希望以小组为单位认识到自己在本节课的收获以及本组在本节课的表现和收获，可以向其他小组学习优点，改进自己的不足，这样每位同学都能学有所获。

从课堂实施上来看，组间竞争意识还是很强的，但是组内的合作往往还是分工不太明确，基础知识较好的同学有很好的自觉性，能主动完成任务或者主动与本组同学探讨任务，但是有些同学尤其基础知识薄弱的同学有畏难情绪，面对新知的挑战，往往还是被动地等待小组同学的帮助，缺乏主动性，所以在以后的教学实施中，对于这部分同学可以多多给予关注，在题目或任务的设计上还是要多考虑到这部分同学的实际情况。

六、单元教学特色分析

（一）紧扣课标，深挖教材

本单元主题是"广袤的大地——中国地形特征和主要地形区"，并设计了三个课时：1. 中国地形地势特征；2. 中国主要地形区；3. 中国地形地势的影响。对应的课程标准是运用中国地形图概括我国地形地势的特征，培养学生热爱祖国，渗透可持续发展思想的教育内容，教师设计任务闯关活动，引导学生探究深思，讲授新知的同时，深挖教材，使学生的学习有据可依。

（二）设计活动，任务闯关

在学生自学和教师讲解的基础上，每个课时教师设计 2—4 个闯关任务，激发学习兴趣，通过完成闯关任务，进一步理解中国地形地势的显著特征和中国地形地势对人类生产和生活的影响，引导学生从自然地理要素的视角思考问题，关注自然与社会，使学生逐步形成人、地协调与可持续发展的观念，为培养有地理素养的公民打下基础。

（三）自制教具，激发兴趣

考虑到学生对于山脉及走向的概念、地形区的概念还比较陌生，考虑到本节课识记的知识量偏大，而且学生刚刚接触这些主要地形区，为了提高学生对地理的学习积极性，在教学设计时，通过自制的教学工具（山脉磁贴），充分调动学生学习主动性，设计适合学生的学习活动。学生非常积极主动，最后各个小组在黑板上呈现的山脉是大地的骨架也非常突出。

（四）双减双升，巧设作业

在"双减双升"大背景下，整个单元教学贯彻"生长课堂"理念，采用自学深思、互学讨论、展示成果、师生点评的教学环节，完成每课时的教学探究任务，而且把教材的一部分课堂巩固和做一做，放到课堂中完成，既减轻学生的课业负担，又可以题促学，激发学生学习兴趣，调动学生学习积极性，从而实现学生内化地理知识，落实学科核心素养，让学生实现真正的生长。

注释

[1] 中华人民共和国教育部. 义务教育地理课程标准：2022年版[S]. 北京：北京师范大学出版社，2022：2.
[2] 何思源，闵庆文."保护兼容"理念源起、实践与发展[J]. 生态学报，2022（15）.

行稳致远·奔向美好明天
——从中国铁路看中国发展变化

● 韩 旭

一、教学背景分析

（一）指导思想与理论依据

《义务教育道德与法治课程标准（2022年版）》坚持以习近平新时代中国特色社会主义思想为指导，全面贯彻党的二十大重要教育理论方针，遵循教育教学规律，落实立德树人根本任务。坚持以新时代发展特征为依托，以核心素养为导向。培养学生适应未来发展的正确价值观、必备品格和关键能力，引导学生明确人生发展方向，成长为德智体美劳全面发展的社会主义建设者和接班人。

（二）教材分析

本课为九年级复习课，结合材料内容创设情境帮助学生综合运用教材知识体系，回答解决问题。

（三）学情分析

在一轮复习的基础上，学生已经储备了一定的学科知识，也初步具备了运用知识解决问题的能力，但是他们对于知识的运用比较僵化，对任务要求的理解会出现偏差，因此需要教师进一步引导。

二、教学目标

1. 通过探寻中国高铁发展的成就，形成对国家发展的自信心自豪感，培育政治认同，以及为中华民族伟大复兴而奋斗的志向，能够自觉践行和弘扬社会主义核心价值观。

2. 通过中国铁路为中国及世界发展的贡献，引导学生关心社会国家发展，培养责任意识。

3. 了解知识在理解情境完成任务中的作用，培养依据任务要求准确运用知识的能力。

三、教学重难点

教学重点：探寻中国高铁发展为何如此之快。

教学难点：中欧班列怎样做到服务世界、成就中国。

四、教学过程

（一）导入环节

【教师活动】新闻：五一假期出行抢票难。

【教师提问】为什么会出现抢票难的现象？

【学生活动】学生阅读新闻材料，思考并回答问题。

【设计意图】通过五一假期出行抢票难的热点话题设置情境，引导学生深入思考，为什么会出现这一现象，进入本课学习内容。

（二）环节一：中国高铁的"追求高速"与"保留慢车"

【教师活动】材料一：京津冀"1小时交通圈"越织越密，如图1所示。

材料二：中国高速铁路建设"成绩单"。

数说

轨道上的京津冀越织越密

2023年是京津城际开通**15**周年

15年间,京津城际累计发送旅客**3.4亿人次**,相当于将北京、天津全部常住人口约**3547万人**,运送了四五个来回

京津冀地区高铁总里程

由2008年的**118**公里增长到现在的**2576**公里,实现对区域内所有地级市的全覆盖

未来5年内,**怀兴城际廊兴段、雄商高铁、雄忻高铁、津潍高铁**将陆续开通,轨道上的京津冀会越织越密

图1 京津冀铁路发展示意图

【教师提问1】京津冀地区高铁网的建设会带来哪些影响?

【教师提问2】中国高铁发展为何如此之快?

【学生活动】学生认真阅读材料内容,认真思考并回答问题。

【设计意图】通过以上材料,了解京津冀交通圈的建设,分析会带来的影响有哪些,理解京津冀协同发展的重要性。通过材料分析,探寻中国高铁取得的成就,分析在中国高铁发展的致胜密码,总结原因题的答题方法和思考路径。

(三)环节二:中国高铁的"稳步发展"与"创新进取"

【教师活动】播放视频1:"慢火车"拉来"幸福甜"。

播放视频2:中国铁道博物馆展品的故事。

【教师提问1】国家为什么要不计成本保留慢火车?

【教师提问2】从这些铁路人身上,我们看到了什么?

【教师提问3】在这样艰难险阻的情况下,为什么还要修建青藏铁路?

【学生活动】学生观看视频资料,思考并回答问题。

【设计意图】通过视频资料从我国的基本国情、社会主要矛盾、坚持以人民为中心的发展思想、发展的根本目的、共同富裕等角度总结中国铁路发展行稳致远的

原因。通过图片梳理中国铁路发展的历程，看到中国铁路人不屑奋斗的艰辛历程。结合中国铁道博物馆中的展品故事，总结铁路人的优秀品质，中国精神的传承。青藏铁路建设对保卫国家安全、促进民族团结、坚持人与自然和谐共生等领域起到的战略性的意义。

（四）环节三：中国高铁的"服务自身"与"贡献全球"

【教师活动】展示图2：在党和国家的领导下，中欧班列的发展成就，分析材料。

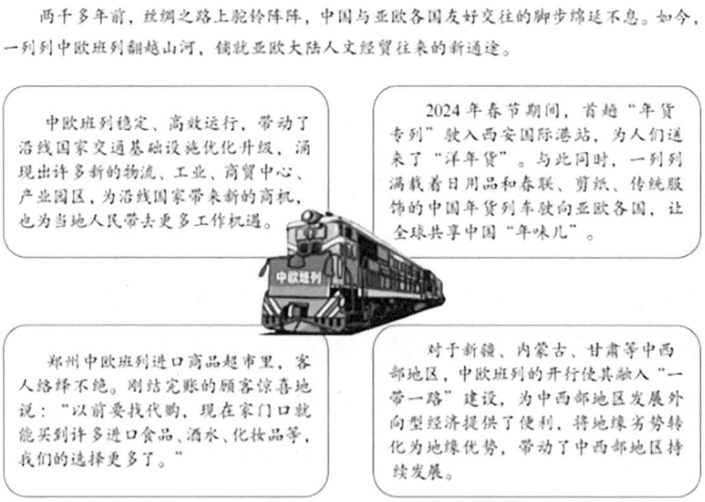

图2 中欧班列发展成就

【教师提问】结合材料和所学知识，谈谈中欧班列是如何服务世界、成就中国的。

【学生活动】学生根据材料分析并回答问题。

【设计意图】通过分析中欧班列的发展成就，总结中欧班列带动了"一带一路"沿线国家的发展与合作，中国为构建人类命运共同体、坚持对外开放互利共赢、中国负责人大国形象大国担当、为各国经济发展、改善民生、文化交流互鉴等做出了积极贡献，为世界高铁事业发展贡献中国智慧和中国方案。我国坚持创新驱动发展战略，科技创新能力不断增强，国际竞争力不断提升，还说明我国贯彻绿色发展理念，落实节约资源、保护环境的基本国策。

五、板书设计

如图3所示：

行稳致远·奔向美好明天
—— 从中国铁路看中国发展变化

"快" — [坚持党的领导
走中国特色自主创新道路
引领世界新标准
坚持科教兴国、人才强国战略、创新驱动发展战略
铁路人长期不懈奋斗]

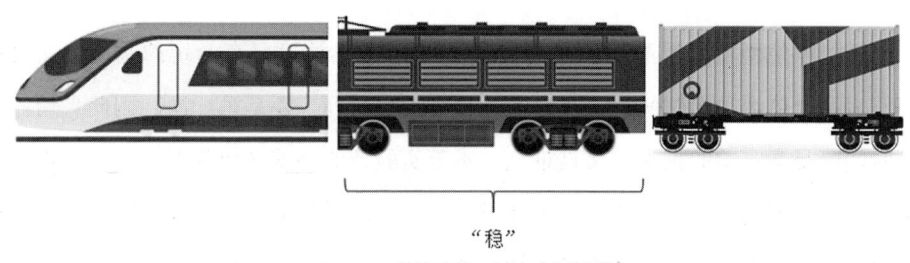

"远" — [构建人类命运共同体
坚持对外开放、互利共赢
负责任大国形象
中国智慧
中国方案]

"稳"
基本国情、社会主要矛盾
坚持以人民为中心的发展思想
中国精神的体现

图3 板书设计图

测量平均速度

● 王笑涵

一、教学背景分析

初二学生用刻度尺测路程和用公式 v=s/t 求平均速度已有一定的基础,而具体用停表测物体运动的时间,尤其只有几秒钟的短时间,还是第一次。因此,用停表测时间既是本实验的重点,又是难点。本节实验课的误差分析难度不大,但是学生第一次进行误差分析,例如,停表计时快了,会对时间的测量有什么影响,从而对速度的计算带来什么影响,都是教师需要进行充分引导的,让学生在之后的实验中有意识地进行误差分析。这是学生经历的第一个分组实验,初步形成实验小组,因此小组长的任命与组内配合也十分重要。如何对数据进行处理也是一种能力的培养。

二、教学内容

"测量平均速度"是学生第一次分组实验课。通过实验来巩固平均速度的知识,回顾速度的定义方式。教师通过这节的教学,不仅要让学生学会用刻度尺和停表测出小车在斜面上的速度,而且要让学生知道平均速度的数值在不同的时间内或不同的路程段中其大小会不同。在计算平均速度时,必须强调是物体在哪一段时间内或哪一段路程中的平均速度,否则是没有意义的。引导学生计算前半程、后半程、全程的平均速度,应当严格按照平均速度的计算公式计算,在计算中复习物理计算的步骤。学生通过亲身参与整个实验过程,体会利用物理公式间接测定物理量的科学方法。

三、教学重难点

教学重点：用停表和刻度尺测运动物体的平均速度。

教学难点：对实验结果的数据分析，误差对实验结果的影响；控制变量法的初次引入。

四、教学目标

1. 能用刻度尺测出物体运动的路程，能用停表测出物体通过这段路程所用的时间。

2. 能根据公式 v=s/t 计算出物体在这段时间内运动的平均速度。

3. 通过实验激发学生的学习兴趣，培养学生认真仔细的科学态度、实事求是地测量和记录数据的良好习惯；逐步培养学生写简单的实验报告，在实验后进行误差分析。

五、实验器材

长木板、小木块、玩具小车、刻度尺、停表、金属片（用塑料盒代替）等。

六、教学过程

如图1所示：

超速罚单 → 如何测量小车的平均速度 → 如何计算小车的平均速度 → 小车做的什么运动 → 还有什么因素会影响速度

图1 教学流程图

（一）先行组织

【教师活动】出示一张超速罚单的照片，引导学生思考图片中的汽车违反了什么交通规则？

【学生活动】学生思考后回答，图片中的汽车超速了。

【教师活动】超速是不对的，我们要遵守交通规则，对学生进行安全教育。

（二）创设情境

【教师活动】提出问题：今天我们就来做一个实验，看看我们的小车有没有超速？如何测量平均速度呢？我们要测量哪些物理量呢？用什么工具测量需要的物理量？

【学生活动】学生思考后回答：根据公式 $v=s_总/t_总$ 可以计算平均速度。要测量速度，需要测量路程 $s_总$ 和所用的时间 $t_总$。利用刻度尺测量路程 $s_总$，利用停表测量所用的时间 $t_总$。

（三）新知构建

【教师活动】本节课我们的实验目的是测量小车运动的平均速度。请同学们思考我们的测量实验原理是什么呢？

【学生活动】将刚才零散的问题进行总结，测得物体运动的路程和时间，根据 $v=s_总/t_总$ 计算物体运动的平均速度。

【教师活动】介绍所需要的实验器材：长木板、小木块、玩具小车、刻度尺、停表、金属片（用塑料盒代替）等。如图2所示，那塑料盒在实验中有什么作用？

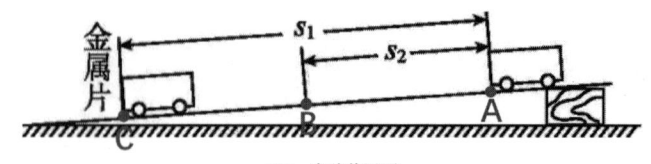

图2 实验装置图

【学生活动】学生讨论后，小组代表进行发言，便于测量时间。当听到小车撞击塑料盒的声音时，立即按下停表。

【教师活动】如何让小车动起来？

【学生活动】学生提出可以推一下小车，但是这样小车就有初始速度了，所以不可以推小车，要让小车静止释放。可以将木板抬起，学生尝试制造斜面。

【教师活动】什么样的斜面更适合实验呢？

【学生活动】斜面坡度较小更适合实验，方便测量运动时间。

【学生实验1】学生测量全程的平均速度，记录数据，如表1所示。

表1　测量全程的平均速度实验表格

路程 s/cm	运动时间 t/s	平均速度 v/cm/s	最接近真实值的速度 v/cm/s
$s_1=$	t_1	v_1	
	t_1	v_1	
	t_1	v_1	

把小车放在斜面顶端，金属片放在斜面底端，用刻度尺测出小车将要通过的路程 s_1。三名同学同时用停表测量小车从斜面顶端滑下到撞击金属片的时间 t_1。根据公式 $v_1=s_1/t_1$ 可以计算全程平均速度 v_1。

【教师活动】尝试对实验进行误差分析，分析测量三组时间，时间误差对速度结果的影响。

【学生活动】s相同，根据公式 v=s/t，t越大，v越小，并尝试对实验中的情况进行分析。当过了A点才计时，t测量偏小，s相同，根据公式 v=s/t，t越小，v越大。当过了C点才计时，t测量偏大，s相同，根据公式 v=s/t，t越大，v越小。

【教师活动】测出全程的平均速度能否知道运动规律？怎么样才能知道？如表2所示。

表2　测量全程的平均速度实验表格

路程 s/cm	运动时间 t/s	平均速度 v/cm/s	最接近真实值的速度 v/cm/s
$s_2=$	t_2	v_2	
	t_2	v_2	
	t_2	v_2	

【学生活动】需要选择一段路程的平均速度与全程平均速度比较。

【教师活动】那我们可以如何选择？为什么选择前半程的平均速度呢？

【学生活动】更方便测量前半程运动需要的时间，而后半程的时间难以测量，误差较大。

【教师活动】如何测前半程的平均速度。注意：前半程的长度，不是读数的一半。

【学生实验2】测量前半程的平均速度，记录数据。

【学生活动】将金属片移至斜面的一半路程的位置，测出小车到金属片的距离 s_2。测出小车从斜面顶端滑过斜面上半段路程 s_2 所用的时间 t_2。根据公式 $v_2=s_2/t_2$ 可以计算出小车通过前半段路程的平均速度 v_2。

【学生活动】对实验测量进行误差分析，当过了B点才计时，t测量偏大，s相同，根据公式v=s/t，t越大，v越小。

【教师活动】小车在斜面上做什么运动，你是如何判断的？

【学生活动】小组讨论后回答，加速直线运动。

【判断方法1】前半程平均速度小于全程平均速度。

【判断方法2】若全程所需时间2s，前半程所需时间1.2s，后半程所需时间则为0.8s。相同路程，后半程时间更短，后半程平均速度更大，为加速直线运动。

【教师活动】后半程的速度可求吗？

【学生活动】根据公式 $v_3=s_1-s_2/t_1-t_2$ 可以计算出小车通过后半段路程的平均速度 v_3。

【教师活动】在测量小车平均速度的实验中，我们不仅要计算小车的速度，更要关注交通安全。比如，我们要注意小车的行驶轨迹，避免其在行驶过程中碰到周围的物体或人。这就像在真实的交通环境中，我们需要时刻保持警惕，防止发生意外。通过这个实验，我们不仅要学习到科学知识，更要理解到交通安全的重要性。让我们一起承诺，无论在何时何地，都要遵守交通规则，保护自己和他人的安全。

【教师活动】为什么每组的速度不同呢？速度还与哪些因素有关呢？

【学生活动】因为斜面的坡度不同，斜面的粗糙程度也不相同。

【教师活动】如何研究粗糙程度对速度的影响？

【学生活动】需要控制坡度相同。如果 $t_1>t_2$，则说明接触面越粗糙，全程平均速度越小，如图 3 所示。

【教师活动】如图 4 所示，$t_3<t_1$，你能否可以判断出来粗糙程度对速度的影响？

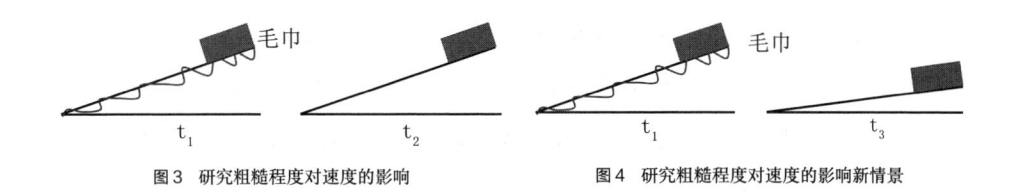

图 3　研究粗糙程度对速度的影响　　　　图 4　研究粗糙程度对速度的影响新情景

【学生活动】可以得到接触面越粗糙，全程平均速度越小。因为坡面越大，时间越短，在坡度大的斜面铺上毛巾后，$t_3<t_1$，说明粗糙程度对运动速度有影响。

（四）迁移运用

测量生活中的平均速度，例如骑车、跑步、步行时的平均速度。按照实验报告的格式书写，如表 3 所示。

表 3　测量生活中的平均速度

实验原理：

实验步骤：

测量数据：

实验结果：

七、教学实施评价

本节课的亮点在于利用一张罚单引入，让孩子们知道超速是不对的。从而引出本节课，如何测量小车的速度，小车超速了吗？在实验过程中，也有一个小巧思，利用三块秒表同时计时。这样的好处在于，可以测量同一个运动过程的时间，从而减小误差。如果是分三次测量，那样就改变了运动过程。返回主题，小车没有超速，再次加强学生的安全教育。

当然，本节课还有一些小遗憾，在迁移运用、探究还有哪些因素影响速度时，尤其是粗糙程度对速度的影响，其实可以和生物学科的控制单一变量相互比较。在物理中，也有控制变量法。但是如果是在一定条件下，两个变量也可以得到相应的结论。

两种电荷

● 梁 悦

一、教学背景分析

本节课的主要内容为观察摩擦起电现象，了解摩擦起电的原因，从而定义带电体的性质、电荷间相互作用规律及原子核式结构模型。

学生在此之前只是简单地学习了物质由分子、原子构成，能够完成简单的静电实验，同时经过一年的物理学习，形成了初步的科学探究意识，能制订简单的科学探究方案，学习了以光线为模型的分析研究方法，为这节课的学习做了很好的铺垫。

本节课以实验为主，模拟演示为辅，创设具体情境，引导学生从经验中概括提炼事物的共同属性。同时突出问题教学，促使学生在问题解决中主动运用知识，养成良好的思维习惯，做到概念清楚，研究对象明确。

二、教学目标

1. 知道原子是由原子核和核外电子构成的，知道建构模型是物理研究的重要方法，了解原子的核式结构模型，了解人类探索微观世界的大致历程，关注人类探索微观世界的新进展，初步形成物质观念。

2. 了解摩擦起电现象、静电现象，会用所学模型分析摩擦起电现象及静电现象产生的原因，具有初步科学推理能力。

3. 观察摩擦起电现象，制订简单的科学探究方案，会通过实践操作等方式收集信息，能分析、处理信息，归纳总结出物体带电的性质。

4.知道两种电荷的定义及电荷间的相互作用，通过对实验现象的分析推理，体会人们认识"自然界中只有两种电荷以及电荷间相互作用规律"的过程。

三、教学重难点

教学重点：电荷种类及相互作用。

教学难点：原子结构及摩擦起电的原因。

四、教学流程

如图 1 所示：

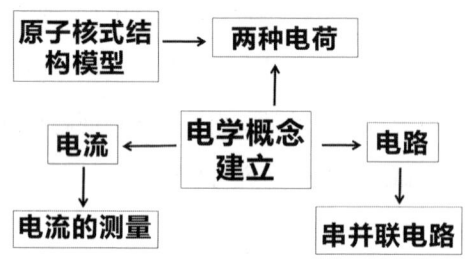

图 1 教学流程

五、教学过程

（一）导入 + 带电物体的性质

【教师提问】能否让桌上物品带电？

【小组活动】利用桌上器材使物体带电，并思考如何判断物体是否带电。

【讨论并总结】物体带电后会吸引轻小物体。

（二）两种电荷的定义 + 电荷间的相互作用

【**教师提问**】如图 2 所示，回答下列问题：

1. 带电体间是否有相互作用？
2. 有怎样的相互作用？
3. 这些物体所带的电荷是同一种吗？

图 2 带电体的相互作用

【**思考实验并回答**】

1. 带电体间有相互作用。
2. 有的排斥，有的吸引。
3. 不是同一种，因为有不同的相互作用。

【**教师提问**】根据实验现象，你认为自然界有几种电荷？

【**教师分析**】通过相互作用规律判断自然界电荷种类。

学生根据实验现象分析总结，自然界有且只有两种电荷，如图 3 所示。

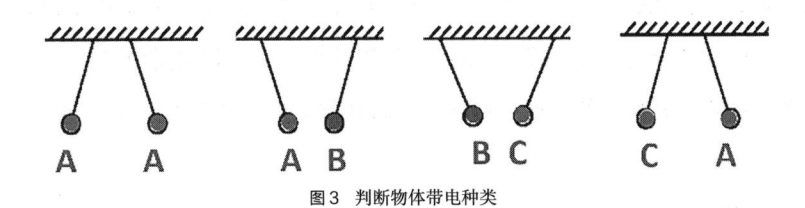

图 3 判断物体带电种类

【**总结**】带电种类定义：丝绸摩擦过的玻璃棒，玻璃棒带正电。毛皮摩擦过的橡胶棒，橡胶棒带负电。

电荷间相互作用规律：同种电荷相互排斥，异种电荷相互吸引。

【**扩展提问**】若出现什么现象则可以证明自然界中存在第三种电荷？

根据实验现象，推理并回答：

与丝绸摩擦的玻璃棒吸引的同时，与毛皮摩擦过的橡胶棒也吸引。

【演示实验】不怒发也冲冠。

【思考】

1. 实验操作的目的是什么？

2. 为什么每根塑料丝都能分开？

3. 如何验证它们带哪种电荷？

小组讨论设计实验方案，派代表上台演示，根据现象分析得出带电种类。

（三）原子结构＋摩擦起电的原因

【教师演示】用不带电的手靠近塑料丝也会被吸引，从微观结构分析原因。

【教师讲解】原子核式结构模型。

【学生模拟】原子核式结构模型，摩擦起电。

【分组讨论】摩擦起电的实质是什么？

【学生分析并回答】电子的转移。

【学生总结】丝绸摩擦过的玻璃棒，玻璃棒失电子带正电，丝绸得电子带负电。

【教师扩展】原子核束缚电子能力不同，得失电子情况不同。

【教师提问】A、B 摩擦后是否带电？带什么电？

【教师分析】摩擦后 A、B 都带电，A 得电子，负电荷数量大于正电荷数量，所以 A 带负电，B 失电子，正电荷数量大于负电荷数量，所以 B 带正电。

【学生模拟】接触起电、感应起电，了解接触起电、感应起电的实质。

（四）总结

【演示实验】静电章鱼。

【分析原理】摩擦可以起电，同种电荷相互排斥。

【扩展资料】南方高温天气导致电力短缺。

【介绍前沿科技】纳米发电。

六、学习效果评价

（一）课堂过程中评价

1. 电荷间相互作用规律总结：检验学生对两种电荷的掌握程度，小组实验的完成度。

2. 确定自然界有且只有两种电荷：考查学生逻辑思维能力。

3. 实验模拟原子核式结构解释说明摩擦起电实质：检验学生是否了解摩擦起电的实质，能否根据宏观现象分析微观变化。

（二）以作业形式进行评价

通过作业了解学生知识掌握程度。

七、教学总结

在"两种电荷"这节课的教学过程中，我们设计了多个实验，如摩擦起电实验和静电起电实验，展示了不同材料间的电子转移和电荷的相互作用。这些实验不仅直观地展示了两种电荷的基本性质，还通过动手操作激发了学生的学习兴趣和探究欲望。学生在实验过程中，通过观察和操作，逐步理解了电荷的概念和电荷间的相互作用规律。

我们设计实物模型演示了电子从一个物体转移到另一个物体的过程，使学生形象地理解了电子转移的原理，进而更好地掌握摩擦起电和接触起电的概念。学生通过观察和思考，将抽象的物理概念具体化，增强了对知识的理解和记忆。通过引导学生进行类比和推理，使他们能够将所学知识应用到新的情境中。例如，通过对比摩擦起电和接触起电的异同，学生理解了感应起电的原理，并能够举一反三地解决相关问题。这种教学方法不仅培养了学生的思维能力和解决问题能力，还增强了他们的学习自信心。

通过介绍与电荷相关的重点新闻和前沿科技，如静电在工业中的应用、静电除尘技术等，使学生将所学知识与实际生活和科技发展联系起来。这些实例不仅加深了学生对物理知识的理解，还增强了他们对物理学科的兴趣和热爱。

今后，我们将继续探索和改进教学方法，努力为学生提供更加丰富多彩的学习体验，促进他们的全面发展。

焦耳定律

● 周 洋

一、学习目标

（一）低阶目标

1. 学生通过实验认识电流的热效应，联系生活实例。
2. 学生通过实验，探究并了解焦耳定律与哪些因素有关。
3. 学生根据实验现象，得出焦耳定律。

（二）高阶目标

用焦耳定律解释视频中充电器着火的原因。

（三）达成评价

1. 通过观察实验知道什么是电流的热效应。
2. 联系生活实例说明电流的热效应。
3. 通过实验探究电流的热效应与哪些因素有关，会猜想、设计电路、分析数据得出结论，经历设计记录表格、进行实验和收集证据的过程，进一步学习控制变量的科学研究方法。
4. 通过经历科学探究过程，得出影响电热的因素。
5. 学会转换法和控制变量法的研究思想。
6. 了解焦耳定律的内容、公式。
7. 能用焦耳定律说明生产生活中的有关现象。

二、指导思想和理论依据

焦耳定律是初中物理学习的重要定律之一，是能量守恒定律在电能与内能之间转化的具体体现，教材在电功、电功率之后安排焦耳定律，符合学生的认知规律。研究电热与电阻、电流、通电时间的定性关系，焦耳定律的理解及应用既是教学重点又是教学难点。教学中，引导学生做好实验及分析实验现象是关键。

三、教学过程

先行组织

【视频引入】充电器着火。思考电可以生热。根据生活经验说一说你知道的电热现象，如图1所示。

【问题一】什么是电流的热效应，如图2所示。

【任务】学生实验：电池让锡纸燃烧。

图1 引入视频　　　　　图2 电流的热效应学生实验

【思考回答】

1.锡纸燃烧，说明什么能量转化？

2.电路连通时，锡纸直接连接电源两极，电路相当于（　　　　），此时电流较（　　　　）。

3.锡箔纸从哪里断开？为什么？

4.锡纸是否立刻燃烧？

【嵌入评价】优秀：积极参与思考并回答问题，能组织小组成员合作完成实验。

良好：积极思考老师提出的问题，能配合小组完成实验。

合格：了解电流的热效应，能配合完成实验。

【得出结论】电流的热效应：电流通过导体时，电能转化成内能。这种现象叫作电流的热效应。

【问题二】探究电流的热效应与哪些因素有关，如图3所示。

猜想电热与电流、电阻、通电时间有关。运用控制变量法找出自、因、控。

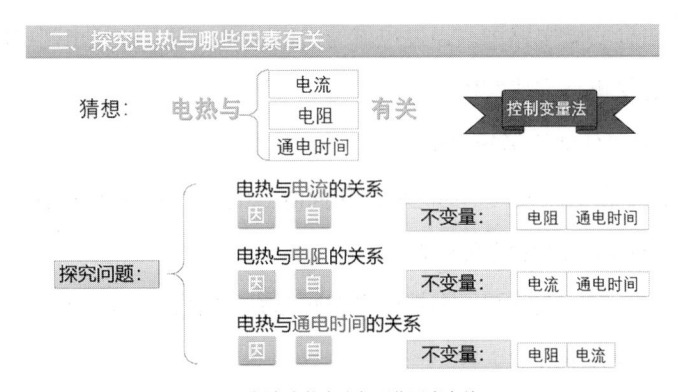

图3 探究电热大小与哪些因素有关

【任务】思考是否可以测量电流产生的热量，如果不能直接测量，还可以用什么办法体现生热的多少。

【回答问题】

1.设计电热观测工具：温度计、煤油烧瓶、空气盒加U形管。

2.说明实验仪器是如何工作的。如图4所示。

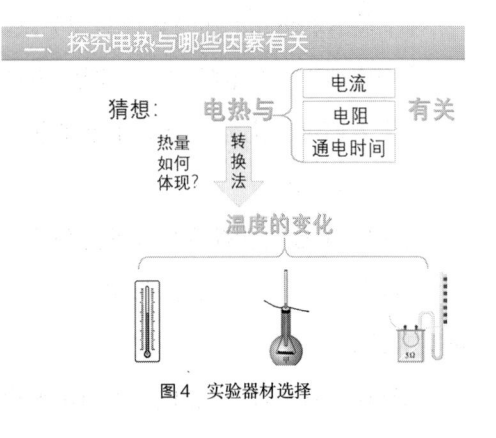

图4 实验器材选择

【学生实验】

【实验1】研究电热与电阻关系，如图5所示。

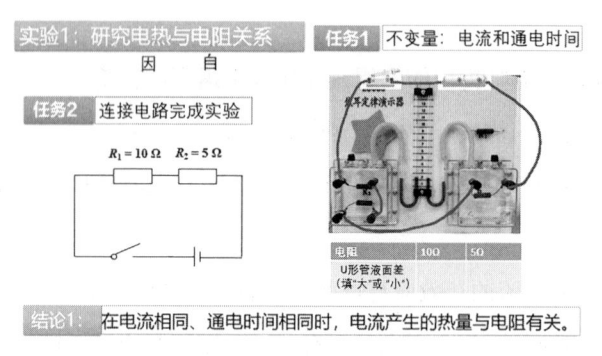

图5 电热与电阻关系实验

任务1：设计实验电路图。通过电流与通电时间相同，分析出两电阻串联。

任务2：连接电路完成实验。

请按照电路图分别连接好电路，并设计完成表格。

【得出结论】在电流相同、通电时间相同时，电流产生的热量与电阻有关。

【实验2】研究电热与电流关系。

任务1：设计实验电路图。根据电阻相同电流不同设计实验电路图。

任务2：连接电路进行实验。

【得出结论】在电阻相同、通电时间相同时，电流产生的热量与电流有关。

【实验3】研究电热与通电时间关系。

【得出结论】在电阻相同、电流相同时，电流产生的热量与通电时间有关。

【嵌入评价】优秀：会制订探究电流的热效应与哪些因素有关的实验计划，学会转换研究思想。

合格：通过实验探究电流的热效应与哪些因素有关，会猜想、分析数据得出结论，经历设计记录表格、进行实验和收集证据的过程，进一步学习控制变量的科学研究方法。

通过经历科学探究过程，得出影响电热的因素。

【问题三】根据实验现象总结出数量关系，推测出焦耳定律。

1. 内容：电流通过导体产生的热量跟电流的二次方成正比，跟导体的电阻成正比，跟通电时间成正比。

2. 公式：$Q=I^2Rt$。

【问题四】迁移运用，请猜想一下视频中的充电器着火可能是因为什么引起的呢？如图6所示。

图6 迁移运用

【可能原因】

1. 充电过程中发生了短路，电流过大。

2. 充电器内部缺陷，内阻过大。

3. 充电器长时间插在插座上。

4. 电线绝缘层老化，导致绝缘层过热燃烧。

5. 充电器周围放置杂物，影响散热。

【嵌入评价】优秀：能运用所学公式分析电流、电阻的影响，能联系生活实际思考问题。

合格：能运用所学公式分析电流、电阻的影响。

四、成果集成

1. 请说出探究电流的热效应与哪些因素有关的实验中,你认为实验过程中需要注意的部分。

2. 请说出焦耳定律的内容、公式、单位。

3. 请说出应用焦耳定律解释现象时要注意什么。

【初阶作业】

1. 完成书后习题。

2. 结合生活实际,说一说哪些电器利用了电流的热效应。

【高阶作业】在研究电热与电流关系时,同学们设计了实验电路。你还能想到更多的设计方案吗?请在课下分享你的设计方案。

宣传中国饮食文化
——发酵食品

● 肖 芳

一、指导思想与理论依据

"制作泡菜,探究影响泡菜亚硝酸盐浓度的因素"是《义务教育生物学课程标准(2022年版)》设置的发酵食品制作类跨学科实践活动之一。《义务教育生物学课程标准(2022年版)》中要求采用传统的发酵技术完成发酵食品的制作,并"运用多学科的知识和方法,从发酵的条件控制、装置的改进、食材的选择等方面不断尝试",对发酵食品进行创新性的改良。"制作泡菜,探究影响泡菜亚硝酸盐浓度的因素"这部分内容充分体现了PBL(Project-Based Learning,PBL)的三维学习理念,即整合学科核心概念、跨学科概念和科学与工程实践。

PBL教学法全称为"项目式教学",是一种以学生为中心的教学方式。这种教学方式在调动学生的主动性和积极性,激发学生的创造力和潜能,培养学生的自主学习能力和解决问题能力等方面具有突出的效果。

二、教学背景分析

(一)教学内容分析

本单元学习以"宣传中国饮食文化——发酵食品"为核心任务开展实践活动和教学活动,包括4个驱动性问题,分别为"发酵食品是什么?""制作发酵食品的原理是什么?""如何保证发酵食品安全且健康?""如何宣传老北京发酵食品?"

为了解决这4个问题，同学们需设计并完成相应的子任务，通过教师讲授、校外参观、查阅资料、实验探究、小组合作等方式解决实际问题，最终采用宣传视频、海报、手册等多种形式对老北京发酵食品的宣传，让更多人感受到中华优秀传统文化的独特魅力，坚定中华优秀传统文化的自信与责任。

本单元学习依据《义务教育生物学课程标准（2022年版）》中的"（二）生物的多样性"和"（七）生物学与社会·跨学科实践"的内容，通过学习人教版生物学八年级上册第五单元第四章"细菌和真菌"，学生能够形成概念2.3.2—2.3.4，分别是"细菌是单细胞生物，无成形细胞核""真菌是单细胞或多细胞生物，有成形细胞核""有些微生物会使人患病，有些微生物在食品生产，医药工业等方面得到广泛应用"。最后，学生呈现海报、视频等多种形式宣传"中国饮食文化——发酵食品"，落实大概念9"真实情境中的问题解决，通常需要综合运用科学、技术、工程学和数学等学科的概念、方法和思想，设计方案并付诸实施，以寻求科学问题的答案或制造相关产品"。

本单元学习中，为解决驱动问题"如何保证发酵食品安全且健康"，在子任务4"测定泡菜中亚硝酸盐的含量"中，需要应用化学学科九年级下册第九单元课题3溶液的浓度的相关知识，绘制泡菜中亚硝酸盐含量变化需应用到数学学科中"统计与概率"主题中"进一步经历收集、整理、描述、分析数据的活动，了解数据处理的过程"。子任务5"为发酵食品做推广"需要应用语文、美术、英语、信息技术等多学科知识和技能，才能完成本跨学科主题学习的核心任务。

（二）学生情况分析

通过课下与学生交流访谈，了解到学生已经理解细菌和真菌在自然界中有重要作用，对于人和动植物也是既有危害又有益处。但是，对于正确认识细菌和真菌在人类生活和生产中的价值，科学、技术和社会的关系，同学们了解的还不是很多。为此，通过本单元课上与课下实践相结合的方式，让同学们真正体会到虽然细菌、真菌的个体很小，却与我们的日常生活联系非常紧密，在生活中时刻能接触，并且它们在清洁能源、环境保护、发酵食品制作等方面发挥重要作用。

通过本单元内容的学习，一方面使学生能够从多角度、多层次比较全面地认识细菌和真菌在生物圈中的作用，积极利用好细菌和真菌为人类造福；另一方面为提高学生的实践能力、体验知识与技术在实际生活中的应用提供良好的机会。本节内容的设计以学生主动参与为目标，以启迪学生思维、培养学生动手能力为核心，建立起学中做、做中学的学习模式，师生之间、生生之间通过实验来交流、沟通，不仅激发学生实验探究学习的兴趣，还提升学生实际动手操作能力。

三、单元教学目标

如图 1 所示：

核心任务：宣传中国饮食文化——发酵食品

驱动问题 1： 发酵食品是什么？

驱动问题 2： 制作发酵食品的原理是什么？

驱动问题 3： 如何保证发酵食品安全且健康？

驱动问题 4： 如何宣传老北京发酵食品？

子任务 1： 调查前门大街发酵食品

子任务 2： 明确发酵食品的基本原理，形成发酵的概念

子任务 3： 制作一道发酵食品

子任务 4： 实验探究影响泡菜中亚硝酸盐含量的因素

子任务 5： 制作宣传海报、视频等形式宣传我国发酵食品

通过参观前门大街六必居博物馆、红星二锅头源昇号博物馆等，了解我国传统发酵食品制作流程，初步形成发酵的概念，了解微生物在食品制作中的广泛应用

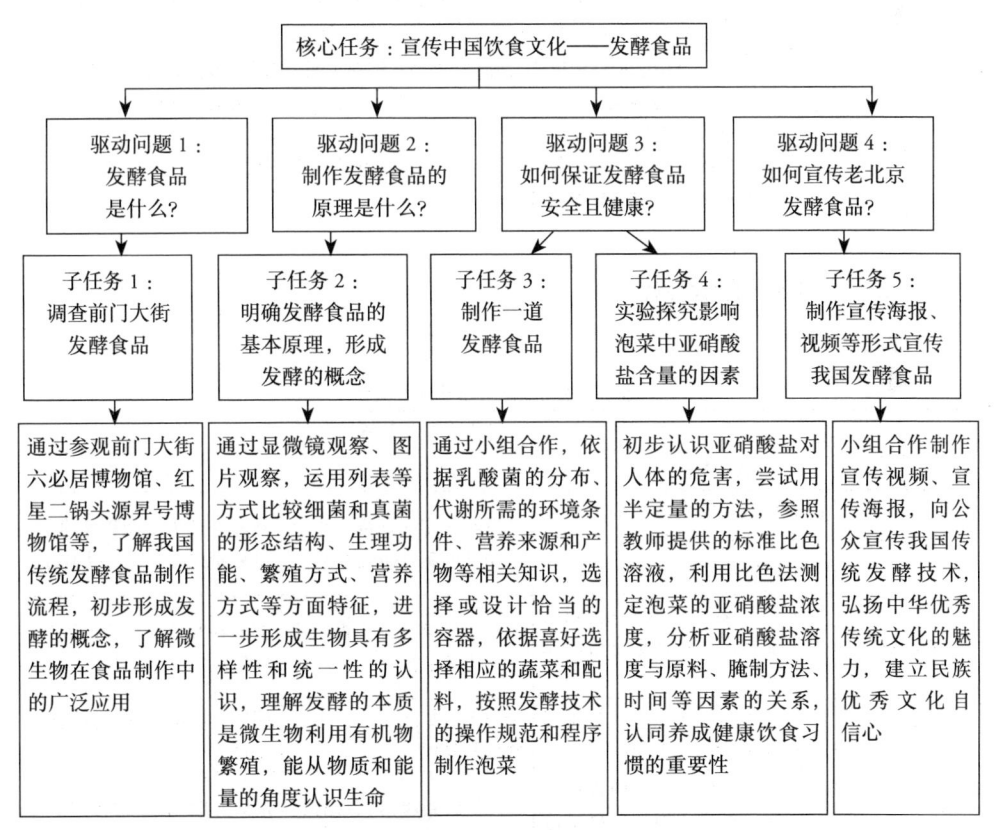

通过显微镜观察、图片观察，运用列表等方式比较细菌和真菌的形态结构、生理功能、繁殖方式、营养方式等方面特征，进一步形成生物具有多样性和统一性的认识，理解发酵的本质是微生物利用有机物繁殖，能从物质和能量的角度认识生命

通过小组合作，依据乳酸菌的分布、代谢所需的环境条件、营养来源和产物等相关知识，选择或设计恰当的容器，依据喜好选择相应的蔬菜和配料，按照发酵技术的操作规范和程序制作泡菜

初步认识亚硝酸盐对人体的危害，尝试用半定量的方法，参照教师提供的标准比色溶液，利用比色法测定泡菜的亚硝酸盐浓度，分析亚硝酸盐溶度与原料、腌制方法、时间等因素的关系，认同养成健康饮食习惯的重要性

小组合作制作宣传视频、宣传海报，向公众宣传我国传统发酵技术，弘扬中华优秀传统文化的魅力，建立民族优秀文化自信心

图1 单元教学流程图

四、单元作业设计及学习效果评价设计

（一）作业设计

如表1所示：

表1 作业设计内容及要求

作业内容	作业要求
撰写采访提纲 如何自制泡菜	1. 结合语文课《新闻采访》所学，结合生活经验，为采访食堂师傅或者家人"如何自制泡菜"撰写采访提纲。 2. 格式规范，提出的问题要具体、有层次、逻辑性强，有追加问题。 3. 采访过程中要使用礼貌用语，语言生动，有亲和力
设计实验探究"影响泡菜中亚硝酸盐含量的因素"	1. 通过查阅资料了解亚硝酸盐产生过程，思考在制作泡菜过程中哪些因素会影响泡菜中亚硝酸盐的含量。 2. 科学探究某一个因素与泡菜中亚硝酸盐含量的关系。 3. 实验设计方案科学严谨，符合对照原则、单一变量原则、重复原则等，操作具有可行性，具有一定的研究价值和实际意义
宣传中国饮食文化——发酵食品	1. 可采用多种宣传形式，如海报、视频、推介手册、沉浸式体验活动方案等形式。 2. 宣传内容兼具文学性和科普性，融入历史背景、制作原理和工艺、文化传承等方面内容。 3. 内容新颖，主题鲜明，能够精彩地呈现我国发酵食品的精髓，弘扬我国饮食文化达到很好的效果

（二）学习效果评价设计

如表2所示：

表2 学习效果评价等级及分值

评价指标	A（10—8分）	B（7—5分）	C（4—1分）
方案制订	能够在规定时间内积极主动地与小组成员共同探讨，制订切实可行的研究方案	能够在规定时间内与小组成员共同制订研究方案	能够在他人协助和督促下制订研究方案，完成项目
查阅资料	能够运用多种方式查找信息、收集证据，并对证据进行可靠性筛选	能够运用某种方式查找信息、收集证据	能够在其他成员帮助下查找信息、收集证据
数据处理	能够使用合适的图表对收集到的证据进行整理和呈现	能够对收集到的证据进行整理和呈现	能够对收集到的证据进行整理
成果评价	宣传形式新颖，宣传内容精彩且充实，逻辑连贯，无科学性错误，能够精彩地呈现我国发酵食品的精髓，对弘扬我国饮食文化达到很好的效果	形式比较新颖，内容完整，逻辑比较连贯，无科学性错误，能够呈现我国发酵食品的精髓	形式一般，内容比较完整，有1—2处错误，完整呈现出我国发酵食品的原理和制作过程

五、单元教学设计特色说明

本单元是以"宣传中国饮食文化——发酵食品"为核心的跨学科主题学习，包含 4 个驱动问题，分成 5 个子任务，通过参观学习、理论学习、探究学习、物化成果等形式分别展开深度学习，最终达成学习目标。在学习开始，由于学生缺乏"发酵"的生活经验和学习基础，我深度挖掘学校周边的社会资源，组织学生集体参观位于前门大街的六必居博物馆、红星二锅头源昇号博物馆等，更加直观生动地去了解中国老字号的悠久历史和文化传承，同时，有机会参观、体验发酵食品的制作流程和工艺，弥补部分学生缺乏制作传统发酵食品的经历，了解我国发酵技术的发展历史。

本次跨学科主题学习实施存在的困难有准备材料繁多、实验步骤烦琐、实验耗时较长等，所有的操作无法由学生全部在课上完成。因此，我对一些操作进行了优化改进，将课堂上基础知识的夯实和课外兴趣小组的拓展学习相结合，与北京科技大学"生科课程"深度联合，精简课时，提高效率。

此外，探究"影响泡菜亚硝酸盐浓度的因素"是对人教版高中教科书《生物学·选择性必修 3·生物技术与工程》第一章第一节"探究·实践"栏目的铺垫，保证学生学习内容的连贯一致、循序渐进，体现了《义务教育生物学课程标准（2022年版）》中"课程设计重衔接"的课程理念。

六、课时教学设计

（一）教学目标

1. 通过课前调查和采访活动，了解发酵食品的种类和泡菜的制作过程，课上汇报分享实践成果，能够运用证据进行交流和讨论，并反思研究中的不足，加以改进。

2. 通过"品鉴泡菜"和"测定泡菜的酸碱度"等课堂活动，以酵母菌和乳酸菌为例探究它们的发酵原理，认同微生物在食品生产方面得到广泛应用。

3. 通过小组合作，依据乳酸菌的分布、代谢所需的环境条件、营养来源和产物等相关知识，选择或设计恰当的容器，依据喜好选择相应的蔬菜和配料，按照发酵技术的操作规范和程序制作泡菜。

（二）教学重难点

教学重点：通过"品鉴泡菜"和"测定泡菜的酸碱度"等课堂活动，以酵母菌和乳酸菌为例探究它们的发酵原理，认同微生物在食品生产方面得到广泛应用。

教学难点：通过小组合作，依据乳酸菌的分布、代谢所需的环境条件、营养来源和产物等相关知识，选择或设计恰当的容器，依据喜好选择相应的蔬菜和配料，按照发酵技术的操作规范和程序制作泡菜。

七、教学过程

（一）导入

【教师活动】展示课前调查身边的发酵食品和家庭自制泡菜。

【学生活动】学生代表上台介绍调查结果、泡菜制作过程。

【设计意图】充分利用本校资源，让学生了解泡菜制作过程，有利于加深对发酵的认识。

（二）泡菜品鉴，初探发酵原理

【教师活动】组织学生进行泡菜品鉴活动，从色泽、香气、质地、滋味四个方面介绍优质泡菜的标准。

【学生活动】以小组为单位，品鉴本组的泡菜，并从色泽、香气两方面讨论交流，进行打分评价，小组代表对泡菜评价。

【教师提问】为什么会出现酸味？没有加入微生物，为什么也可以发酵？如何检测空气中、蔬菜表面是否有微生物？

【学生活动】思考并回答问题。

【教师活动】引导学生观察泡菜发酵过程产生的现象。

【提出问题】发酵初期，微生物大量繁殖，泡菜罐内会出现什么现象？尝试解释原因。

【学生活动】实验验证产生了二氧化碳气体,阐释原因。

【总结】酵母菌发酵原理,如图2所示。

图2 酵母菌发酵原理

【设计意图】品鉴活动后给泡菜做出客观评价,使学生对自己的制作结果有清晰的认识,对他们今后开展发酵食品制作有较好的引导作用。

(三)解密发酵原理

【过渡】酵母菌发酵产物不是使泡菜变酸的原因,变酸是乳酸菌发酵导致的。

【教师活动】指导学生测定发酵前、发酵后泡菜汤的酸碱度。

【学生活动】以小组为单位,测定泡菜汤和白萝卜的酸碱度,填写小组实验结果,观察分析各组结果的相同之处。

【教师活动】出示发酵过程中泡菜汤和白萝卜中可溶性总糖、pH的变化。

【学生活动】尝试总结物质变化和发酵条件。

【总结】乳酸菌发酵过程,如图3所示。

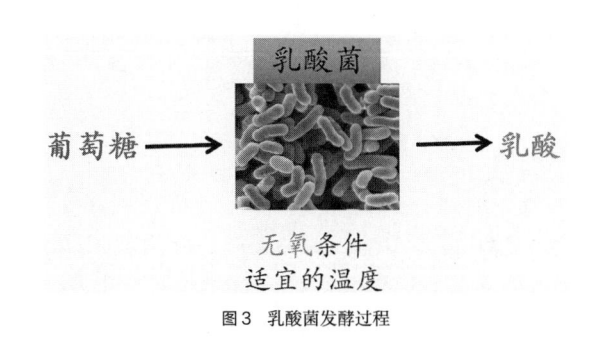

图3 乳酸菌发酵过程

【设计意图】通过测定酸碱度,进一步理解泡菜变酸的原因,更深刻地理解物质的变化过程。

（四）小组合作，制作泡菜

【教师活动】通过前两个活动，引导学生总结制作泡菜时的注意事项。

【教师活动】布置任务，小组合作，制作泡菜。

【学生活动】小组合作分工，制作泡菜。材料自取，注意制作过程有序进行。

【设计意图】体验泡菜制作过程，帮助学生加深对发酵原理和过程的理解。

（五）关注食品安全问题

【教师活动】播放新闻视频：吃自家泡菜亚硝酸盐中毒？

【教师活动】介绍亚硝酸盐的食品含量规定和产生原因，引导学生思考如何减少亚硝酸盐含量。

【学生活动】了解亚硝酸盐产生过程，讨论相关的食品安全问题。

【设计意图】有助于培养学生科学思维习惯和能力。

（六）布置课后任务

在制作过程中还有哪些因素可能会影响亚硝酸盐的含量，并设计实验，为后续进一步验证做准备。

尿的形成和排出

● 王雨璇

一、背景分析

（一）课标分析

"尿的形成和排出"属于《义务教育生物学课程标准（2022年版）》"人体生理与健康"下的学习内容。课标对这一章要求如下。

1. 内容要求

概念5：人体的结构与功能相适应，各系统协调统一，共同完成复杂的生命活动。

（1）人体主要通过泌尿系统排出代谢废物和多余的水。

（2）泌尿系统包括肾脏、输尿管、膀胱和尿道等结构。

（3）血液经肾小球和肾小囊的滤过作用以及肾小管的重吸收作用形成尿液。

2. 学业要求

（1）描述泌尿系统的构成和功能，初步形成结构与功能相适应的观念。

（2）学会根据尿常规化验的主要结果初步判断身体的健康状况。

（3）运用结构与功能相适应的观念，分析由于机体特定结构受损可能导致的机体功能障碍或异常行为表现，提出相应的预防措施。

（二）教材分析

本节内容选自人教版义务教育教科书生物学七年级下册第4单元第5章第二课时，在第一课时已经学习了人体代谢废物的排出途径、泌尿系统的组成和功能以及肾单位的基本结构，本节课的内容是对上一课时内容的深入。尿液的形成过程比较抽象，学生不容易理解，讲解时要创设直观的学习情境——结合模型和生活中的实例，并科学利用教材提供的资料，如"肾的内部结构示意图""肾透析——血液透析装置"等，帮助学生建立和巩固相关知识。

（三）学情分析

本课时是第 5 章第二课时的内容，即"尿的形成和排出"。在本节第一课时的学习中，学生学习了"人体泌尿系统的组成"，获得了"肾脏是泌尿系统的重要器官"的概念，同时知道了"肾脏是由多个肾单位组成的，肾单位包含肾小球、肾小囊和肾小管三部分"。七年级的学生好奇心强，容易激发学生的学习兴趣。本节的知识较抽象，需要借助模型、图片、动画等直观教具完成教学。

（四）教学重难点

教学重点：肾单位的结构与功能相适应的特点；尿的形成和排出过程。
教学难点：尿的形成过程。

二、学习目标

1. 通过制作并观察"肾单位的结构模型"，说出肾单位的结构并尝试分析肾单位各结构的特点，形成结构与功能相适应的生物学观念。（生命观念）

2. 通过观察血液流经肾单位的动态模型演示，找出"血液流经的路径"和"尿液形成的路径"。（科学思维）

3. 通过表格分析比较血浆、肾小囊中液体和尿液的异同点，概述尿液形成的过程。（科学思维）

4. 根据尿常规化验的主要结果，初步判断身体的健康状况，体验科学知识在日常生活中的应用，关注生活并用科学原理进行理性解释。（态度责任）

5. 通过介绍泌尿系统的保健卫生、肾透析装置、肾移植，在掌握人体生理和卫生保健知识的基础上，关注身体内外各种因素对健康的影响，形成健康生活的态度

和行为习惯。（态度责任）

三、问题框架

如图1所示：

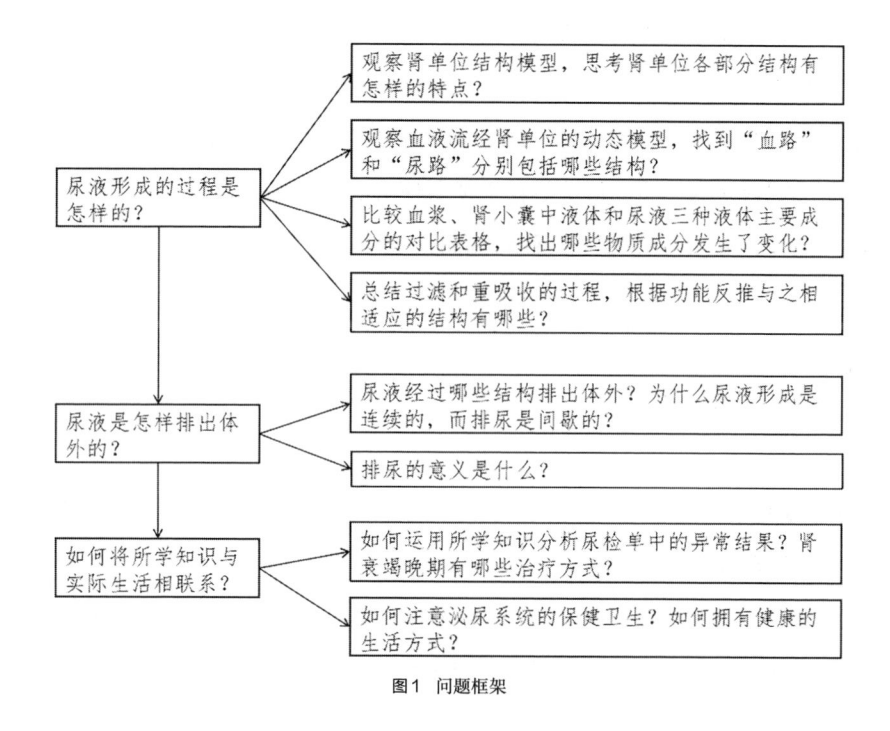

```
尿液形成的过程是  →  观察肾单位结构模型，思考肾单位各部分结构有
怎样的？             怎样的特点？
                  →  观察血液流经肾单位的动态模型，找到"血路"
                     和"尿路"分别包括哪些结构？
                  →  比较血浆、肾小囊中液体和尿液三种液体主要成
                     分的对比表格，找出哪些物质成分发生了变化？
                  →  总结过滤和重吸收的过程，根据功能反推与之相
                     适应的结构有哪些？
↓
尿液是怎样排出体   →  尿液经过哪些结构排出体外？为什么尿液形成是
外的？                连续的，而排尿是间歇的？
                  →  排尿的意义是什么？
↓
如何将所学知识与   →  如何运用所学知识分析尿检单中的异常结果？肾
实际生活相联系？      衰竭晚期有哪些治疗方式？
                  →  如何注意泌尿系统的保健卫生？如何拥有健康的
                     生活方式？
```

图1 问题框架

四、方法策略

1. 善用多种模型，帮助学生建立概念

本节课多次运用模型，包括学生自己动手制作的肾单位结构模型、模拟血液流经肾单位过程的动态模型、过滤的动画模型等，通过观察模型使学生清楚地了解肾小球、肾小囊、肾小管等肾单位的基本结构，直观地看到尿液在肾单位中的形成过程，有助于学生知识体系的建立。

2. 渗透结构与功能相适应的生物学观念

通过观察引导学生找出肾小球、肾小囊、肾小管三者之间的连接方式和各自的特点，后续在讲解过滤和重吸收两项功能时，再引导学生返回去寻找对应结构适应其功能的结构特点，帮助学生建立结构与功能相适应的生物学观念。

3. 创设真实情境，调动学生学习的积极性

创设真实连续的学习情境，通过一系列环环相扣的问题贯穿整个课堂，引导学生主动思考，激发他们的求知欲。

4. 理论联系实际，培养学生社会责任意识

引导学生将所学知识与实际生活相联系，拓宽他们的视野。通过分析病历单、介绍肾脏衰竭对应的疾病、讨论不良生活习惯对泌尿系统的影响等方式，引导学生通过所学知识，关注泌尿系统的健康，拥有一个健康的生活方式。

五、教学活动设计

（一）课前学习活动

1. 学习目标

通过制作"肾单位的结构模型"，熟悉肾单位各部分结构的名称，对各部分结构的特点有初步的概念，为本节课的学习做铺垫。

2. 学习内容

在上节课对肾单位基本结构的学习之后，选择合适的材料模拟肾单位的各部分结构，制作肾单位结构模型。

（二）活动一：导入

1. 学习目标

通过观察尿液进行疾病诊断的相关介绍，激发学生学习兴趣，引出本节课的学习主题——尿的形成。

2. 环节步骤

【资料介绍】通过展示"尿液之谜：中世纪是如何观尿医病的"，介绍在中国和西方都会通过观察尿液的颜色和状态进行疾病诊断和治疗，激发学生的学习兴趣。

【情境导入】分析某人尿液成分的几项指标，启发学生思考哪些指标不正常，患者肾脏中的什么结构出现了问题。

【引出课题】引出本节课主题——尿的形成。

3. 学习评价

思考、分析，引起兴趣。能说出尿检单中不正常的指标，认同这些异常指标与尿液形成的主要部位——肾脏有关。

4. 支撑材料

国内外关于"观尿医病"的书籍和图画记载；某个病人的尿常规检查结果。

（三）活动二："血路"和"尿路"

1. 学习目标

概述肾单位各结构的特点，找出"血液流经的路径"和"尿液形成的路径"。

2. 环节步骤

【肾脏结构和功能的基本单位——肾单位】

（1）引导学生回忆肾单位的结构

展示肾单位的结构模式图，引导学生回忆肾单位结构，展示同学们课前制作的肾单位模型，用展台展示优秀作品，并请同学上台介绍选材和制作过程。

（2）引导学生描述肾小球、肾小囊、肾小管的结构特点

结合肾单位模型，思考肾小球、肾小囊、肾小管各自有怎样的形态和结构，带领学生总结，引导学生思考这些结构是否和其功能相联系。

【血液流经路径和尿液形成路径】

（1）引导学生思考尿液的来源

引导学生思考，血液是怎样经过肾单位的？血液流经肾单位后，便有尿液形成，你能作出什么猜测？

（2）结合动态模型，找到"尿路"和"血路"

展示血液流经肾单位的动态模型，通过模型中生成的"血液"和"尿液"激发学生的好奇心，驱使学生找到"血路"和"尿路"分别经过哪些结构，总结血路的连接特点，并引发学生对尿液中物质成分变化的思考。

3. 学习评价

（1）明确肾单位的组成，能够说出肾小球、肾小囊、肾小管三者的位置关系，并总结出三部分各自的结构特点。

（2）认同尿液的形成和血液有关，找到"血路"和"尿路"各自对应的结构。

血路：肾动脉—入球小动脉—肾小球—出球小动脉—肾小管外毛细血管—肾静脉。

尿路：肾小囊—肾小管—收集管。

4. 支撑材料

（1）学生动手制作的肾单位模型图片和实物，如图2所示。

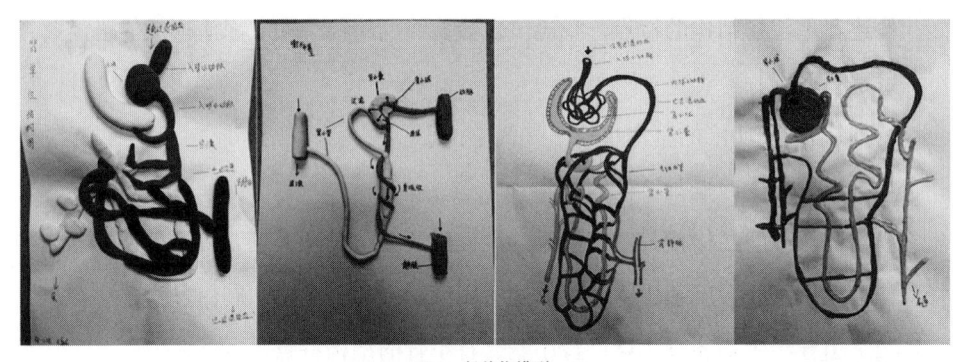

图2 肾单位模型

（2）血液流经肾单位的动态模型

通过注射器、输液管、单向阀、矿泉水瓶、食用色素、铁架台等材料构建动态模型，模拟血液流经肾单位的过程，通过动态变化提升学生兴趣，帮助学生理解，如图3所示。

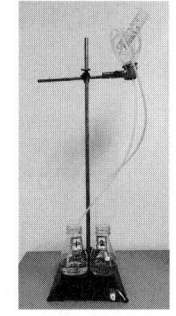

图3 血液流经肾单位动态模型

（四）活动三：尿液的形成过程

1. 学习目标

分析尿液形成过程中的物质变化，概述尿液形成的过程，形成结构与功能相适应的生物学观念。

2. 环节步骤

【分析表格，比较血浆、肾小囊中液体和尿液】

（1）肾小球和肾小囊内壁的过滤作用

① 思考：为什么蛋白质不能通过肾小球，而水、葡萄糖、尿素等物质可以通过肾小球？

（提示：1.蛋白质和水、尿素等物质的区别是什么？ 2.通过模型演示物质在肾小球和肾小囊内壁处的变化过程）

② 引导学生学习肾小球壁和肾小囊内壁的结构特点。

（出示图片，展示肾小球和肾小囊的特点）

小结：肾小球的过滤作用，形成原尿。

（2）肾小管的重吸收作用

① 思考：原尿是最终形成的尿液吗？

（通过模型展示一部分物质被重新吸收的过程）

原尿中也有物质被重新吸收吗？重新吸收的场所在哪？重新吸收的物质去了哪？重新吸收的物质是什么？

② 引导学生学习肾小管的结构特点。

（出示图片，展示肾小管的特点）

小结：肾小管的重吸收作用，形成尿液。

【总结尿液的形成过程】

引导学生总结尿液的形成包括两步重要的环节——肾小球和肾小囊内壁的过滤作用和肾小管的重吸收作用，学生完成两个过程中物质变化的填空，加深记忆。

3. 学习评价

（1）通过分析表格、对比数据，找到血浆、肾小囊中液体和尿液在成分上的区别，并能够尝试分析原因。

（2）结合模拟实验，能够说出过滤和重吸收的过程，阐明尿液形成过程中的物质变化，由功能特点反推结构特点，落实结构与功能相适应的观念。

4. 支撑材料

（1）血浆、肾小囊中液体和尿液三种液体主要成分的对比表格，如表1所示。

① 找到并圈记血浆与肾小囊中液体在成分上的主要区别，尝试分析原因。

② 找到并圈记肾小囊中液体与尿液在成分上的主要区别，尝试分析原因。

表1 血浆、肾小囊中液体和尿液三种液体主要成分的对比

主要成分	血浆中（克/100毫升）	肾小囊中（克/100毫升）	尿液中（克/100毫升）
水	90	98	96
蛋白质	8	0.03	0
葡萄糖	0.1	0.1	0
无机盐	0.72	0.72	1.1
尿素	0.03	0.03	1.8

（2）实验模拟过滤和重吸收作用，如图4所示。

利用生活中的材料：筛子、红色和黄色塑料小球、白色小珠子、小铁珠、吸铁石等材料，形象地模拟发生在肾小球和肾小囊处的过滤作用以及肾小管的重吸收作用。

第1个过程：将烧杯中不同颗粒的物质倒入筛子中——筛子允许小颗粒的物质（白色小珠子和小铁珠）通过，大颗粒物质（黄色和红色塑料小球）不能通过，能形象模拟肾小球和肾小囊的过滤作用。

黄色小球可以模拟血液中的蛋白质分子，红色小球可以模拟血液中的血细胞。

第2个过程：用吸铁石将漏下去的小铁珠子吸上来，动态模拟肾小管的重吸收作用。

（五）活动四：尿液的排出

1. 学习目标

总结尿液的排出过程及排尿的意义，引领学生关注实际生活中的健康问题。

图4　实验模拟过滤和重吸收作用

2. 环节步骤

【尿液的排出】

（1）引导学生说出尿液的排出路径。

小结：尿液排出的路径是：肾脏→输尿管→膀胱→尿道。

（2）引导学生说出尿液排出的意义。

【分析尿液化验单】

【教师提示】：回到开始的化验单，分析并回答：推测这个病人的肾脏哪些结构出现了问题？

【介绍泌尿系统的保健卫生、肾透析装置、肾移植】

（1）介绍肾衰竭和尿毒症的危害，引导学生认识"必须及时排尿"和"每天必须饮用适量的水"。

（2）介绍和肾功能衰竭有关的疾病及治疗方法，如透析、肾移植等，以及对学生进行健康教育。

3. 学习评价

（1）将所学知识用于解决真实情境中的问题，增强对知识的理解、应用能力，学会运用科学原理解释真实案例。

（2）通过"泌尿系统的保健卫生""人工肾脏"和"肾移植"等知识的渗透和拓展，能够关注实际生活的健康问题，切实感受到科技发展给我们生活带来的影响。

4. 支撑材料

（1）尿毒症相关介绍。

（2）血液透析装置图。

六、板书设计

如图 5 所示：

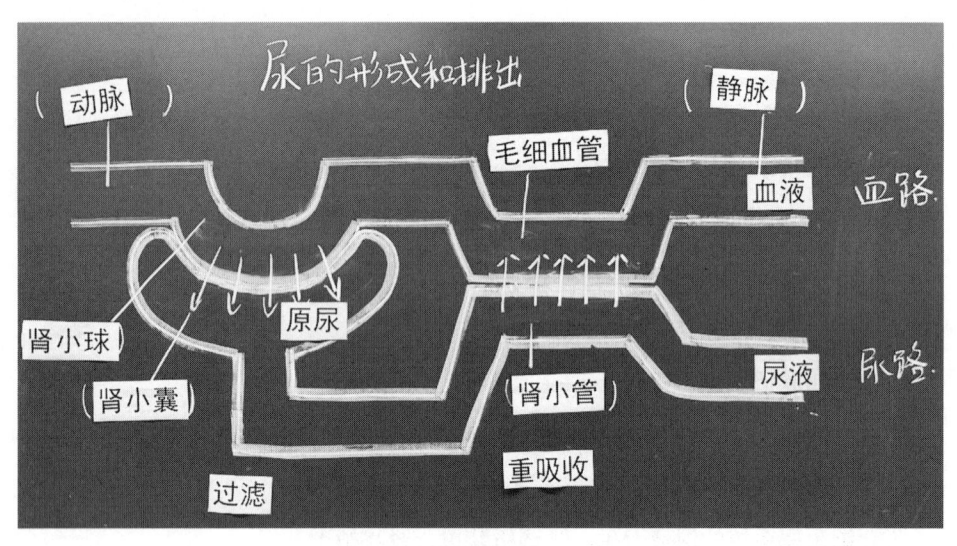

图 5　板书设计

七、课后作业（活动）

1. 学习目标

巩固所学知识，通过了解血液透析仪的工作原理培养学生的探究能力，提升对科技和医学发展的认同感。

2. 作业（活动）要求

了解血液透析仪的原理，思考以下问题：

（1）血液透析仪的各部分结构分别可以模拟肾单位的哪些结构？

（2）血液透析仪是否可以代替肾单位的全部功能？

（3）对于血液透析治疗后的患者，你有哪些建议？

3. 支撑材料

血液透析装置示意图。

八、技术融合

1. 数字技术融合点

（1）全程使用多媒体课件。

（2）展示模型和实验时使用多媒体展台。

（3）演示过滤过程时使用动画。

2. 使用描述及使用的意图

使授课过程更加清晰、直观，帮助学生构建完整的认知体系。

九、课程思政

（一）课程思政元素

1. 认同我国的科技水平和医疗水平发展迅速，一些比较严重的疾病可以在高水平发展下得到及时有效的治疗。（家国情怀）

2. 通过"人工肾脏""肾移植"等介绍，切实感受到科技发展给我们生活带来的影响。（科学精神）

3. 能够将所学知识用于解决真实情境中的问题，学会运用科学原理解释真实案

例，关注自身和周围人的身体健康。（责任意识）

（二）融入过程

通过课堂起始环节对古代和现代"观尿医病"方式的对比，在学生心中埋下一颗关于医学进步的种子。在学习尿液的形成和排出后，将肾衰竭晚期的症状和先进的治疗方式一一介绍给学生，学生能够自然而然地认同科技的进步，且这份进步和国家的发展是离不开的。然而，即使疾病可以得到有效的治疗，也会给人的身体和精神带来折磨，我们还是要通过健康的生活方式保持自己身体的健康，将所学的知识真正地联系到自己的生活中去。

"永不落地"的闪电侠

● 杨笑然

一、教学背景分析

"鸟"一课是人教版生物学八年级上册第五单元第一章第六节的内容。这节课是在学习了"腔肠动物和扁形动物""线形动物和环节动物""软体动物和节肢动物"这六类无脊椎动物和"鱼""两栖动物和爬行动物"这三类脊椎动物之后学习的，通过学习使学生知道动物的形态结构都和它们的生活环境和运动方式相适应。

本节课的授课对象是八年级的学生。学生通过对前面几节内容的学习，对各种环境中的动物有了一定的了解，知道并能举例说明每一种动物都有其与环境相适应的特征；学习了无脊椎动物和脊椎动物的不同类群，在此基础上再学习鸟类，概述鸟类的主要特征并探究"鸟类适于飞行的特点"。

学生虽然在日常生活中已经认识了很多鸟类，但是对于鸟类为什么能够飞行并没有清晰的认识，这不仅是难点且内容非常多，学生进行理解、记忆、应用都非常困难。

二、教学内容

本节课以探究"鸟类适于飞行的特点"为主体，学生分组合作，每一小组通过对获得的实物、图片、文字和表格等资料进行探究，之后分组展示探究成果，如图1所示。引导学生主动参与学习，培养学生处理科学信息的能力、获取新知识的能力、分析解决问题的能力以及相互交流与合作的能力等。

activity一：通过"如何让一张A4纸飞起来"的问题，思考物体飞行应该具备的条件

活动二：探究"鸟类适于飞行的特点"
①请同学们比较飞机和北京雨燕的外形，分析鸟类适于飞行的外部形态特点。
②请同学们以小组为单位，结合鸟的骨骼标本和相关资料，分析鸟类适于飞行的内部结构特点。
外部结构——观察法；
内部结构——观察法；
生理结构——资料分析法；
其他特征——资料收集法。
小组成员上台汇报合作研究的结果，得出鸟的外部形态和内部结构皆有助于鸟产生动力、减小阻力、减轻重量，从而更适应飞行

图1 教学流程图

三、教学目标

1.通过观察鸟的形态特征，结合资料分析，认识鸟适于飞行的外部形态特征。

2.通过比较鸟的骨骼、肌肉和其消化系统、呼吸系统、泌尿系统、循环系统结构的特点，认识鸟类适于飞行的内部结构特征。

3.通过对"鸟类适于飞行的特点"的探究活动，培养学生发现问题、分析问题和解决问题的能力。

4.确立鸟的身体结构与功能相统一的生物学观点。

四、学习重难点

教学重点：鸟类适于飞行的特征。

教学难点：鸟类适于飞行的特点的探究活动。

五、教学准备

资料准备：查阅"北京雨燕"相关图文、视频资料（北京雨燕外形特点、头骨重量、适于长时间飞行的原因等）。

教具准备：彩色 A4 纸若干、飞机模型、鸡鸭鹅的羽毛（飞羽和绒羽）、多种鸟的标本、飞行的北京雨燕图片、北京雨燕翼的图片、鸟的骨骼标本、自制空气阻力模型。

六、教学过程

（一）课前活动

【教师活动】课前两分钟播放"北京雨燕"相关宣传视频。

【学生活动】认真观看。

【设计意图】以视频调动学生的情绪、注意力和兴趣，并恰当带入本节课主角。

（二）创设问题情境

【教师活动】结合迁徙路线示意图，介绍世界上长距离飞行速度最快的鸟类之一：北京雨燕。

【教师提问】为什么绝大多数鸟类善于飞行？

【学生活动】了解北京雨燕的迁徙，认同这是自然的奇迹，是"伟大的旅途"。

【设计意图】以北京雨燕几乎从不停止飞行这一实例，调动学生的学习兴趣，并通过问题引发学生思考，激发学生的求知欲。

（三）物体飞行应具备的条件

【教师活动】举起一张 A4 纸，同时向同学们提出问题：如何让这张纸从讲台飞到教室的另一端？

【教师提问】物体飞行应该具备哪些条件？

【学生回答】大多数同学会想到将 A4 纸叠成飞机的形状来达成此目的。

【学生活动】类比一张 A4 纸和纸飞机的形态特点，思考飞行时的要求，进行小组讨论并回答此问题。认识到物体的飞行需要具备动力，同时应尽可能减小阻力和自身重量。

【设计意图】以学生熟悉的纸飞机游戏引发思考，增强了学生的学习趣味性，初步体验飞行的适应性特征。

（四）探究活动："鸟类适于飞行的特点"

过渡：有人说"鸟的全身都是为飞行生活而设计的"，那么它们有哪些共同的特点来适应飞行生活呢？这些特点为鸟类的飞行提供了哪些帮助呢？

1. 活动一

【教师活动】取出一个飞机模型，请同学们观察飞机与鸟类外部形态的相似之处。

【教师提问】思考飞机的研发仿照了鸟类的哪些形态特点，为什么这些特点使得飞机飞得又高又快？

【学生活动】每 4—5 人为一组，以小组为单位，利用观察法（多种鸟的标本、飞行的北京雨燕图片、北京雨燕翼的图片、鸡鸭鹅的羽毛），分析鸟类适于飞行的外部形态特点。

【学生回答】小组成员上台汇报合作研究的结果，其他小组进行评价和补充。

总结鸟类适于飞行的外部形态特点有：身体呈流线形→减少阻力；前肢为翼→产生动力。

【教师总结】对于学生的探究结果进行评价和概括，并进一步提出问题和进行演示实验。

① 利用自制教具进行空气阻力演示实验，如图 2 所示。

② 请同学们分辨托盘内鹅的两种羽毛（分别为正羽和绒羽）哪一种位于其翼上，并说明理由。

图 2　自制风阻教具

2. 活动二

【教师活动】请同学们以小组为单位，结合鸟的骨骼标本和资料册第2—4页的内容，分析鸟类适于飞行的内部结构特点。

【学生活动】以小组为单位，利用观察法（鸽子的骨骼标本、鸟的胸肌图片、雨燕和野兔的头骨对比图、鸟的消化系统和泌尿系统结构图）和资料分析法（鸟的气囊文字介绍、鸟的心脏占比数据表），分析鸟类适于飞行的内部结构特点。

【教师活动】对于学生的探究结果进行评价和概括，并引导学生逐一分析鸟的各个特征的生物学意义。

【学生回答】小组成员上台汇报合作研究的结果，其他小组进行评价和补充。

总结鸟类适于飞行的内部结构特点有：胸肌发达→产生动力；骨骼轻、薄、中空→减轻重量；有龙骨突→产生动力；消化能力强→减轻重量；有气囊→产生动力；心脏占比大→产生动力。

【设计意图】学生通过观察鸟的标本、鹅的羽毛等直观教具和观看空气阻力的演示实验有利于丰富感性认识，提高认知能力；通过对图片、文字资料的分析，有利于提高学生的思维能力、运用生物学语言总结问题的能力；通过分组探究，培养学生相互交流与合作的能力。

（五）总结

【教师活动】展示鸵鸟的外部形态和内部结构示意图，请同学分析其不善飞行的原因。

【学生活动】结合本节课所学内容对拓展问题进行思考并回答。

【教师总结】我们在对动物进行观察时，都是按照外部形态到内部结构的顺序来进行，我们发现鸟的外部形态、内部结构和生理特征具有很多特点，这些特点有助于鸟产生动力、减小阻力、减轻重量，从而更适应飞行。

【设计意图】巩固练习，加深印象，更好地突破重点。

七、板书设计

如图 3 所示：

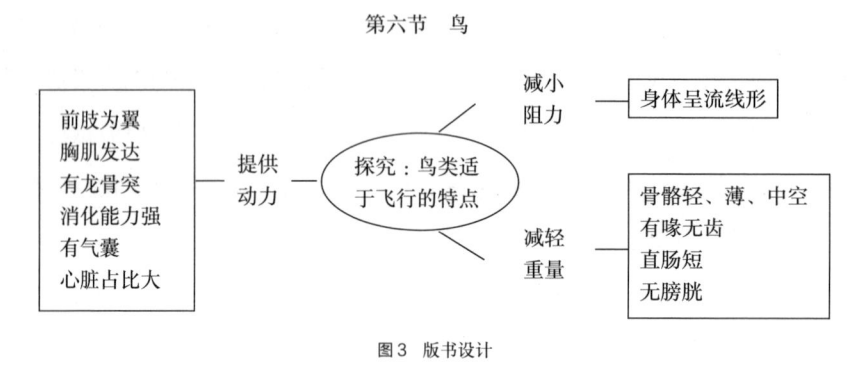

第六节　鸟

```
前肢为翼                              减小     身体呈流线形
胸肌发达          提供    探究：鸟类适   阻力
有龙骨突    →    动力  → 于飞行的特点
消化能力强                             减轻     骨骼轻、薄、中空
有气囊                                重量     有喙无齿
心脏占比大                                     直肠短
                                              无膀胱
```

图 3　板书设计

八、作业设计

任务名称：初步探究鸟类适于飞行的生理特征。

任务布置时间：课后。

预计完成任务时长：30 分钟。

任务具体内容：除外部形态相似以外，飞机与善于飞行的北京雨燕还具有哪些相似之处？这些相同点为什么使得飞机和北京雨燕善于飞行？请自主查阅资料，找出至少 1 条相同点。

作业形式：书面作业。

作业评价方式及简单量表，如表 1 所示。

表 1　作业评价方式及简单量表

等级	具体要求	评价结果
A	说出 2—3 点飞机与北京雨燕除外部形态之外的相似之处；准确描述这些相同点使得飞机和北京雨燕善于飞行的原因	
B	说出 1 点飞机与北京雨燕除外部形态之外的相似之处；准确描述这一相同点使得飞机和北京雨燕善于飞行的原因	
C	说出几点飞机与北京雨燕除外部形态之外的相似之处；未能准确描述这些相同点使得飞机和北京雨燕善于飞行的原因	

九、教学实施效果

（一）教师反思

本节课提供鸟类标本、鸡鸭鹅的羽毛和家鸽的骨骼标本，为学生直观形象地展示鸟类的特征。通过两个小组探究活动，真正做到了让学生自主学习、自主探索。在活动一中，将鸟的外部形态与飞机进行对比，更好地调动了学生的学习兴趣，提高了学生们的学习积极性。此外，自制的风阻教具，可以让学生们更好地理解鸟的外部形态呈流线形可以减小空气阻力，同时活跃了课堂气氛。活动二最终的成果汇报以小组展示的形式进行，培养了学生归纳和语言表达的能力。

本节课通过"让A4纸飞行"活动让学生初步体验物体飞行需要克服的问题，通过自主探究活动让学生深入学习鸟类适于飞行的外部形态和内部结构特征。通过对比飞机与鸟类除外部形态外的其他相同点，让学生实际收集资料，初步探索鸟类适于飞行的生理特征。学生中心、经验中心、活动中心贯穿本节课，同时直接经验和间接经验的传授相结合，从而实现了重难点突破。

（二）同行及专家评价

本节课突出重点，切合初中学生的认知特点，明确学习要求，保证学生有相对充裕的时间主动学习，进行科学探究与讨论来深刻理解和应用重要的生物学概念，发展学生的综合思维能力。依据课标和单元学习活动特点，整合教学内容，将鸟的特征和生殖方式整合为本单元的教学内容，不拘泥于教材，真正关注生物学科核心素养的发展。

问题设计的系统性还需加强，可以将问题再进行细致的分类，把学生生成的问题纳入下一次的教学设计中，同时，评价体系仍需要不断地完善。

以解决真实问题为目标的教学设计
——以探秘紫甘蓝的变色为例

● 李木英

一、教学主题内容和学生现状分析

在一次课间交谈中,学生提出如下问题:她在家吃紫甘蓝时候,发现用醋凉拌紫甘蓝是漂亮的粉红色,而清炒的时候变成紫蓝色,颜色不同是因为温度不同吗?带着这个问题,在八年级的化学学科实践活动课上,引导学生一起分析和解决这一疑问。八年级的学生掌握了少量的化学知识和基本的实验操作能力,具备动手实验和观察实验、记录实验现象得出结论的能力。教学主题为探秘紫甘蓝变色的原因,符合真实的情景,贴近学生的生活,又是学生比较感兴趣的内容,能够激发学生的求知欲和探索欲。教学的开展主要围绕如何获取紫甘蓝汁,验证紫甘蓝变色,以及探究变色的原因等。

二、教学思想与创新点

本节课注重学生的自主发展、合作参与、创新实践。化学课程既强调化学学科及科学领域的核心素养,又反映未来社会公民必备的共同性素养。化学学科的核心素养主要包括化学观念、科学思维、科学探究与实践、科学态度与责任。科学探究与实践是基于学科和跨学科实践活动形成的学习能力,是综合运用化学等学科的知识和方法,通过一定的技术手段,在解决真实情景问题和完成综合实践活动中展现的能力和品格。要求能进行安全、规范的实验基本操作，独立或与同学合作完成简单的化学实验任务。

揭秘紫甘蓝变色的原因，是真实的情景的重现，紧扣学生的生活，学生对教学内容充满兴趣，能够激发学生求知欲和探索欲。获取紫甘蓝汁培养学生的思考和动手能力，在验证紫甘蓝变色的过程中，学生收获了溶液显酸性、碱性的知识，会根据pH值判断溶液的酸碱性，同时学会了紫色石蕊遇到显酸性溶液变红，遇到显碱性溶液变蓝色；无色酚酞溶液遇到酸性不变色，遇到碱性溶液变红色。通过探究变不同颜色的原因，学生学会操作紫色石蕊试纸测溶液的pH值的方法。内容层层递进，从生活走向化学，用化学知识解决生活中实际的"迷惑"问题。

教学中教师以问题为导向，通过一系列的提问和讨论，从紫甘蓝的变色入手，由学生作为主体来推测紫甘蓝变色的原因，并引导学生利用所学知识去提取紫甘蓝汁液，如图1所示。

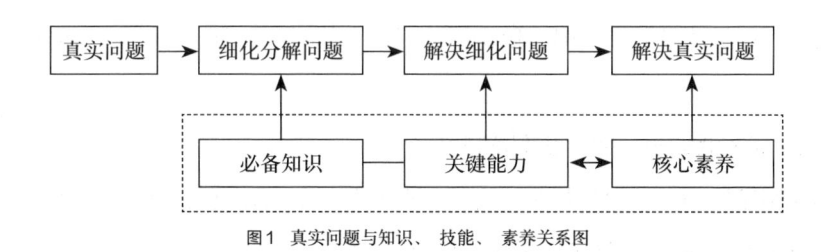

图1 真实问题与知识、技能、素养关系图

探秘紫甘蓝的变色，教学的重点就是引领学生将已经掌握的知识与技能综合运用，介绍紫甘蓝汁液提取的原理和使用方法，培养学生学科素养。因此，教学设计使用中学生见过的各种器材，通过将问题拆解为几个小问题，引领学生在"做中学""悟中学"，在实践中学习，以此达到核心素养目标的要求。教学过程以问题线为明线，带动学生思维，学生调动已知的各种知识和技能来解决问题，在解决的问题过程中初步形成化学观念和科学探究方法解决问题的思路，如图2所示。

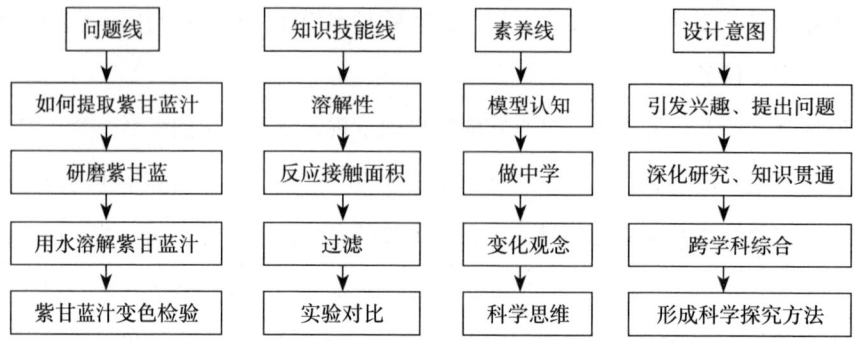

```
问题线              知识技能线         素养线          设计意图
如何提取紫甘蓝汁     溶解性            模型认知        引发兴趣、提出问题
研磨紫甘蓝          反应接触面积       做中学          深化研究、知识贯通
用水溶解紫甘蓝汁     过滤              变化观念        跨学科综合
紫甘蓝汁变色检验     实验对比          科学思维        形成科学探究方法
```

图 2　教学流程图

三、教学过程

（一）课前准备

实验器材的准备：烧杯、井穴板、胶头滴管、玻璃棒、研钵、一次性过滤网、剪刀。

实验药品：紫甘蓝、白醋、厨房清洁剂、小苏打、雪碧、柠檬酸、蒸馏水。

（二）探究活动一　如何获取紫甘蓝汁

【教师提问】我们吃过凉拌紫甘蓝和清炒紫甘蓝吗？有没有发现是什么颜色？

【学生回答】吃过，红色、紫色、蓝色。

【教师提问】不同颜色是什么原因？

【学生回答】加入了不同物质、温度不同？

【资料卡片】紫甘蓝俗称"紫包菜"，是生活中常见的一种蔬菜。当我们将紫甘蓝的叶片剥下来切丝时，紫甘蓝的汁液会将我们的手指染成紫色。当我们做"凉拌紫甘蓝"这道菜时，在加入食盐腌制几分钟后，会看到紫甘蓝的汁液变成蓝色。而加入食醋后，原本紫色的紫甘蓝变成了鲜艳的粉红色。

【教师提问】那么我们今天就来探秘紫甘蓝的变色。我们平常生活中凉拌经常滴加几滴白醋，那我们往紫甘蓝上滴加 2—3 滴白醋，观察现象和变化。

【学生回答】学生小组合作实验，剪下一小片紫甘蓝放在玻璃片上，并滴加 2—3 滴白醋，观察现象：1. 表面没有明显变化；2. 在紫甘蓝边缘上有变粉红色。

【教师提问】表皮没有变色，边上变色原因？

【学生回答】因为色素存在于表皮和叶肉之间。

【教师提问】那么我要如何获取紫甘蓝汁液？

【资料卡片】被广泛使用的食用色素分为两大类：人工合成色素和天然色素，天然色素主要来源于植物组织，某些动物和微生物也是天然色素的来源。[1]近年来，人们对天然色素的需求逐渐增长，天然色素被广泛应用于医药、日化、纺织等行业。花色苷是一类重要的天然色素物质，又称"花青素"，广泛存在于被子植物的花、果、叶、茎和根的细胞液中，受环境酸度和温度等因素的影响，能够呈现出红、紫、蓝等不同颜色。

紫甘蓝色素属于花色苷，易溶于水，在不同温度下热稳定性好，在酸性和中性环境中稳定，具有色调柔和、着色力强、安全性高的特点。对酸碱变化敏感，颜色变化明显，变色范围广。另外，紫甘蓝色素还具有抑菌消炎、清除氧自由基、提高视觉灵敏度等生理功能。紫甘蓝作为一种常见蔬菜，属于十字花科芸薹属，其生长周期短、产量高、适应性强、价格低、便于运输和贮藏，是提取花色苷天然色素的理想原料。[2]

【学生回答】紫甘蓝色素易溶于水，可以用水浸泡，固液分离可以用过滤的方法，如图3所示。

【教师提问】我们是一整片紫甘蓝放水中浸泡还是把它捣碎浸泡？原因？

【学生回答】捣碎，捣碎增大接触面积，加速紫甘蓝色素在水中的溶解。

【教师提问】那么我们现在使用托盘里的仪器，来提取紫甘蓝汁液。实验步骤：1.在研钵中捣烂紫甘蓝并加入适量的水浸泡；2.将浸出的汁液过滤。

图3 过滤紫甘蓝汁液

【学生回答】学生进行实验并记录实验现象，各组展示提取的紫甘蓝汁液。

（三）探究活动二 探秘紫甘蓝汁液的变色

【教师提问】我们今天给同学们提供了：白醋、厨房清洁剂、小苏打、食盐水、雪碧、柠檬酸试剂。[3]请同学们分别取一滴管白醋、柠檬酸、厨房清洁剂、食盐水、雪碧、柠檬酸试剂加入井穴，并向试剂中滴加2—3滴紫甘蓝汁，观察实验现象并完成学案。

【学生回答】学生操作实验并记录实验现象，如图4所示。

图4 学生实验记录

（四）活动探究三　解释紫甘蓝汁液变不同颜色的原因

【教师提问】请同学们思考，变色的原因是什么？

【资料卡片】生活中有酸味的物质，比如酸酸的柠檬中含有柠檬酸，酸奶中含有乳酸，醋中含有醋酸。生活中的皮蛋尝起来"涩涩"的感觉，厨房清洁剂、肥皂摸起来有"滑腻感"，它们都含有"碱"的物质。酸和碱分别用来代指某一类具有相似性质的物质。[4]

【学生回答】试剂有的显酸性、有的显碱性。

【教师提问】我们今天实验用的柠檬酸和白醋都含有酸，显酸性，雪碧是碳酸饮料含有碳酸也显酸性。而厨房清洁剂、小苏打显碱性，我们来看看紫色石蕊和无色酚酞溶液分别遇到上述6种试剂会变什么颜色呢？

【学生回答】完成实验，记录现象，如表1所示。

表1 实验记录

	白醋	柠檬酸	雪碧	食盐水	小苏打	厨房清洁剂
滴加紫色石蕊溶液	变红	变红	变红	不变色	变蓝	变蓝
滴加无色酚酞溶液	不变色	不变色	不变色	不变色	变红	变红

【资料卡片】紫色石蕊溶液遇到酸性物质变红，遇到碱性物质变蓝，中性物质不变色。无色酚酞溶液遇到酸性物质不变色，遇到碱性物质变红，中性物质不变色。

【教师讲述】归纳溶液的酸碱性。

【学生回答】白醋、柠檬酸、雪碧显酸性，小苏打、厨房清洁剂显碱性，食盐水显中性。

【教师讲述】为什么紫甘蓝汁液遇到都显碱性的小苏打和厨房清洁剂显示的颜色不同呢？

【资料卡片】石蕊试纸是一种被石蕊试液浸泡过，主要用于测定溶液酸碱度的试纸。pH试纸测定溶液pH的方法：在白瓷板或玻璃片上放一小片pH试纸，用玻璃棒蘸取溶液滴到pH试纸上，把试纸显示的颜色与标准比色卡比较，读出该溶液的pH值。注意事项：1. pH试纸使用前应保持干燥；2. 蘸取溶液的玻璃棒要洁净；3. 不能用试纸直接蘸取溶液。如果pH<7，那么溶液呈酸性；如果pH=7，那么溶液呈中性；如果pH>7，那么溶液呈碱性。pH值越小，溶液酸性越强；pH值越大，碱性越强。[5]

【学生提问】pH值不同，颜色不同？

【教师讲述】同学们利用已有的实验器材，尝试检测溶液的pH值，通过对比表2中的信息，验证变成不同颜色的原因。

表2 常见酸碱指示剂变色范围

pH值	1	2	3	4	5	6	7	8	9	10	11	12	13
酚酞	无色								浅红			红	
石蕊	红				紫				蓝				
甲基橙	红			橙	黄								
紫甘蓝	红				紫			蓝		青	绿	黄	

【学生回答】学生对比自己的实验，查找紫甘蓝汁液遇到六种不同的试剂，变成不同颜色的原因。

【教师讲述】厨房里有三杯食盐水、柠檬酸、小苏打水，因一时疏忽，忘了是哪杯，结合今天所学的知识，你怎么去鉴别？

【学生回答】利用紫甘蓝汁液鉴别、可以买 pH 试纸检测，如图 5 所示。

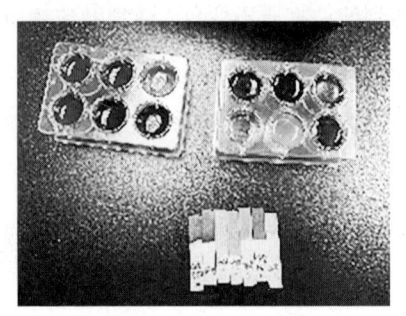

图 5　实验现象记录

四、教学的反思

本次探秘紫甘蓝的变色的实验教学过程中，用一系列的问题贯穿整个教学过程，启发学生思考，通过学生之间和教师与学生的讨论，逐步揭示最佳的实验方法，学生通过实践操作，全部获得了成功。

本课教学中，重视学生的认知过程，真实情境下解决真实问题，要求学生在毅力、追求准确、质疑和提出问题、设计合理实验、收集分析数据、反思实验结果、承担风险、持续学习等方面形成良好的思维习惯。整个教学过程中，重点培养学生的发散性思维，不设定标准答案，学生在探索答案的过程中所获得新知识，一经习得便可直接运用，明白化学在生活中的重要意义，实验的结果自然重要，但是对于学生素养提高而言，更是一种"认知方式"的提高。学生学习和实验的过程，是一种沉浸式体验，是一种素养外显同时也是素养内在化的过程。

注释

[1] 白晓菲，梁东明，张艳红，等. 紫甘蓝色素提取工艺优化及其酸碱指示剂性质 [J]. 食品工业，2022，43（4）.
[2] 姜素英. 新课程背景下紫甘蓝在化学教学中的妙用的探究 [J]. 学周刊，2015（36）.
[3] 刘福海. 利用紫甘蓝溶液检测溶液酸碱性质 [J]. 实验教学与仪器，2022（7/8）.
[4] 刘丹. 融入 STEAM 理念的"自制酸碱指示剂教学" [J]. 中学化学教学参考，2022（22）.
[5] 王文佳，李建. 紫甘蓝的变色之旅 [J]. 发明与创新（初中生），2023（2）.

制作美丽的金属树

● 祁　佳

一、思路与目标

基于科学史实，本课程能加深对金属活动性这一概念的理解。通过实验活动的设计，熟记金属活动性顺序表，能准确应用金属活动性顺序判断一些反应能否进行，可以设计实验探究金属的化学活动性。通过金属树的制作，比较金属活动性等具体的实验活动，形成化学实验探究的一般思路与方法，知道围绕实验目的确定实验原理，选择实验仪器并组装，设计实验步骤，实施并完成实验记录，基于实验事实得出结论。在金属树的制作与比较金属活动性等实验中，针对出现的一些特殊现象，能具备基于实验事实证据推理并推测物质及其变化的思维能力，在解决与化学相关的真实问题中形成质疑能力、批判能力和创新意识。通过科学史实体会科学家探索金属活动性的智慧，发展学生科学教育的好奇心、想象力与探究欲；通过探究活动初步养成注重实证、严谨求实的科学态度，初步学会批判性思维方法，具有敢于提出并坚持自己的见解、勇于修正或放弃错误观点、反对伪科学的科学精神。

二、案例内容

本节课是复习课，建立在已经学习过金属的化学性质以及金属活动性的基础上进行的。基于学生基础尚浅，为了巩固认识、加深理解，设置了寓教于乐的项目式教学课程。通过金属树的制作，引发学生兴趣，引起学生思考，继而复习了重点金属的活动性，通过金属活动性顺序表我们能获得哪些信息。课上还对化学史进行了介绍，让学生了解科学家研究的历程，感受科学被逐步推进的过程。

三、教学重点与难点

教学重点：1. 熟记金属活动性顺序表。
　　　　　2. 设计实验验证金属的活动性强弱。
　　　　　3. 理解置换反应原理。
教学难点：深度理解金属活动性。

四、教学过程（第一课时）

（一）导入

【教师提问】生活中有不法商贩用假黄金（铜锌合金）进行行骗活动，如何鉴别真假黄金呢？本节课我们共同复习金属活动性顺序表，并总结其含义。

【学生活动】思考，代表回答。

【设计意图】建立化学与生活之间的关系，激发兴趣。

【教师提问】金属活动性顺序是怎样的？通过金属活动性顺序表可以获取的信息有哪些？

【学生活动】回忆复述金属活动性顺序表。

1. 靠前的金属活动性强于靠后的金属。

2. 氢前金属可以与酸反应。

3. 前换后。

【设计意图】基础知识再现。

（二）活动一

【教师活动】分别设计实验比较以下三组金属活动性强弱。

1. Cu　Ag
2. Fe　Cu
3. Mg　Fe

【学生活动】互学：合作讨论。按照以下顺序完成实验设计：原理、操作、现象、结论。

【设计意图】培养学生基础知识再现能力以及与他人合作的能力。

【教师活动】请1—2组代表分别分享本组设计方案，实验现象以及获得的实验结论，并完成实验。

【学生活动】展学：

1. 小组代表展示本组方案，其他组补充不同方案。
2. 按照本组方案完成实验，展示实验操作以及实验现象。

【设计意图】培养学生的表达能力以及良好的学习习惯从而体现实验学科特点，提升学习兴趣。

【教师活动】请同学们整理学案。

【小结】比较两种金属活动性强弱的方法。

【学生活动】整理学案，并总结比较两种金属活动性强弱的方法：1. 金属和盐溶液（所有金属）；2. 金属和酸（两种金属分别位于氢前后）。

【设计意图】总结方法，提升能力。

（三）活动二

【教师活动】设计实验验证 Fe、Cu、Ag 三种金属活动性强弱。

【学生活动】自学：自己完成方案。

互学：组内讨论，统一方案。

展学：由1—2组代表完成方案展示。

完成实验。

【设计意图】巩固前面的学习成果,并在此基础上进行提升。

【教师提问】请同学们完善整理学案。

【小结】如何比较三种金属活动性强弱。

【学生活动】整理学案,并总结比较三种金属活动性强弱的方法。总结方法:

1.两边金属中间盐,中间金属两边盐(所有金属)。

2.金属和盐、酸(适用于1种金属位于氢前或氢后)。

【设计意图】总结方法,提升能力。

【教师提问】如何鉴别真假黄金呢?

【学生活动】根据本节课复习的内容快速说出鉴别的药品。

【设计意图】学以致用。

【教师活动】讲解:复习完比较金属活动性强弱后,我们来进行练习。

【练习题】如图1所示进行实验:

实验1:发生反应的化学方程式是_____。

实验2:实验前用砂纸打磨铝丝的目的是_____。

铝的金属活动性比铜强,A溶液可能是_____。

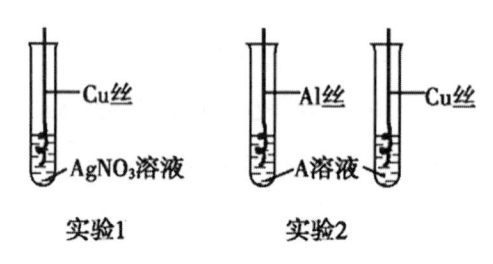

图1 实验图

【学生活动】完成练习,小组讨论。

1. $Cu+2AgNO_3=Cu(NO_3)_2+2Ag$

2.除去铝丝表面致密的氧化膜;稀盐酸(或稀硫酸或硫酸铜溶液)

【设计意图】巩固知识点。

（四）作业布置

1. 分别整理并回顾比较两种金属和三种金属活动性强弱的方法，如图2所示。

2. 完成以下练习：

为了验证 Fe、Cu、Ag 的金属活动性顺序，设计如下实验。

实验①的化学方程式为_____。

得到的结论是_____。

为了达到实验目的，X 溶液可以是_____（填一种即可），对应的实验现象是_____。

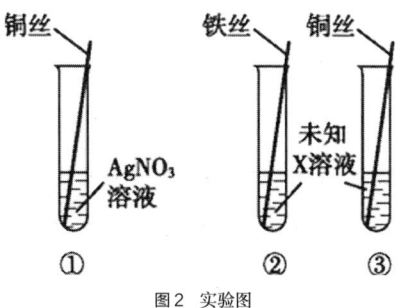

图2 实验图

五、教学过程（第二课时）

【教师提问】走入学生群体中展示制作的金属树，提问：制作的金属树是哪种金属？根据什么猜测出来的？

【学生活动】观察金属树，猜测是金属 Cu。依据金属的颜色。

【设计意图】展现化学之美，激发学生的好奇心和求知欲。

【教师提问】反应的原理是什么？（提示：圆粒也是一种金属，同时该反应是置换反应）

【学生活动】回答：$Zn+CuSO_4=Cu+ZnSO_4$

【设计意图】引导学生从化学角度去思考问题。

【教师提问】为什么锌可以置换铜？

【学生活动】回答：在金属活动性顺序表中，锌在铜前。

【设计意图】温习重点知识。

【教师提问】我们是如何比较金属活动性强弱的呢？

【学生活动】思考。回顾初步比较锌、镁、铁、铜四种金属活动性强弱的方法。回答出锌、镁、铁三种金属均与稀盐酸发生反应，铜不反应。说明锌、镁、铁是氢前金属，铜是氢后金属，故锌、镁、铁三者金属活动性均强于铜。

【教师提问】讲解：通过此反应仅可以得出锌、镁、铁三者金属活动性均强于铜这一结论。如何进一步得到所有金属的活动性强弱顺序呢？我们来看看科学家是怎么做的。

【学生活动】学生思考。

【教师活动】化学史介绍：1812 年，贝采里乌斯根据实验现象最先提出了金属活动性顺序，俄国化学家贝开托夫基于实验现象的观察也定性地对金属活动性进行了总结，依然没有严格的定量标准。20 世纪 80 年代，随着化学学科在实验和理论上的发展，人们更加科学地从定量的角度对金属活动性进行定义，后来以金属的标准电极电势为定量标准，对金属活动性进行了排序：K　Ca　Na　Mg　Al　Zn　Fe　Sn　Pb（H）　Cu　Hg　Ag　Pt　Au

【学生活动】学生倾听并思考。

【设计意图】通过化学史的介绍，加深学生对金属活动性的理解。

【教师提问】根据金属活动性顺序表我们可以得到哪些信息呢？

【学生活动】回答：

1. 金属活动性顺序里，金属位置越靠前，它的活动性就越强。

2. 金属活动性顺序里，位于氢前面的金属能置换出盐酸、稀硫酸中的氢。

【设计意图】巩固复习。

【教师活动】根据金属活动性表我们可以确定制作金属树的药品是锌粒和硫酸铜溶液。由于氯离子比硫酸根离子的效果更好，我们最终确定出铜树的制作原理。请同学们书写下来。

【学生活动】思考。

书写制作铜树的反应原理：$Zn+CuCl_2=Cu+ZnCl_2$

【设计意图】确定原理。

【教师提问】对于氯化铜溶液的浓度有没有要求呢？展示利用不同浓度的氯化铜溶液做出的铜树效果图。

【学生活动】猜测：氯化铜溶液浓度对铜树的生长效果有影响。从图中可知，利用浓度为 12% 的氯化铜溶液铜树生长得最舒展。

【设计意图】引导学生思考得更深入。学会对比实验探究的方法。

【教师活动】任务布置：配制 50g 质量分数为 12% 的氯化铜溶液。

【学生活动】学生讨论回顾实验方案，并整理：

（1）计算：所需氯化铜 6.0g，水 44.0g，水的体积 44mL。

（2）称量：用托盘天平称量所需的氯化铜，放入烧杯中。

（3）量取：用量筒量取所需的水，倒入放有氯化铜的烧杯中。

（4）溶解：用玻璃棒搅拌，使氯化铜溶解。

【设计意图】复习配制一定质量分数的溶液的实验方案。

【教师活动】展示金属树的制作步骤：

（1）把宣纸裁剪成形，放入培养皿内（本实验均在常温下进行）。

（2）用胶头滴管吸取 12% 的氯化铜溶液滴到宣纸的中央（大约 12 滴），让溶液由中心扩散直至宣纸呈润湿状态。

（3）把锌粒放到培养皿中的浸有金属化合物溶液的宣纸上，盖好培养皿盖，观察现象。

引导学生分组合作做实验，教师巡视并给予指导。

【学生活动】仔细阅读，确定小组分工，按操作步骤完成实验，观察记录实验现象。学生作品展示，如图 3—图 8 所示：

图 3　实验图 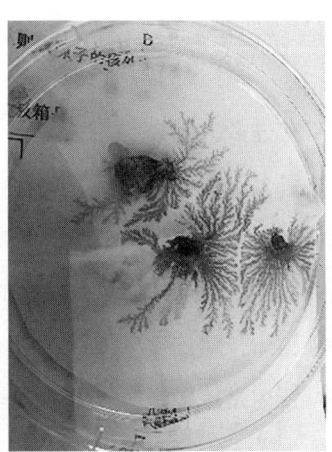　　　　　　图 4　实验图 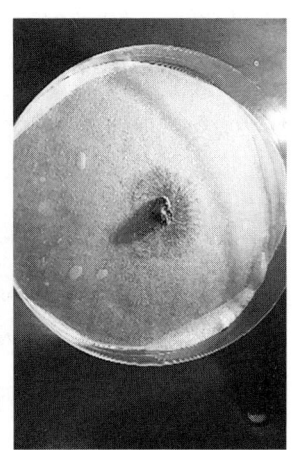　　　　　　图 5　实验图

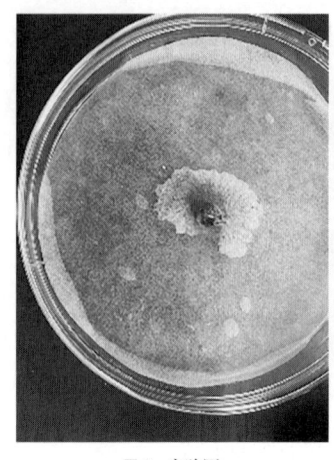

图6 实验图 　　　　　　　　图7 实验图 　　　　　　　　图8 实验图

（图3—图8均为锌粒和12%氯化铜溶液反应制得的铜树图，其中图3—图6因为打开培养皿盖子，导致铜树与氧气、二氧化碳等反应而呈现绿色。）

【设计意图】培养学生合作意识、沟通交流、逻辑思维和动手操作能力。

【教师提问】1.制作金属树时有什么要注意的事项吗？为什么？

2.金属树生长的速率可能和什么因素有关系？

3.铜树为什么变成绿色了？

【学生活动】小组讨论整理回答：

1.要盖好培养皿盖。

宣纸润湿即可，溶液不宜过多。

宣纸和培养皿之间不要留有空隙。

2.金属树生长的速率可能和溶液种类、浓度、金属的种类、温度等有关系。

3.铜树开盖之后变成绿色，可能是接触了空气中的成分。

【设计意图】培养学生反思的好习惯。

【教师提问】引发思考：铜树是接触了空气中的哪些成分生成了绿色的物质呢？

【练习】铜片在空气中久置表面会变绿。某小组同学设计并进行实验，探究铜变绿的条件。查阅资料：1.铜绿的成分是碱式碳酸铜[$Cu_2(OH)_2CO_3$]，碱式碳酸铜能够与盐酸反应。2.浓硫酸具有吸水性，可以作为一些气体的干燥剂。猜想与假设：常温下，铜片变绿可能与O_2、CO_2、水蒸气有关。进行实验：利用图9装置分别制取并收集气体于试管中，制取气体原理及收集气体等操作见下表1。将收集好的气体，用图10所示装置进行4个实验，通过控制与铜片接触的物质，进行实验并持续观察实验现象，如表1所示。

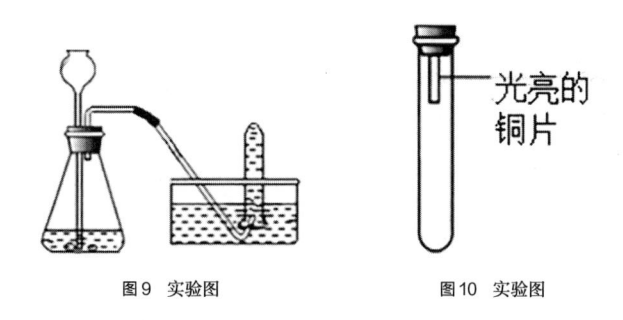

图9 实验图　　　图10 实验图

表1 实验操作及现象

编号	主要实验操作	实现现象
1	甲中盛有过氧化氢溶液和二氧化锰，收集一试管气体	铜片始终无明显变化
2	甲中盛有大理石和稀盐酸，收集一试管气体	铜片始终无明显变化
3	甲处先用过氧化氢溶液和二氧化锰反应收集半试管气体，再换盛有大理石和稀盐酸的装置，继续收集至一试管气体	一段时间后铜片变绿
4	甲处先用过氧化氢溶液和二氧化锰反应收集半试管气体，再换盛有大理石和稀盐酸的装置，继续收集至一试管气体，并向气体中加入适量浓硫酸	铜片始终无明显变化

【学生活动】思考并猜测。阅读材料，回答下列问题。

解释与结论：

（1）实验1的目的是验证：只与氧气和水接触时铜片不生锈。

（2）实验2制取气体反应的化学方程式为 $CaCO_3+2HCl=CaCl_2+H_2O+CO_2\uparrow$。

（3）得出"铜片变绿一定与 O_2 有关"的结论，依据的两个实验是（填编号）:2、3。

（4）实验4中，试管内的气体主要含有：氧气和二氧化碳。

（5）上述实验可推知，铜片变绿的条件是：O_2、CO_2、水蒸气同时存在。

（6）同学们猜想碱式碳酸铜与盐酸反应有二氧化碳生成，证明此猜想所需试剂是：澄清石灰水。

【设计意图】抓住课堂生成的问题，引导学生思考，同时练习探究型实验题。

【教师提问】是否可以制出其他金属树？

【学生活动】回答：可以，利用置换反应。根据金属活动性强弱去设计反应。

【设计意图】引导学生举一反三。

【教师活动】提示注意：K、Ca、Na 和水发生剧烈反应，不能和其他盐溶液发生置换反应。

【学生活动】思考原因。

【教师活动】展示制得的银树图。

【学生活动】思考反应原理：$Zn+2AgNO_3=Zn(NO_3)_2+2Ag$

【设计意图】引导学生思考。

【教师提问】课后思考：为什么金属树之间不长金属？

【学生活动】思考，课后查阅资料。

【设计意图】引发学生深度思考。

六、实践成效

通过以下评价量表，如表 2 所示，评价学生最终学习效果。16.7% 的学生达到优秀，70% 的学生达到良好水平，剩余 13.3% 达到合格水平。

表 2　评价量表

评价维度		评价等级		
		合格	良好	优秀
作品	原理	能具体说出制作铜树的反应原理，会置换反应，按照操作步骤可以进行基本实验操作	理解金属活动性概念，熟记金属活动性顺序，能阐明制作金属树的原理，能熟练掌握基本实验操作	能理解金属活动性概念，熟记金属活动性顺序，能阐明制作金属树的原理，可以设计实验验证金属活动性强弱，能熟练掌握基本实验操作
	协同合作	体现小组合作，能部分完成制作铜树或其他探究金属活动性强弱的实验。可以小组完成部分实验设计内容	小组分工较为明确，能简单阐明各成员的具体分工，能体现在成果上。能完成大部分的实验设计，以及根据实验方案能较好地完成实验	分工明确合理，能根据成果自行阐述每人的具体任务。能完成两课时的所有实验设计，以及实验操作部分

续表

评价维度		评价等级		
		合格	良好	优秀
作品	应变能力	针对实验中出现的"特殊现象"无法给出合理解释	针对实验中出现的"特殊现象"能给出一定的猜测，但对于特殊现象出现的原因无法提供实验方案进行验证	针对实验中出现的"特殊现象"能给出一定的猜测，同时对于特殊现象出现的原因能提供实验方案进行验证
	表达与交流	小组展示环节汇报思路不清晰、方案有漏洞、展示形式单一	小组展示环节汇报思路较清晰、有一定的逻辑，方案略有瑕疵，展示形式较为丰富	小组展示环节汇报有清晰的逻辑，方案完整细致，展示形式丰富，语言流畅
	反思与改进	不能意识到实验方案设计、实验药品的种类、浓度、药品的形状、实验操作等存在的问题	能发现实验方案设计、实验药品的种类、浓度、药品的形状、实验操作等存在的问题，并进行思考，暂未提出合理的改进意见	主动对实验方案设计、实验药品的种类、浓度、药品的形状、实验操作等存在的问题进行思考，并提出合理有效的改进意见
	展示效果	能制得铜树，但由于实验操作不当，短时间内出现了铜树停止生长，或者变绿等瑕疵，不够美观	制作出的铜树，枝丫舒展美观，无瑕疵	制作出的铜树，枝丫舒展美观，无瑕疵。同时有自己的设计和创意

七、案例自我评价

"制作美丽的金属树"这一科学教育实践活动，在激发了学生的学习兴趣的大前提下，让学生深入地理解了金属活动性这一概念，并能灵活利用金属活动性强弱不同设计出不同的置换反应，从而制得铜树，更开拓思维思考如何制得其他金属树（例如银树）。

在教学过程中，学生积极参与各项活动，通过观察、分析和总结，不断提升了自己的实践能力和创新思维。

教学案例

协作交流新模式 激活育人新动能
——新时代背景下班主任队伍建设实践案例

● 陈艾汐

"主任,我们班大崔(学生化名)又带手机,被我发现了,这已经是第三次了,要不给个处分吧!不然真的没法管。"作为德育干部,经常能听到班主任反映诸如此类的问题,制度宣讲了,班规建立了,但依旧有学生会犯错甚至屡次犯错,班主任也做工作了,也批评教育了,但似乎没有效果,对于这样的学生怎么办?难道都要以处分做收场吗?每当遇到诸如此类的问题,我都会耐心反问:"你认为给处分对他改正错误真的有帮助吗?"得到的回应是沉默的。

班主任作为班级的组织者和管理者,在教师队伍中的作用更为突出,班主任理念新、思路广则更能够建设更开放、更包容、更有活力和力量的发展型班级文化,为培育时代新人打下坚实基础。但在班主任日常工作中,难免会遇到突发情况,也总会遇到几个"不好管教"的学生,如何帮班主任突破难点,化繁为简,是学校对班主任专业能力培养的重要课题。而作为德育干部,除了要宏观把控搞好学生德育活动外,更应适时走入班级管理中,帮助班主任把握育人方向。

一、走入班级 大事小事记心间

要想更精准地给班主任提出有效可行的指导方案,就必须做到了解班级的情况。面对全校三个年级,18个教学班,想要一一掌握是不可能的,所以学校每个学期都会组织"班级管理论坛"活动。活动上,班主任着重分享自己的带班妙招,对于参会的班主任能学到其他老师的好的经验和做法,而对于德育干部,就需要从老师的分享中提炼重点。哪个班的孩子比较调皮，哪个班的家长不容易沟通，哪个班级中出现了特需学生。听完老师们的分享，我心中也逐渐建立起了一本台账。在之前的交流中我就对大崔有所了解，上课不听讲，经常趴桌睡觉，叫也叫不起，如果不睡觉时就和同学聊天，总之就是完全学不进去的状态。学校自2021年起就制定了《学生手机管理办法》，按学校要求，学生确实需要带手机上学的，需要家长签署申请书，并在进入班级后，将手机交由班主任统一保管。每学期开学初，都会对相关内容再做校级、班级的宣讲。大崔是了解学校规定，并且家长签署了手机入校申请书。这次手机问题是因为他没有按规定上交，被老师察觉后仍不承认，就这样，在老师的一再追问下，问题升级了。针对这样的情况，班主任认为学校给处分是不可取的，毕竟这无法从根本上解决大崔的问题。所以我先平复了班主任的情绪，接下来的问题交由我介入处理。

要想介入班级管理，最重要的一点就是秉持公平，绝对的公平。只有公平才能服众。但也不能因为班主任的情绪就随意下论断，学生犯错是真，而错误背后的原因更需要教育者用心剖析，所以，在接下来的过程中，我向该班其他教师进一步了解了大崔的课堂表现。正如最初的判断一样，大崔在学习上很吃力，逐渐地就放弃了学习。而在家庭中，大崔是家里的长子，家中还有一个小弟弟，平时爸爸忙于生意，妈妈负责照看他们兄弟俩，因为大崔的学习问题，妈妈也已进入无计可施的阶段了，所以站在大崔的角度看，现实生活中他的存在感十分低。对于大崔而言，"救助"远比批评惩罚更关键。

二、多方合作　打好育人组合拳

针对大崔的情况，我请班主任约了大崔的父母来校面谈。这次面谈中，父亲透露出了在家庭教育中的无力，道理都说了，孩子就是听不进去。家里弟弟小，没法将注意力全放在大崔身上。父母也很着急，但实在没有更好的教育办法。手机问题同样，反复叮嘱过了，但还是会"钻空子"。说到这里，好像问题进入了死循环，但通过父母对大崔的描述，我发现他在家里是个小暖男，他知道妈妈照顾弟弟辛苦，爸爸忙于工作，于是在家主动承担了做晚饭的任务。能够坚持主动为家人做晚饭这一点在大多数初中生中是很难得的品质。所以我抓住这一点，及时肯定了大崔，并向他的父母表述了孩子渴望被关注，希望能通过自己努力实现自身价值。说到这里的时候，家长的情绪也平静很多，终于能从对孩子成绩的失望中抽离出来，重新发现大崔身上的可取之处。通过这次与家长的谈话，我和大崔的家长达成了几点约定：第一，尽可能多地安排一家人在一起吃饭的时间，吃饭时候和孩子聊聊天，但家长不能对孩子的观点做出评价。第二，家长坦诚说出对孩子的期望，同时也要诚实表达自己的困扰。第三，多和老师沟通了解孩子在班级内的表现。在和家长沟通之后，我把大崔一起请过来。他本以为这次约谈又是向家长告状，没想到我们聊到了他在家中做饭的事，更没想到家长没有因为带手机上学的事情批评他，而是温和地表示以后会多在一起吃饭。看着大崔惊讶的表情，我知道这次见面是成功的。但毕竟起因是手机问题，最终还有回到手机管理上，大崔主动提出在班级参与劳动的处理方法，并真诚邀请同学和老师监督。

不到两小时的约谈结束后，我又找到了班主任。我当然十分理解班主任的困境，面对全班同学，大崔对手机问题屡次犯错又没有实质的解决意见，这肯定不好服众，所以我走入班级，代表学校德育处宣布了对大崔的处理决定，一是约谈家长，手机交由家长保管，时长两周；二是大崔主动提出承担班级劳动，班主任和同学们共同监督。同学看到了学校的处理态度，也感受到了大崔的真诚，自此，对大崔没能按规定上交手机的问题处理告一段落。

当然，教育不是一蹴而就的，仅靠一次谈话不能完全改变一个学生，于是我又和团委老师取得联系，把大崔主动在家承担家务的事请告诉了团委老师。老师借此契机，在后续组织学校志愿活动时，把大崔发展成了核心成员。在志愿服务活动中，大崔出色的劳动能力和任劳任怨的精神得到了大家的一致认可，很久没在学习上取得成就感的大崔，终于感受到了付出后的喜悦。

像大崔这样的案例每学期都会在校园内发生。而班主任作为班级的组织者和管理者，每天要处理各种各样的问题，如果有一两个"难办"的学生，真的十分耗费精力，也难免出现焦躁情绪。所以，我从创新培训方式入手，带领班主任一起面对问题，共同探讨解决问题的新方式、新手段。

三、情景模拟　开展"实战演练"

班主任队伍作为学校德育建设的中坚力量，无疑要练就"超凡武艺"：学校的规章制度铭记于心，班里的大事小情了如指掌，甚至能做到一个眼神就能体会对方内心思想，三两句话能突破对方心理防线。但即使这样，也难免会被层出不穷的突发事件打乱阵脚。如何能做到临危不乱？我们采取的措施是提前演练。只有提前预设好各种问题，整理一套完善的解决方案，才能真正做到不被突发事件影响节奏。于是，情景模拟，这样全新的交流形式应运而生。

2021年，教育部施行《中小学教育惩戒规则（试行版）》，该制度的出台为学校对学生教育提供了更有针对性的参考依据。但对于基层教师而言，缺少专门学习和研读的机会，且仅凭阅读文件，不能很好地把握各项制度的尺度。什么情景下可以实施教育惩戒？不同情况的惩戒方式有何区别？针对这一系列问题，我们通过情景模拟的形式找到了解决方案。

（一）学习文件　把握方针政策

2021年出台的《中小学教育惩戒规则（试行版）》（以下简称《规则》）和《北京市中小学学生奖励与处分办法》相比较，对问题情节描述更加清晰，且分层列举了处理方式，这点变化的实质是要突出学校育人的根本任务，要求学校及教师通过不同的教育方式达到育人效果。在班主任培训时，则需要结合新规与原有制度的区别，以及各种惩戒方式的递进关系展开详细说明。班主任对文件的文本内容有基础认识后就要带入情景，体验典型性事件的处理流程。

（二）设置情境　实战演练

通过学习《规则》内容，我们针对在校内较为常见的，如学生在校内活动时受伤后妥善处理方法，同学之间存在矛盾且发生肢体冲突，学生受到多次提醒仍不能遵守课堂纪律等情景，开展了"实战演练"。前期准备包含文本和道具两部分内容，文本需要清晰地描述各个情景的细节，比如发生时间，发生地点，涉及的学生及在后续处理中需要的校内各类教师角色。道具则需要做好不同角色的名片以及能体现场所的标志物。在做好前期准备后，就将班主任打乱年级随机分组。每组成员以抽签的形式确定桌演情景以及组内的角色分工。各组老师在确定情景和分工后，需要先行对照《规则》中的内容，对所演事件的处理流程进行预判，在这个环节中，不同角色的扮演者就可以充分发挥角色的特点把握流程的进度。比如，学生在校内活动时受伤的情景，当场课的教师、班主任和学生家长的态度和处理流程就对情节发展起着决定性作用。而对于学生矛盾产生肢体冲突的情况，心理教师对当事学生的心理疏导和学校德育干部对有攻击行为的学生的批评教育以及与家长沟通的内容就更应该遵循《规则》内容，给出合理的解决方案。

（三）复盘总结　多场景应用

情景演练对于学习新制度的优势在于，每个小组都可以就一个问题或情景开展深入的分析探讨，总结出有效可行的解决流程。通过演练，对问题中的细节体会得更加深入，而演练后的复盘总结和汇报展示环节，则可以让每个参与者对于不同情景、不同角色的处理方式和作用有更深入的了解，达到举一反三的效果。情景演练的形式不仅在学习《规则》过程中发挥了重要的作用，随着"双减"政策和《中华人民共和国家庭教育促进法》的出台，我们也以同样的形式，组织班主任落实制度细节。

"知己知彼，百战不殆。"经过几个回合的"实战演练"，班主任对于往常"无从下手"的问题，得到了新的解决思路。而通过情景模拟的方式，班主任也更加深刻地体会到了"纵观全局，多方协作"在班级管理中的重要性。

培养敢于开拓、勇于探索、能担重任的时代新人是班主任在班级建设中必须思考的问题。对于学校而言，培养富有创新精神与实践能力的班主任是德育队伍建设的重中之重，而在信息化技术高速发展的今天，随着各项教育方针政策落地实施，学校在班主任队伍建设方面更要采取新举措、新方法，引领班主任专业化成长。

"百年大计，教育为本。教育大计，教师为本。"教育是提高人民综合素质、促进人的全面发展的重要途径，是民族振兴、社会进步的重要基石，是对中华民族伟大复兴具有决定性意义的事业。班主任是学校基础管理的重要组织者，而德育干部不仅要把方针、定策略，更应该融入班主任队伍中，了解班主任所需所想。若想班主任队伍富有创新精神与实践能力,则应以更新的理念、更开阔的思路开展工作。政策制度的保障是基础,而人性化的协作方式则更有利于班主任的职业成长,只有班主任队伍训练有素,才能建设更开放、更包容、更有活力和力量的发展型班级文化,为培育时代新人打下坚实基础。

"国势之强由于人,人材之成出于学。"新时代新形势对教育提出了更新、更高的要求。学校德育团队的培养更应遵循党和国家的方针政策,以"立德树人"为目标,以高站位,巧引领,不断创新培养模式,创新工作途径助力班主任专业成长。

在细语中轻推心门
——只要够暖，没有焐不热的"石头"

● 张舒茗

一、案例背景

在新生入学之初，一位名叫小全的住宿生引起了我的关注："老师，一会儿家长会您能拉我进去吗？我家长可能在忙。""老师，宿舍床的尺寸您能再发我一下吗？""老师……"关于开学的种种问题，他都一一向我请教。他厚厚的记事本里，详细记录着开学前的各项事宜，全然是自己的"小家长"。与家长联系，我才知道这个孩子的特殊之处：母亲在他四年级时去世，父亲长居外地，监护人是哥哥，但哥哥也很忙，难怪小全如此自立。

二、情境描述

经过一段时间的观察，我发现小全身上兼具多种特质：冲动易怒、敏感脆弱、自我意识强，却又极度渴望他人认同。通常情况下，小全是沉默隐忍的，遇到矛盾会躲到角落默默伤心，但也有愤怒战胜理智，给同学一巴掌的时刻。小全哥哥告诉我，在他们母亲去世前，小全打架是出了名的狠，不见血不罢休！而每当我因打架批评他时，他嘴上道歉，脸上却写满不服气。

这个态度"又臭又硬"的孩子，第一次引起全班注意的却是眼泪。作文互评环节，同学们互相打分。拿到互评表后，小全的脸凝固起来，像一块灰色的石头，猛然间，我看到这块"石头"上有两行清澈的泪痕！小全断然接受不了别人给他的负面评价。对于这样一个自我保护意识极强、性格复杂、情绪多变的孩子，想要走进他的内心，首先就需要做到感化。

三、教育过程及结果

小全既需要学会克制情绪，又需要真正放下戒备心，融入集体。为此，我确立了"三步走"战略，步步为营，步步暖心。

一是另辟蹊径破"坚冰"，缩短心理距离。小全在升入初中后，依然深深眷恋着小学的老师们，自然对我有几分疏远。当我批评他的错误时，他要么一脸不服气，要么甚至不等我把话说完，扭头就走……打破僵局刻不容缓！

当面对面的交流有些困难时，我另辟蹊径：周记里他写到对小学生活的眷恋，我在肯定的同时提醒他"美景常常在路上"；他分享对班级事务的看法，我认真询问他的建议；他写打游戏的"奇遇"，我在"百度"之后强行"捧场"。两周过后，我发现周记本里的小全与平日里判若两人！横亘在我们之间的"坚冰"，开始被打破。

二是设身处地出"良策"，建立信任感。在小全因为作文由小声抽泣渐渐变为大声哭喊的时候，我给他一包纸巾，两个选择：A. 虚心接受，B. 我行我素。"每个人的心里都有一把尺子，但刻度却不尽相同，你只能决定自己的分量，却永远控制不了别人的尺度。因此，对于别人的评价，要么欣然接受——看看别人眼里的你是什么样的；要么一笑而过——你好不好，只有你自己说了算！"个性使然，在我温声细语的几句话过后，小全居然第一次安静地听我说完，点点头，抹干眼泪回座位了。

令我惊喜的是，这几句话他一直记在心上。其实，孩子的世界很小，一个小小的有用建议，就会在他心里播撒无限光亮。我们要做的，就是像朋友那样尽可能真诚、认真地给他们建议。

三是细节动真情，提供情绪价值。情绪价值，是人与人交往时所获得的情绪体验，好的情绪体验，会拉近彼此的距离。母爱的缺席让小全既渴望他人的关爱，又不希望被"特殊照顾"。

因此，我佯装漫不经心地关注他：指着他手上的创口贴提醒"记得换个新的透透气",他在整理卷子时默默递给他一个曲别针,在他交到新朋友后询问他的感受……俗话说,"细节决定成败",在我多次假装不经意的关心后,小全对我完全打开了话匣,而这时的我,就放心地当起了听众。

我发现,小全的嘴角开始渐渐上扬。经过一学期的磨合,小全从班里的小透明变成现在的"小人物",对我的态度从一开始的拒之千里到现在无话不谈,课间也开始看到他和其他男孩子玩闹的身影。这块外表坚硬、内心柔软的"石头",渐渐有了温度。

四、案例评析

在教育小全的过程中,"暖"是基调,"共情"是主旋律,两者和鸣,奏成融化坚冰的抒情乐章。温柔而真诚的对话化解了我们之间的疏离,共情式沟通让我帮助小全在第一时间妥善处理愤怒、解决问题,进而对我、对他人敞开心扉。

苏霍姆林斯基说过:"在每个孩子心中最隐秘的一角,都有一根独特的琴弦,拨动它,就会发出特有的音响,要使孩子和我发生共鸣,我需要同孩子对准音调。"小全的弦,就是故意制造的话题、温声细语的对话、无微不至的细节、恰到好处的提醒。教育的本色是提供支持与鼓励,平心静气的对话能带动两颗心的双向奔赴。其实,"以柔克刚"是我对班上大部分"硬"孩子的一贯风格,因为我始终相信:温柔虽不刚强,却自有力量。

基于线上线下融合的生长课堂模式探索
——以人教版语文课本八年级上册人物传记写作单元教学项目学习为例

● 张晓宇

一、教学案例简介

人教版语文课本八年级上册第二单元为回忆性散文与传记单元,单元写作要求为"学写传记"。这是学生第一次较为系统地学习传记写作。传记文是记叙人物生平事迹的作品,一般由别人记叙;自述生平的,成为"自传"。传记的作用:"以史为镜,可以知兴替,以人为镜,可以明得失。"人物传记是一种可以让人知兴替、明得失的文体。传记是真实地写人:"传记文学"这个名称最早出现在 20 世纪 30 年代,由现代著名学者胡适率先提出。那么,什么是传记文学呢?李祥年认为"传记文学是一种真实地且艺术地记叙某个实际人生的写作样式";史素昭认为"传记文学是艺术地再现真实人物生平事迹及个性的一种文学样式"。对比"传记"与"传记文学"的概念,可以发现它们都强调"真实"与"写人",但"传记文学"更强调传记的文学性。写作知识以导写短文为载体,"学生阅读之后,能够有真正的收获,也就是我们常说的'干货',有新近明白并能够掌握的方法技巧"。以"学写传记"写作专题为例,学生通过对导写短文的阅读,自能了解传记的定义、文体特征、写作方法和技巧等。

但是,选入初中语文教材中的传记文大部分是节选,给学生展现出来的背景并不完整,甚至仅仅以课下注释简单呈现,这个时候教师对于背景知识的补充不仅可以帮助学生理解课文内容,更加深入理解传主,还可以使学生学会"知人论世"。

另外,对于十三四岁的学生来说,撰写自传稍显困难,因此我们将单元的写作目标定位在:给家人写小传。通过设计采访、实施采访、整理材料、撰写提纲等步骤，完成一篇家人小传。希望以此促进学生和家庭成员沟通，了解家庭成员，学会记录时代，达成榜样引领作用。

本节课为传记选材指导课。为了完成给人物写小传这一目标，学生使用了摄录设备、视频剪辑软件进行了采访编辑，使用了科大讯飞"讯飞听见"软件整理了采访稿，使用了 WPS 思维导图、WPS 演示、WPS 文字等软件进行了工具箱的梳理与展示汇报。该课程将充分发挥信息技术优势，以网络平台为依托，结合学生实际生活中的阅读与探究实践活动，构建具有开放性、体验性和实践性的混合式语文学习模式。

学生交上来的采访资料众多，因此使用了 ClassIn 资料库进行了整理，以便于学生能够随时调取展示。另外，提交电子版材料的学生，教师也可以通过在线作业功能提前"备学生"，本节课有严格的时间限制，因此也使用了计时器，进行课堂时间控制。

二、教学设计方案

（一）教学分析

《义务教育语文课程标准（2022 年版）》明确指出：语文课程旨在培养学生的核心素养，让学生在积极的语文实践活动中，锻炼语言文字运用能力，提升思维品质，塑造正确的审美观念，传承和弘扬中华优秀传统文化、革命文化、社会主义先进文化。人物传记作品在达成这些目标方面具有独特价值。这类作品兼具纪实性与文学性，真实记录人物生平事迹，又以艺术化的表达展现人物形象与精神世界。

学生阅读人物传记，能置身于真实的历史情境，感受传主的人生轨迹，在理解文本语言、体会作者情感的过程中，锻炼语言理解与运用能力。通过分析传主的经历与抉择，学生可以深入思考，培养逻辑思维与批判性思维。而且，传记中展现的人物精神，无论是坚韧不拔的意志，还是无私奉献的品质，都能为学生树立榜样，引导他们形成正确的世界观、人生观与价值观，助力学生全面发展，具有重要的教学研究意义。

（二）教学内容分析

1. 抓典型事例

学习《藤野先生》和《回忆我的母亲》时，我们提到：在阅读写人的文章时，要通过具体的、典型的事件来分析人物性格，把握人物形象；在写记人的文章时，要把人物放到事件中去写，通过写具体的、典型的事件来展现人物的性格，塑造人物形象。

典型的、有代表性的、有个性的事例，往往是描写人物的关键。通过典型事例折射人物的精神世界，可以使人物形象更丰满、艺术感染力更强。如果文中没有典型事例，所表现出来的人物形象就会大打折扣。提到居里夫人，很多人马上想到她和丈夫发现放射性元素钋和镭并因此在1903年获得了诺贝尔物理学奖。《美丽的颜色》这篇传记文就抓住了居里夫妇在恶劣的工作条件下花费四年时间提取镭的这一典型事例，展现了居里夫妇顽强的毅力、克服困难的勇气以及对工作无限热爱的精神。

2. 兼顾真实性与文学性

真实性与文学性兼顾是传记文的重要特征。在传记文写作过程中，不是简单地对收集到的材料进行堆砌，而是对材料进行选择、剪辑和组接。同时通过比喻、排比、象征等艺术手法的使用，加强文章可读性。《列夫·托尔斯泰》这篇课文中修辞手法和外貌描写的妙用，给读者带来了无限的想象空间，如"宽约一指的眉毛像纠缠不清的树根，朝上倒竖。一绺绺灰白的鬈发像泡沫一样堆在额头上。不管从哪个角度看，你都能见到热带森林般茂密的须发""在优美动人的音乐影响下，它们可以像村妇那样热泪涟涟。精神上感到满足自在时，它们可以闪闪发光，转眼又因忧郁而黯然失色，罩上阴云，顿生凄凉，显得麻木不仁，神秘莫测"，等等。在《美丽的颜色》中有描写雨的一段话："若是下雨，雨水就以一种令人厌烦的轻柔声音，一滴一滴地落在地上，落在工作台上，落在这两个物理学家标上记号永远不放仪器的地方。"这段话以极其细腻的描写，生动地展现出雨水的下雨的姿态和当时他们面临的困难。学生可以学会仿写。

3. 善用细节描写

细节包括：细小传神的动作、人物特色的语言、人物的外貌神态、典型的景和物、人物的心理活动等。如《美丽的颜色》中，作者对居里夫人的描写并不多，但从"头发被风吹得飘起来""身体前倾，热切地望着"等细节描写中，读者容易感受到居里夫人在工作时的认真。

4. 总结传记写作方法

通过比较传记、散文、小说的区别，补充阅读老舍《著者略历》，引导学生总结传记写作方法，用以后期指导学生传记写作。

5. 学以致用，设计采访

在本学期第一单元，学生已经学习了如何设计采访提纲、如何采访。本次除了运用这些技能外，继续学习如何整理采访资料，以适用于传记写作。

三、教学目标分析

学生使用信息技术整合采访材料，服务传记写作，进行口语交际汇报展示，引导全班同学完善选材。

（一）课时分配

第一课时：自行阅读《列夫·托尔斯泰》，整体感知，结合旁批，重点研读文中对托尔斯泰进行外貌描写的句子并完成表格。分项摘抄关键词语，归纳人物性格特点，体会外貌描写的作用。

第二课时：自行阅读《美丽的颜色》，整体感知课文，品味传记语言。

第三课时：比较传记、小说、写人作文。阅读语文书第47页老舍《著者略历》，总结写作要求。

第四课时：我为家人写传记。指导学生收集传主材料，学生确定采访对象，拟订采访大纲。

第五课时：组内、全班分享交流，完善自己的材料，确定写作提纲。

第六课时：传记讲评。

（二）教学重、难点分析

通过课前，发现学生对于传记的阅读了解甚少。从学生角度来看，大部分的学生会以传记文中的内容是否会出现在考试当中为标准来进行学习。为了在中考中获取更高的分数，学生额外地去练习中考中常常出现的题型，甚至是不断地背诵、默写、复习。这使得语文学习活动变得僵化，导致学生学习传记文的兴趣和积极性都大大下降。不仅传记文如此，这种现象对注重育人的语文教学来说都是有害无利的。就目前来看，初中语文传记文的阅读教学受应试教育影响较强，甚至有一种为中考而服务的取向。长此以往，人物传记类作品的语文课堂大多数会呈现出课堂气氛低迷、学生兴趣不高乃至感到无聊的情况。

人物传记类选文具有独特的文体特征，它既具有真实性，但也包含合理的艺术加工和想象成分，以选取典型事迹、塑造典型的人物为重点，是兼具生动语言和抒情功能的一种文体。《义务教育语文课程标准（2022年版）》指出："能够区分写实作品与虚构作品，了解诗歌、散文、小说、戏剧等文学样式。"因此，初中生对文体知识应该要有一定的了解。但是，通过课上提问来看，大部分学生还是不能做到明确地区分教科书中传记文和小说、一般性记叙文，甚至散文的不同之处。归根到底，其实是因为学生对人物传记文体知识的掌握不够全面。

综上所述，教学目标设计如表1所示。

表1　课时说明

单元整体目标：
1. 掌握人物小传的基本特点和写法，感受并学习人物的美好品质。
2. 学写人物小传，选取典型事例来表现人物的个性特点，展现人物风貌；注重细节描写，正确运用生动、传神的笔法叙写写人。最后形成小传集。
3. 通过学写传记，让学生学会认识自我，学会自我反思、自我总结以增长智慧，更好地把握人生航向；让学生学会认识他人，能够客观评价他人，思考人生经历，提升人生境界

课时	课时教学目标	备注
第1课时	1. 利用旁批和阅读提示，把握传主的外貌特征，探索其精神世界，体会先抑后扬的表达效果。 2. 结合补充资料，品味文中描写及评价性语句，理解其内涵，把握作者对传主的看法与评价	指向：单元整体目标1、2
第2课时	1. 通读文章，了解居里夫妇工作环境的特点和提取镭的艰辛过程。 2. 品味语言，感受居里夫人献身科学、忘我奉献的人格魅力，致敬她孜孜不倦的科学精神	指向：单元整体目标1、2

续表

课时	课时教学目标	备注
第3课时	1. 认识回忆性散文的特点，掌握回忆性散文阅读的重点与阅读方法。 2. 认识传记的特点，掌握传记阅读的重点与阅读方法	指向：单元整体目标3
第4课时	学会收集传主材料，学生确定采访对象，拟订采访大纲	为后续传记写作服务
第5课时	1. 通过互评、展示和自评，完善自己准备好的传主资料，为小传写作做准备。 2. 指导学生学会选择典型的事例来表现人物的个性和特点。 3. 通过学写传记，引导学生认识自我、认识他人，思考人生经历，提升人生境界	写人物小传，选取典型事例来表现人物的个性特点，展现人物风貌；注重细节描写，正确运用生动、传神的笔法叙事写人。为后续写作服务
第6课时	通过讲评，学生学会修改自己的传记	达成本单元教学目标

四、设计思路与教学方法

教学方法和策略（含教与学相关工具）

学生使用信息技术整合采访材料，服务传记写作，进行口语交际汇报展示，引导全班同学完善选材。

第1—3课时主要为线下讲授，后期学生通过线上线下融合完成相关实践。主要环节如表2所示。

表2　环节说明

主要环节	师生活动	信息技术作用分析
采访提纲设计	学生确定写作对象后，设计采访提纲（传主或传主身边的人）	学生使用文字编辑软件，完成电子版提纲撰写
根据采访提纲完成采访；根据采访结果整理人物传记资料	学生根据采访提纲，完成采访和资料收集。 根据传记工具箱完成资料整理，并通过ClassIn提交	1. 采访环节：拍摄视频、编辑与剪辑。 2. 采访整理环节：使用"讯飞听见"，完成采访记录文字版整理。 3. 使用WPS思维导图整理人生经历图。 4. 使用演示文稿进行整理汇报。 5. 提交作业：使用ClassIn资源库提交作业

续表

主要环节	师生活动	信息技术作用分析
课堂组内交流	以小组为单位，每个同学在组内分享自己准备的资料。组内分享时，其他同学要认真聆听，并填写评价量表。请根据评价量表评价结果，推荐一位代表，在全班进行分享	讨论环节使用 ClassIn 计时器控制时间
班级展示	学生代表在班级进行展示已经整理完毕的资料。完善自我评价。 教师根据自己的采访经历，进行示范，并完成小结	学生代表使用 ClassIn 在班级进行展示已经整理完毕的资料
自我总结	看到了其他同学准备的材料，请再次通过评价量表，自评自己所收集的资料，根据实际情况选择： ①如资料翔实，则开始撰写写作提纲，确定详略主次和写作手法。 ②如资料不足，则根据同学分享，确定补充采访或收集的材料。 ③如资料不足且难以补充，则更换传主，重新收集资料	

五、教学过程设计

【活动一】 阅读课文，品悟传记的表现手法

学习支架（学案）：

传记不是枯燥的生平简介和履历表，为了增强文章的感染力，使其吸引人、打动人，应注重艺术性的表达。阅读文本时，要注意在文本中分析人物形象特点，把握传记刻画人物形象的方法并做好批注。

（一）自行阅读《列夫·托尔斯泰》

默读课文，整体感知，结合旁批，重点研读文中对托尔斯泰进行外貌描写的句子并完成表格。

具体要求：分项摘抄关键词语，归纳人物性格特点，体会外貌描写的作用。

（二）作者驰骋想象，大量运用比喻和夸张

请从修辞的角度分析以下句子的表达效果。

1. 托尔斯泰这对眼睛里有一百只眼珠。

2. 这对珠宝有魔力，有磁性，可以把人世间的物质吸进去，然后向我们这个时代放射出精确无误的频波。

3. 当这一副寒光四射的匕首转而对准它们的主人时是十分可怕的，因为锋刃无情，直戳要害，正好刺中他的心窝。

（三）自读《美丽的颜色》，完成表格

如表3、表4所示：

表3 传记作品阅读记录卡

篇名：＿＿＿＿＿＿＿

传主		传主身份	
历史背景	（①时代背景；②生活环境）		
个性品质及心路历程			
刻画传主的方法			
我对传主的评价、我的感触			
备注			

表4 传记、小说、写人散文比较卡

比较图：

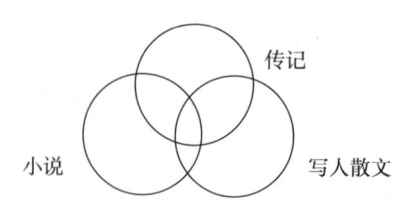

比较表：

文体	写作对象	写作目的	写作重点	写作内容
传记				
写人散文				
小说				

【活动二】 学以致用，我为人物写小传

再读语文教材，引导学生总结传记写作要求，如表5所示。

表5 传记写作要求

要求	具体体现	文章示例
内容真实	传记要求真实，凡是文中涉及的时间、地点、人物、事件等都必须是准确的，有时还要引用一些可靠的资料，保证叙述的真实可信	《美丽的颜色》中通过引用居里夫人鲜活的语言、日记等，补充历史细节，展示传主心理感受，增强真实性
事件典型	笔墨要集中在传主的主要经历上，通过叙述一些典型事件，表现人物的个性特征	老舍《著者略历》
人物言行精当、生动	记述人物的言行要精当，要有能凸显性的细节描写。在记述事件时，要具体表现人物的典型语言和关键行动，让人物自行展现他们的思想感情、性格特点等	《美丽的颜色》中直接引用居里夫人鲜活的语言，以及对动作神态的生动刻画，写出了居里夫人对镭的迷恋和对科学的热爱
有条理	人物小传虽不能偏向华丽的辞藻、烦琐的描写、多余的形容、曲折的情节，但它又不同于"生平简介""履历表"，语言可以生动形象，用词可以精当贴切；句子要流畅，层次要分明，布局要合理	《美丽的颜色》中对居里夫人在棚屋工作的事件的简洁概括，以及其四年的经历的记述
常见结构	串珠式：将传主的人生重要经历按照时间顺序串起	
	板块式：按照传主的人生阶段，分板块描述传主经历	
写作建议	寓人于事，重视细节和矛盾：在事件中展现人物，在细节中打造人物，在矛盾中塑造人物	
	既要写出外部的起伏的事实，又要刻画人物内心的波澜和变化	
	除了描述传主外，还要尝试诠释传主	

【活动三】 我为家人写传记

每个平凡的生命中都蕴含着人生的选择和启示，折射着时代的风貌，诉说着一代人的内心世界。今天我们就一起为亲人写一篇传记，走近既熟悉又陌生的生命，探寻一个灵魂跋涉的旅程。

（一）搜集传主各人生阶段的资料。

小支架：如何搜集传主资料？

1. 拟订采访大纲，对传主进行采访，录制采访视频。

2. 拟订采访大纲，对与传主相关的人员进行采访，录制采访视频。

3. 收集传主的日记、信件、文稿、照片、有纪念意义的物品等，了解背后故事，拍摄照片保存。

4. 了解传主生活的时代环境（如社会风貌、历史事件），传主的家庭情况、学习和工作环境，以及人际交往环境。

完成采访提纲。

附件：

人物传记单元采访设计

一、分圈填写你的采访对象，如图1所示。

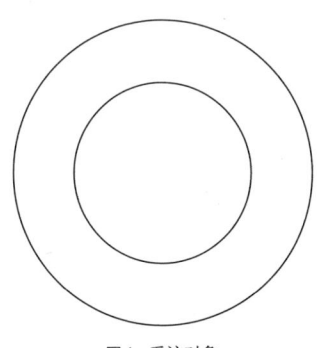

图1 采访对象

二、设计你的采访提纲，如表 6 所示。

表 6　采访提纲

采访对象		采访时间	
采访目的			
问题设计			

三、采访记录单，如表 7 所示。

表 7　采访记录单

采访对象	
访问记录（梳理要点）	

（二）整理传主资料，确定写作重点。可选用"传记工具箱"中的工具辅助整理资料，也可以设计自己的资料梳理小工具。

学习支架：传记工具箱

1.人生经历清单：列出传主的主要信息，如表8所示。

表8 传主信息

人生阶段	时代背景、所处环境	主要经历	面临矛盾 （内心矛盾、外部矛盾）
初始期（童年、少年）			
学习期			
活跃期			
隐退期			

其他重要内容
传主外貌：
重要人生选择：
人生低谷：
人生转折：
人生高光时刻：
对传主影响很大的人和事：

2.人生经历鱼骨图，如图2所示：以时间为主轴，制作鱼骨图，将传主的主要人生经历按照时间顺序标注在鱼骨图上。

图2 人生经历鱼骨图

3.记忆底片：选择能够表现传主每个阶段重要事件或心境的照片，叙述照片背后的故事，如图3所示。

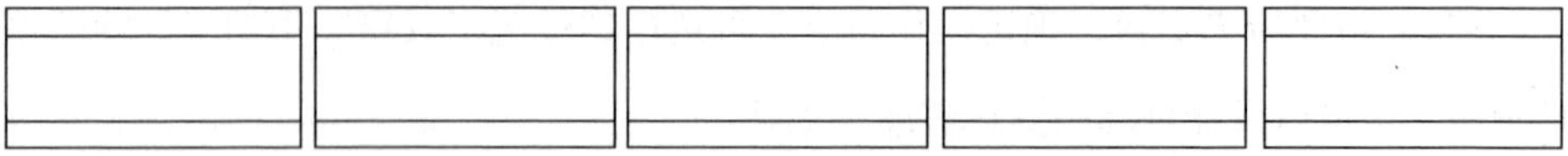

| 童年 | 学习阶段 | 初入社会 | 活跃 | 隐退 |

图3 传主照片

（三）展示课上进行讨论分析，结合评价量表进行组内评价，完善自己的材料，如表9所示，确定写作提纲。

表9 评价量表

评价维度	评分	组员1	组员2	组员3	自评
资料完整，基本覆盖了传主的各重要阶段	符合（3）				
	基本符合（2）				
	不符合（1）				
所准备的事件能够按照时间顺序串联，或按照人生阶段分板块描述传主经历	符合（3）				
	基本符合（2）				
	不符合（1）				
所整理的材料有高度的真实性，能够佐证传主的真实事迹，支持、辅助传记写作	符合（3）				
	基本符合（2）				
	不符合（1）				
通过资料，能够看出传主有鲜明的人物特点、性格，或有丰富的经历。能树立正面的人物形象	符合（3）				
	基本符合（2）				
	不符合（1）				
我的改进方案					

（四）完成小传。

六、教学效果评价设计

学习评价过程：

1. 根据学习任务单，完成过程性评价。

2. 完成提纲后，教师给予针对性指导。

3. 使用工具箱整理后，全班进行互评。

4. 完成提纲后，教师给予针对性指导。

5. 完成传记写作后，给予最终评价。

通过搭设支架，学生基本能够按照教师要求，完成一篇人物传记写作。部分评价量表见教学过程。

七、教学反思

这次以项目学习为基础，结合信息技术的活动课，算是迈出了自己的第一步——自己完成了一次单元整体设计。

这种单元整体教学的课程，尤其是写作指导课，我灵活地运用了各项信息技术，用于服务项目式学习。所谓项目式学习，是以学生为中心，设置真实情境，通过教师引导，学生主动探索现实问题，获得更深刻的知识和技能。项目式学习，是通过完成一系列任务，最终达成目标的学习方式。它要求教师自觉地成为课程设计者，通过创设真实、完整而富有挑战性的情境和任务，引导学生"以终为始"，通过合作探究、自主学习实现"做中学"。

而信息技术的加持，让我们更加顺畅、高效地完成了本次活动，从信息技术角度来说，学生学会了：如何将语音转成文字稿；录制并剪辑采访视频；整理电子版的采访材料并进行排版（PPT）；学会使用电子版鱼骨图或思维导图；从语文学科的角度学生通过学写传记，引导学生认识自我、认识他人，思考人生经历，提升人生境界。在语文学习中，学生立足语文课堂，培养家国情怀，学会了做人、做事。利用网络平台展开的阅读与写作交互活动，从工作机理上能够保证学生"能与他人交流写作心得，互相评改作文"（课标），充分"分享感受、沟通见解"；可以建立起课内外水乳交融的自然联络机制，教师由操纵网络平台，实现对课外学习的有机和有效的控制；学生能够利用网络平台，实现语文学习的对外（网络世界）无限扩展、对内（精神世界）深入探掘，以及个人学习行为的极大程度的自主自由。该工作平台进入作文教学系统，与传统的教学条件结合，构成了一种新型的"教学系统"——作为特殊的教学系统，其独有的要素乃是网络环境（包括硬件与软件），其形成的枢纽就在于语文课程与网络环境的整合，其中诸环节都渗透着对学生的人文关怀。因此，它应该能够从多方面支持教学，充实教学，细化教学，发展教学，为实现"为了每一个学生"（尊重和发展学生心理个性、语文能力个性及语文能力养成过程的特殊性）的改革目标，承担起传统语文教学系统几乎无法承担的一部分重要工作。

但是如何提升网络平台的功能，实现网络与语文学科的深度融合？已有的技术与语文教学的接口在哪里？未来技术的发展又会带来语文教学怎样的前景？还值得我们深入思考。

新闻聚焦:"圈粉"无数的中华老字号内联升
——基于核心素养下的语文跨学科实践活动

● 李 雪

教育是国之大计、党之大计。党的二十大以来,不断加快推进教育高质量发展,有力强化现代化建设人才支撑,以"立德树人"为目标,形成五育并举的育人新格局成为新时代的要求。跨学科型实践活动也逐渐走进教师和学生的视野中,也成为落实教育高质量发展的必然趋势。全面贯彻党的教育方针,落实立德树人的根本任务,学科融合,走出校园,增长见识,成为广大教师不断尝试的新突破。本文仅从学科实践活动的角度,走出校园运用所学知识开展实践,增强学生文化自信和提高学生社会责任感进行探究,以"立德树人"为实践活动的核心力量,推进学校学科教育发展。

一、实践活动背景

语文学科的实践活动,是相对于教材中的一个单元开展的以学生为主的学习活动,利用单元内的所学知识在学习活动中得到运用,对于完成语文教学中的整个单元的教学任务有着一定的推动性。

(一)实践活动的意义和价值

实践活动的目标是以培养学生核心素养为导向,强调学生运用学科所学的知识,认识、分析和解决现实问题,提升综合素质,着力发展核心素养,特别是培养学生的社会责任感、创新精神和实践动手能力。

（二）实践活动对语文学科的重要性

在语文学科的实践活动设计中前提是学好语文的知识，但是在实践活动的探索中学习语文知识不再成为最重要的目标。反观，借助语文知识去解决我们身边的实际问题是最重要的，培养学生的精神品质，落实立德树人的根本任务，充分发挥语文学科的知识引领作用，引导学生在实践活动中亲身体验，不仅可以学好书本上的知识，还可以造就人才。

二、提出问题，为实践活动提供载体

面对当前百年老字号逐渐没落的现象，学生们关注到了中华老字号内联升的不断升级和变化，不断地吸引着越来越多不同年龄段的粉丝，借此想要为它做一番宣传工作，让更多的人了解到内联升正在"圈粉"。所以学生们化身为一名新闻小记者走出校园，走到中轴线上的百年老字号去探寻中华文化的奥秘和魅力。本次语文实践活动围绕人教版语文八年级上册新闻单元展开。带领学生们走出校门，借助地理位置的优势，依托社会大课堂资源组织学生开展新闻采访活动，让学生近距离体验新闻。在本次跨学科实践活动中主要是与历史、道德与法治学科紧密联系，涉及内联升的历史发展这一部分的教学内容，需要借助历史学科的相关知识去深度了解内联升的发展历程。如从清朝开始一直到新中国成立后的经济变化，了解内联升的经营方式的变革，走进老字号，开展采访实践后，为我们的百年老字号撰写一篇新闻稿，激发学生热爱中华非遗文化的热情，同时在此活动中学生坚定了文化自信，也提高了个人社会责任感。

（一）国家政策引领

依据中国共产党二十大报告关于"推进文化自信自强，铸就社会主义文化新辉煌"为指导，在新的征程上，我们要更加自觉地增强文化自信，更加自觉地担负起新的文化使命，在实践创造中进行文化创造，在历史进步中实现文化进步。全面建设社会主义现代化国家，必须坚持中国特色社会主义文化发展道路，增强文化自信，围绕举旗帜、聚民心、育新人、兴文化、展形象建设社会主义文化强国，发展面向现代化、面向世界、面向未来的，民族的、科学的、大众的社会主义文化，激发全民族文化创新创造活力，增强实现中华民族伟大复兴的精神力量。

（二）课标依据为本

落实《义务教育语文课程标准（2022 年版）》中的学习新闻类型作品的要求："阅读新闻报道、时事评论等作品，关注社会主义建设新成果，就感兴趣的话题与同学进行线上线下讨论，根据目的和对象选择合适的媒介进行交流沟通。""语文学科核心素养"中要求学生锻炼学生的思维逻辑能力，通过语文学科知识的学习，感受语言文字的丰富内涵，借助采访活动锻炼学生能够在具体的情境中有效交流沟通，提升学生的语言能力。在这一实践过程中促进学生热爱中华文化，继承和弘扬中华优秀传统文化，打开学生的文化视野，积累一定的文化底蕴。在实践活动中保持着好奇心、求知欲，培养学生的创新精神，勇于探索。对所创作的作品有自己的理解、欣赏和评价，在实践活动中不断提高审美情趣。

（三）现实依据支撑

《2024—2025 年北京市区管中小学生社会大课堂资源单位名单》明确了北京市各区可提供给中小学生使用的社会资源单位名单，其中西城区大栅栏中的中华老字号内联升位于北京市前门外国语学校附近，为前往其店铺开展实践活动提供了便利的条件，且在店铺三层有北京布鞋文化博物馆，适合学生们参观、了解以及开展采访活动。

为了能够顺利开展实践活动，将相关资源进行整合。通过前期关于课本上新闻知识的学习，也邀请到了《中学时事报》执行主编薛静老师走进校园，为八年级的学生们带来一场关于新闻媒介素养和采访的讲座，学生们认真聆听并与薛静老师开展互动。在此基础上，学生们借助历史的相关知识，了解中华老字号内联升的发展历程，锻炼多方面学习的能力；通过采访实践环节，了解中华老字号内联升"圈粉"无数的多方面原因，锻炼语言表达和沟通交流的能力；通过撰写新闻稿的展示环节，讲述中华老字号如今"焕发新生"的原因，为中华老字号进行宣传，增强文化自信，提高社会责任感。

三、育人目标，为实践活动引领方向

围绕立德树人这一根本任务，引导学生坚定文化自信、掌握历史主动，引导当代青年人不断增强做中国人的志气、骨气、底气，充分发挥语文学科的育人作用，围绕学科素养展开实践活动，切实促进学生德智体美劳全面发展。

在此次实践活动确立目标时，将实践活动的过程与育人价值目标相结合，把培育和践行社会主义核心价值观融入实践活动的全过程，引领学生树立正确的爱国观念，激发爱国热情，增强文化自信，增强学生的社会责任感。在本次实践活动确立目标的过程中，我们依据实践活动的场地以及各学科的学科特点，依据新课标的要求，确立了以下的实践活动目标。理解新闻"用事实说话"的基本原则，了解常见新闻体裁的基础知识；走进中华老字号内联升，结合历史学科相关知识，了解内联升的品牌发展故事，感受非遗文化的魅力；锻炼捕捉新闻线索、抓住新闻热点的能力，提高策划组织、分工合作、交流沟通的能力，针对内联升拟订采访计划；为"圈粉"无数的中华老字号内联升撰写一篇新闻稿，增强学生的文化自信。

四、实践过程，体现育人价值

在本次实践活动开展前，"165岁的内联升要做潮牌了""内联升卖萌鞋"在如今与中华老字号内联升相关的新闻报道越来越多，老字号也在不断地更新自己的经营方式，成了更加接地气的品牌鞋店，让越来越多的普通老百姓青睐，也算是"圈粉"无数。面对当前百年老字号逐渐没落的现象，学生关注到了内联升的不断升级和变化，不断地吸引着越来越多不同年龄段的粉丝，学生借此想要为它做一番宣传工作，让更多的人了解到内联升正在"圈粉"，所以学生们化身为一名新闻小记者走出校园，到中轴线上的百年老字号去探寻中华文化的奥秘和魅力。在实践活动开展的过程中，我们主要依托语文学科的新闻单元，学习新闻体裁的相关知识，在结合历史学科知识了解内联升的故事后，走进中轴线中的百年老字号去探寻中华文化的奥秘和魅力，要求学生有新闻素养，学会如何设计采访问题，去做一场简单的采访。在完成采访后通过整理新闻素材进行新闻稿的写作和修改工作，整合完成一份校园新闻报纸，发布在学校微信公众号中，对外宣传中华老字号内联升。

（一）跨学科融合，实践活动整体设计

如图 1 所示：

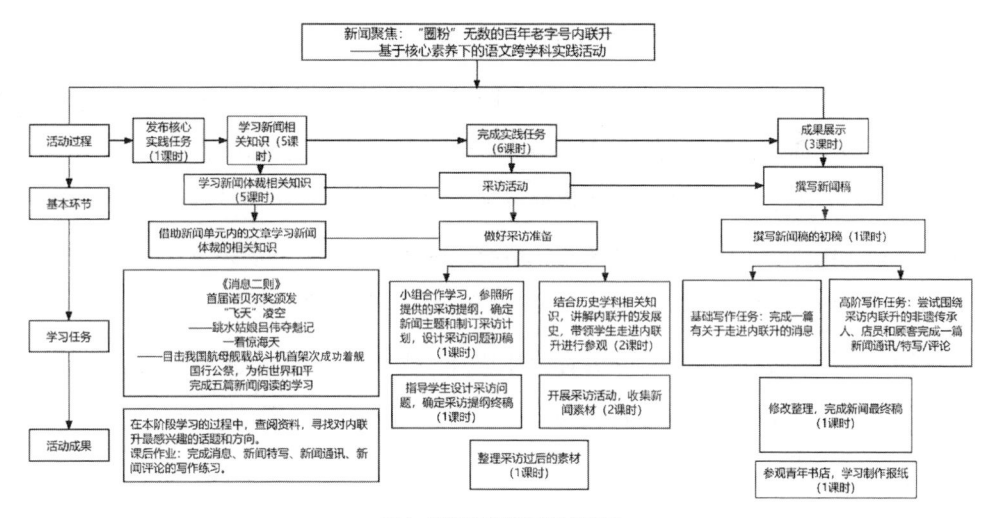

图1 实践活动整体设计框架图

（二）聚焦学科知识，设计具体推进实践环节

如表 1 所示：

表1 实践活动具体推进过程

参与学科	核心知识	具体落实
语文	新闻体裁相关知识；了解新闻体裁在写作方式和语言等方面的主要特点；围绕采访对象和采访目的，参照示例，完成采访提纲初稿；借助现场采访模拟，修改、完善所设计的采访问题；外出参观和采访实践	学习统编版语文八年级上册教材中第一单元的新闻课文，了解新闻体裁知识；组成采访小组，商量讨论选取内联升中合适的采访对象，设计采访问题，通过采访模拟演练，不断修改完善本组的采访提纲；组织并带领学生走进大栅栏，走进内联升，进行参观和采访

续表

参与学科	核心知识	具体落实
历史	结合历史学科知识,主要围绕清朝以及民国时期经济变革的背景,清朝时期的相关历史事件,了解内联升的发展历程,了解内联升的经营变化	在历史课中学习清朝时期和民国时期的知识,学生查找相关资料,了解在这两个时期的内联升所经历的一切
道德与法治	结合青少年如何正确对待中华优秀传统文化,理解中学生为何要坚定文化自信,如何建设文化强国,在此次实践活动中提高文化自信,增强社会责任感	在实践活动开展结束后,学生在撰写新闻稿的同时,引领学生通过不同体裁的新闻,推动学生对中华传统文化的热爱,引领学生感受老字号的魅力,坚定文化自信,提高作为当代青少年的社会责任感

(三)关注实践成果,增强学生的实际参与感

在实践活动中的各阶段成果,学习新闻阶段:学生能够根据当前学校活动独立完成简单的不同体裁的新闻稿;具体采访开展阶段:学生通过讨论、模拟、修改、完善阶段,完成了一份详细的采访提纲;采访实践阶段:学生通过参观内联升中的北京布鞋文化博物馆后,结合现场实际情况,围绕采访对象开展采访;新闻稿撰写阶段:学生通过了解老字号"圈粉"无数的原因,坚定了文化自信,熔铸了家国情怀,让中华优秀传统文化和中华美育精神基因一代代传承下去,用自己的笔杆子向更多的人传递着中国文化的声音。

五、关注评价,多角度提升育人价值

在本项目实践活动实施的过程中,通过历史学科、道德与法治学科和语文学科实践活动的融合,力争在不同阶段有学生对自己不同方面的多元评价。如表2—表7所示,在新闻学习阶段,修改采访问题阶段和完成采访阶段,均设计细化的评价量表,对学生进行全面的评价。

表2 消息作业评价表

项目	目标与要求	项目分值	得分	存在的问题
标题	简洁、明确、凝练、具有吸引力	20分		
导语	突出重点、事实说话、简明扼要、形式多样,体现特色	30分		

续表

项目	目标与要求	项目分值	得分	存在的问题
主体	新闻要素较全，采用倒金字塔结构	20 分		
语言	准确、简练、易懂	20 分		
视角	比较新颖，能吸引读者	10 分		
总得分		修改重点		

表 3 人物特写作业评价表

目标与要求	项目分值	得分	存在的问题
新闻标题具有吸引力	20 分		
对新闻场景的集中选取、对人物和事件瞬间集中描绘	20 分		
仔细观察，捕捉细节，对准焦点而进行重点描绘	20 分		
能够运用多种描写手法	20 分		
能够表达作者的情感，具有感染性	20 分		
总得分		修改重点	

表 4 新闻通讯作业评价表

目标与要求	项目分值	得分	存在的问题
主题明确	25 分		
选择最能反映事件本质、典型意义且具吸引力的材料	25 分		
写人离不开事，写事离不开人	25 分		
角度要新颖	25 分		
总得分		修改重点	

表 5 新闻评论作业评价表

目标与要求	项目分值	得分	存在的问题
新闻标题具有吸引力	25 分		
综合运用多种表达方式	25 分		
评论选题具有创新点	25 分		
论据要典型	25 分		
总得分		修改重点	

表6 新闻采访提纲小组评价

设计采访问题的要求	评价本组采访问题（符合"√"不符合"×"）	评价店员组采访问题（每个标准2分,可用0.5划分）以及修改意见	评价非遗传承人组采访问题（每个标准2分,可用0.5划分）以及修改意见

表7 新闻宣传稿评价

写作要求以及标准	消息	人物特写	采访事件通讯	顾客相关现象新闻评论
具有新闻的特点				
题目具有吸引力				
符合新闻体裁要求或结构				
灵活运用表达方式				
吸引读者去阅读				
总分				

注：新闻宣传稿自评、互评评价表（每项20分）。

实践证明，学生在参与项目实施的过程中，一篇篇练习的新闻习作，一份份不断完善的采访提纲，一场场简短而又精致的采访实践，一份份极具宣传力度的新闻稿，这些都体现着学生们参与实践活动的积极性，以及学生们在活动中展现出的智慧。部分同学还将自己的新闻稿发布在了朋友圈，让更多的人看到我们当代青年为中华传统文化所做的一切。

六、注重反思，不忘立德树人的初心

文化自信是一个国家、一个民族对自身历史和文化价值的清晰认知、充分肯定和积极践行。所以我们教师应该带领学生们不断在各种实践活动中增强文化自信。

（一）特色与创新

在此次跨学科项目式学习新闻的主题实践活动中，能够带给教师在教学上的变化就是在一定程度上改变了知识呈现的方式，不再是传统意义上的教学方式，而是进行多学科知识的融合，需要学生自主发现、自行整理，构建属于自己的知识体系，以学习程序性知识和策略性知识，提高学生的实践能力。学生在此次实践活动中也更重视知识学习，只有扎实地学好基础知识，才可以完成最终成果。

本次设计的过程中创新点还在于带学生走出校园走出课堂，让学生见识到更多的天地，加深对中华文化的认知。在整个实践活动中小组的力量是不可小觑的，尤其是在采访的活动中，前期的问题设计、采访准备、实施采访这些方面都需要组内学生们的相互配合才可以完成。

（二）存在的问题

在本次语文学科的学习实践活动中，积累到的经验就是让一切都要做好准备工作，做好准备工作才可以环环相扣。例如，需要历史老师帮助讲解有关内联升的发展故事，提前了解历史学科的学习进度，和该任课教师及时做好沟通，在何时切入、怎样导入都需要提前沟通商量好。在外出采访前，也要做好前期的预案，做好学生采访分配的调查工作，以及安排好外出任务和注意事项的讲解，这些都要在行前动员会上一一和学生说清楚、讲明白。

在每课的新闻阅读学习后，在完成相应新闻体裁的练笔作业后，可以继续创设情境召开新闻发布会，可以将作业评价表格更细化，通过多种方式进行评价，学生聆听新闻稿后畅谈个人感受，给予一定的修改意见，同时也要给予其一定的课堂时间进行修改，修改后展示。

在完成最终的新闻稿后，可以组织学生设计版面，为班级中的优秀作业出一版期刊，一版宣传老字号内联升的期刊，更有看头，更有意义，更能增强学生的文化自信。

初中英语跨学科实践研究
——我带你游前门 Introduce the tour of Qianmen

● 杨 薇

一、背景分析

《义务教育英语课程标准（2022年版）》指出，要"加强课程综合，注重关联"，并明确规定"设立跨学科主题学习活动,加强学科间相互关联,带动课程综合化实施,强化实践性要求"。在英语课程标准教学提示中,对于三级（七—九年级）指出"开展英语综合实践活动,提升学生运用所学语言和跨学科知识创造性解决问题的能力。引导学生结合个人生活经验和社会生活需要,围绕特定主题,由真实的问题或任务驱动,综合运用其他相关课程的知识自主开展项目学习,结合教材内容,遵循项目学习的路径,适当运用信息化手段,将语言学习和内容学习有机融合。在英语综合实践活动中,确立并引导学生围绕复杂的、来自真实情境的主题,自主、合作参与实践和探究,用英语完成设计、计划、问题解决、决策、作品创作和成果交流等一系列项目任务。在此过程中,学生运用所学语言进行有意义的思考、建构、交流和表达,呈现和展示最终的学习成果,实现学以致用、学用一体"。[1]

北京市前门外国语学校毗邻前门大街——古文化商业街，拥有悠久的历史和厚重的文化底蕴。铛铛车唤醒沉睡中的前门，繁忙的老字号店铺前人流涌动，外国友人也把前门文化街作为必游之地。用英语介绍前门这一文化地，宣传传统文化，做前门文化宣传的小使者。这一选题与学生生活紧密结合，实际走访，收索资料，体会文化的变迁。

本案例是基于外研版英语教材七年级下册 Module 6 "Around Town" 的学科综合实践活动。确定以"我带你游前门 Introduce the tour of Qianmen"为主题的志愿服务任务，依据真实的情境——学校的前门双语志愿分队本学期招新，请同学们发挥自己的所长为志愿活动助力。本跨学科主题学习设计学生制作前门双语手绘地图、标注英语路线并介绍主要景点特色，撰写"我带你游前门"的文案并录制介绍音频和视频。

二、学习目标与内容

基于上述情景分析，本次跨学科实践活动制定了明确的学习目标与丰富的学习内容，具体如下。

（一）学科课程内容分析

英语学科：外研版七年级下册 Module 6 "Around Town"，学习问路指路用语，能根据地图讲清路线，描述地点位置并对某一区域进行描述。

地理学科：七年级上册第一章"地球和地图"。

美术学科：创意实践——根据实际走访和资料查找制作前门手绘双语地图。

（二）学习目标

语言学习价值：首先，学生通过听力获取归纳整理有关指路的用语，通过阅读"Tour of London"英文素材绘制思维导图并总结根据地图描述某区域的写作特点，规划介绍前门行的游览路线、仿照形成写作框架图并撰写文案。通过内化并应用相关的英文表达，提高英语语言能力和学习能力；其次，学生通过小组合作和讨论，确定主要游览景点并绘制合理的游览路线，根据地图进行具体指路并简要介绍景点特色，提升迁移创新能力；最后，学生小组合作，以图文、音视频结合的方式呈现"我带你游前门"这一主题作品，发展思维品质和跨文化交流意识。

教育价值：学生能够在合作与互动中完成较有挑战的任务，树立团队合作与研讨意识；学生能够分工合作，通过梳理与整合、参与实践、讨论与设计的活动介绍"我带你游前门"游览路线及主要老字号,了解前门文化内涵,增强对中华优秀传统文化的理解、认同与传播。

社会价值:学生通过合作探究、设计、展示、宣传前门行,建立文化自信,以"前门双语志愿者——我带你游前门"的实际行动向世界讲好中国故事。

(三)特色学习资源分析

本跨学科主题实践活动的场地为前门大街以及主要老字号。前门大街离北京市前门外国语学校近,步行500米左右,从学校出发沿崇文门西河沿路口右转过红绿灯即可到达。交通便利,方便教师组队带领、学生利用课后服务时间进行实地走访拍摄。学校"1+X+N知行课程"中,学校与前门社会大课堂公益单位内联升、六必居、荣宝斋、广誉远、越竹斋等建立合作,可组织学生进行参观学习。

三、学习活动设计

本跨学科活动依据学校前门志愿服务的真实情境,课本教材学习与实践活动紧密相连,培养学生用英语做事情的能力,同时贯穿核心素养的培养过程。本活动分为三个阶段,第一阶段(3课时)为布置学科主题任务"Introduce the tour of Qianmen",并通过教材听、说、读等课型学习英语指路、介绍某区域文章的结构化的语言知识,理解创作文稿的写作特征和逻辑结构。第二阶段(2课时)为实地走访、资料搜索制作双语版前门手绘地图,根据标注的游览路线撰写"我带你游前门"介绍稿并录制音频。第三阶段(2课时)学生走进前门大街,实地拍摄录制图像视频,制作完成"我带你游前门"系列视频作品并进行评比展示,如表1所示。本跨学科活动需要借助实地走访、网络资料搜索等信息辅助方式。

表1 各阶段学习活动设计

阶段	主题任务设计意图	学习活动、实践任务	课时
第一阶段	发布学习任务（创设情境，联系志愿服务，明晰要求）	了解主题任务，联系实际生活，分析以前门志愿者服务介绍"我带你游前门"为主题的作品呈现要求	3课时
	学习与归纳（通过文本听读，梳理语言知识和写作特征形成主题语言框架）	听 Module 6 Unit 1 "Could you tell me how to get to the National Stadium" 两个文本，获取具体信息归纳指路问路基本用语	
		阅读 Module 6 Unit 2 "Tour of London" 文章，获取描写伦敦行的具体信息形成思维导图，分析介绍旅行地文案的写作特征，形成"前门行"写作框架图	
第二阶段	规划与设计（通过实地走访与资料收集，确定介绍景点形成路线图，绘制双语版地图并撰写文案）	通过实地走访前门大街与查找资料的方式，制作前门双语版手绘地图。确定主要介绍景点，明确标注游览路线，根据指路用语与写作框架图的总结，撰写"前门行"文稿。通过 ClassIn 提交，同伴互评、教师评价修改	2课时
第三阶段	实施（根据地图和文案，录制介绍音频与视频）	根据定稿的文案，录制音频，语音准确语调清晰流畅。通过前期实地走访收集的图像资料，制作视频版"我带你游前门 Introduce the tour of Qianmen"	1课时
	展示与总结（展示作品、根据评价量表进行自评、他评、师评，展示年级优秀作品）	各小组在班级进行评选，根据量表从分工协作、作品内容完成度以及作品形式等方面进行终结性评价，选出优秀作品。优秀作品视频在校宣传大屏播放展示	1课时

四、活动效果评价

本案例活动评价分为过程性评价与终结性评价两种。过程性评价主要用于每个活动任务的完成过程中，例如，平面图设计、文稿撰写以及英语讲解等方面，如表2所示。终结性评价主要在本活动项目结束后，结合学生对学科核心素养达成、团队协作等方面的综合评价，如表3所示。评价以小组自评、他组评和教师评为主体。

表2 "我带你游前门"交流评价表

评价主体	小组自评、他组评、教师评
评价方式	小组分享交流——我带你游前门

续表

	类别	评价标准	评分（10—0分）	备注
评价量规	平面图	绘制前门周边双语平面图，标注5—8个重点介绍景点，绘制清晰美观		
	撰稿	描述图中景点的位置和简介，内容完整语言正确，描述有逻辑且丰富		
	视频录制	实地走访拍摄，形成2—3分钟的配乐视频。主题突出、画质清晰、恰当使用视频技术		
	介绍讲解	音频录制讲解词，声音适中、语音正确、语速适中流畅		

表3 项目终结性评价表

项目成果评价

评价主体	邀请嘉宾+教师
评价方式	通过演讲、叙述的形式，介绍前门游览路线或者老字号，根据评价量表，关注学生对前门文化认识的准确性和丰富性，关注语言表达

	评价目标	内容	语言	表现力	备注
评价量规	A（10—9分）	内容完整准确，围绕主题具体讲解	语言正确，语速适中，表达清晰流畅	站姿稳，大方介绍，使用肢体语言增加宣传效果	
	B（8—6分）	内容基本完整	有少量语言问题，表达比较清晰流畅	站姿较端正，稍显紧张	
	C（5—3分）	内容不完整	对讲述内容不熟悉，语言问题较大	站姿不端正，紧张	
	评分				
	总分				

团队合作评价

评价主体	小组自评、他组评、教师评
评价方式	通过小组自评、他组评和教师评，引导学生理解合作学习的意义和价值，学习在合作中承担责任，分享智慧并学会学习

	评价内容	评价标准			
		A（10—9分）	B（8—6分）	C（5—3分）	D（2—0分）
评价量规	对项目学习达成共识，遇到观点不一致时，通过组内协调勇敢交流共同研讨达成目标，人人参与				
	组内分工明确，承担不同责任，并在截止日期内高质量完成任务				

五、活动反思与改进

教师在布置学习任务时，需要按照实际活动设计进行实地考察，预设学生在实践学习中的难点，并加以思路上的引导。在任务实践过程中观察小组的表现，及时进行研讨跟进，对于学习成果——前门双语版手绘地图、文字稿、音频、视频等提供修改建议，并鼓励学生请教地理（历史）和美术教师解决相关专业技术问题，实现跨学科学习成果。

在主题学习过程中，培养学生形成基于评价的自主学习能力，根据自评、他评和教师评，调整进度，提升各任务的内容质量，形成高质量的学习成果。培养学生合作学习能力，在小组中既有合作共享又有明确分工，遇到问题大胆表达观点、交流协调，承担责任共享智慧，学会学习。

注释

[1] 中华人民共和国教育部. 义务教育英语课程标准：2022年版[S]. 北京：北京师范大学出版社，2022：1—4.

清韵悠长
——走近"张一元"茉莉花茶

● 赵艳梅

一、指导思想

地理课程跨学科主题学习是基于学生的基础、体验和兴趣，围绕某一研究主题，以地理课程内容为主干，运用并整合其他课程的相关知识和方法，开展综合学习的一种方式。

本课遵循以下方面：

1. 贴近学生生活实际，符合学生年龄特点，聚焦真实问题的发现和解决。

2. 本课以地理知识和方法为基础，以地理学习方式和过程为支撑，融入多学科的知识和方法，重在利于学生提升综合认知和解决问题的能力。

3. 学习主题和内容主要选取前门大街"张一元"茉莉花茶这个真实存在的事物和现象，引导学生关注身边的地理事物和学科知识。

4. 突出实践性和可操作性，以学生自主学习、合作学习和探究学习为主。

5. 引导学生走进自然和社会大课堂，提高他们在真实环境下学习多学科知识并运用其解决问题的能力。

二、设计依据

本单元设计涉及地理、生物学、化学三个学科，其中分别涉及各学科的核心素养为时空观念、地理思维、生命观念。素养要求为系统素养、合作意识和创新素养。

三、基本学情

本课面向八年级学生，学生具备了一定的学科知识基础和基本学习能力，对于学习初中知识充满热情，但是由于各学科分类隔离，对于学科间的知识融合掌握不好，需要通过合适的主题融合不同学科的知识，同时激发孩子们学习地理、生物学和历史等的热情，认识到学习过程的一般规律。

本课题从真实情境出发，通过对学习任务的探索，认识到老字号在漫长的发展过程中所汲取的学科知识，通过学习互动，了解各学科之间的相互影响和相互渗透，从而树立跨学科学习的认知和兴趣。

已知已会：通过将近一年的学习，学生已经学会了分析地理基本图形和资料，学生已经学习了世界地理的基本概况，已经学会了分析自然要素分布图，并且有一定的小组合作的体验，可以相互沟通和交流问题。

难点：结合茉莉花植物的生长习性图文资料，简要分析我国适合种植地区的自然特征，这一部分就是考查学生的地理核心素养，对基本地图和资料的分析能力，也是本课的难点所在，学生需要根据作物的习性对所处的自然环境进行对应的分析说明，并可以用严谨的地理语言进行表达。

突破措施：根据已经学会的地图分析能力，结合所给资料进行小组合作交流，规范表达，发现自己存在的问题。

四、学习目标

1. 结合去张一元店观摩冲泡茉莉花茶的体验，认识茉莉花茶的性质。
2. 运用光合作用等方面的生物学知识，解释茉莉花植物的生长过程。
3. 结合茉莉花植物在我国的分布图和该植物的生长习性，分析影响茉莉花生长的自然因素。
4. 结合张一元茉莉花茶的发展，分析其他影响因素。

五、学习背景

喝茶既是北京人的习惯，也是老北京人闲逸生活的灵魂。张一元的茉莉花茶就是老北京文化的一种体现，花茶制作技艺（张一元茉莉花茶制作技艺）已被列入国家级非物质文化遗产名录。本课源于中华优秀传统文化——茶文化，以推广张一元茉莉花茶为主题，从真实情境出发，经历"收集资料—问题探索—展示分享"，引导学生能从真实问题出发，利用学科知识分析解决实际问题，传播中华优秀传统文化，树立文化自信。

重点及突破措施：

结合茉莉花植物的生长习性图文资料，简要分析适宜种植茉莉花植物地区的自然条件。

本节课运用自主互助优质高效课堂模式。课堂遵循"先学后教，以学定教"的基本原则。教的起点和着力点位于学生的学习基础上，体现学生是学习的主人的思想。把课堂完全放给学生，课堂教学中，学生作为学习的主体，教师作为学生学习的组织者、指导者、引导者、合作者。在学生自主学习和合作交流探究的基础上，教师针对学习重点或学习中的困惑进行点拨指导，既培养学生的自主学习能力，又使教学更具有针对性，从而提高课堂效率。

六、学习过程

（一）导入：关于茶的宝塔诗

《茶》

茶，

香叶，嫩芽。

慕诗客，爱僧家。

碾雕白玉，罗织红纱。

铫煎黄蕊色，碗转曲尘花。

夜后邀陪明月，晨前命对朝霞。

洗尽古今人不倦，将知醉后岂堪夸。

元稹的这首宝塔诗，先后表达了三层意思：一是从茶的本性说人们对茶的喜爱，二是从茶的煎煮说人们的饮茶习俗，三是就茶的功用说茶能提神醒酒。

茶，自古便是中华文化的瑰宝，每一片茶叶都承载着千年的历史与传承。而在这万千茶品中，茉莉花茶以其独特的芬芳和口感，一直深受茶友们的喜爱。

说到茉莉花茶，不得不提到"张一元"这个老字号。"中国茶业经济年会"发布了《2019中国茶业百强企业榜单》，张一元再次荣膺"中国茶业百强企业"称号，连续13年领跑，成为唯一一家蝉联中国茶业内销榜首的中华老字号。另外，张一元还在2019年老字号传承典范榜单推介活动上荣膺"北京老字号传承品牌"，国家级非物质文化遗产。

（二）任务一：结合张一元老字号茉莉花茶的相关业绩，思考如何做一种好茶。

（原料精选、制茶工艺、正确的冲泡方法）

关于工序极其严格的制茶工艺我们已经观摩和体验过，了解到茉莉花茶要经过摊凉、杀青、揉捻、烘焙、手工造型、烘干等多个流程精制而成。同时，我们也认识到它对于一杯好茶的重要性，除此之外，还有一个重要的条件——原料。

（三）任务二：为张一元茉莉花茶选择原料

阅读资料，小组合作，完成下列思考。

1. 茉莉花植物如何生长？（生物）

运用光合作用等方面的生物学知识，解释茉莉花植物的生长过程。

植物光合作用是一个生物化学过程，是生物界赖以生存的基础。植物光合作用指的是植物吸收光能，将二氧化碳或硫化氢和水转化为有机物，并释放出氧气或氢气的生化过程。植物光合作用又叫作光能合成作用。

光合作用分为光反应、暗反应两个阶段，光合作用所产生的有机物主要是碳水化合物，并释放出能量。植物的光合作用发生在绿色植物的叶绿体、光合细菌内，涉及光吸收、电子传递、光合磷酸化、碳同化等重要反应步骤，有助于调节大气氧平衡，对实现自然界的能量转换、维持大气的碳氧平衡具有重要意义。

植物在同化无机碳化物的同时，把太阳能转变为化学能，储存在所形成的有机化合物中。每年光合作用所同化的太阳能约为人类所需能量的 10 倍。有机物中所存储的化学能，除了供植物本身和全部异养生物用之外，更重要的是可供人类营养和活动的能量来源。

2. 影响茉莉花生长的自然因素哪些？（温度、光照、土壤、水源）

茉莉花生长习性：茉莉花大多喜欢温暖的气候，怕寒冷，不耐霜冻，一旦冬天的气温低于 -3℃时，它的枝叶容易冻伤，通常生长适温为 25℃—33℃。

茉莉花是一种喜光的长日照植物，在直射光下生长效果最好，如光照不足或遮荫效果不佳，茉莉叶片变大变薄，叶色淡绿，生长缓慢。

水分：茉莉既怕旱，又怕涝。若供排水不良时，形成长期积水或干旱，都会影响植株的生长发育。

茉莉花喜欢生长在疏松肥沃的砂质土壤，pH 最适合在 6—6.5。

3. 结合所提供地图（中国地形图、中国降水量分布图、中国温度带图）小组合作，找出适合茉莉花生长的地方，并说明原因

探究活动：选择需要的地图，完成任务。先自主学习，再小组交流：

（1）详细阅读图文资料，在材料中圈画出茉莉花的生长习性对自然环境的要求。

（2）为广西横县选择对应的气温降水量图，并说明其特征。

（3）结合相关地图，小组同学相互交流，说明茉莉花布局在图1所示地区的原因。

我国茉莉花茶四大产区：2018 年我国茉莉花种植总面积达到约 18.7 万亩。我国茉莉花与茶的四大主产区是：广西横县、四川犍为县、福建福州市、云南元江县。其中：广西横县茉莉花种植面积约为 11 万亩，四川犍为种植面积

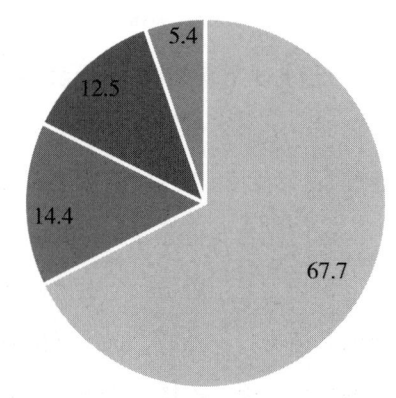

图1 2018 年全国茉莉茶园大产区产量占比

约为 5.5 万亩，福建福州种植面积约为 2 万亩，云南元江种植面积约为 0.5 万亩。

4. 结合图文资料，分析广西横县在茉莉花茶发展方面有哪些优势？

广西横县的茉莉花茶产量约占全国总产量的 68%。是我国最大的茉莉花生产基地，被国家林业局、中国花卉协会命名为"中国茉莉之乡"。广西横县是我国最大的茉莉花茶加工基地、我国最大的花茶批发、交易、集散地。全球知名品牌：星巴克、娃哈哈、统一、康师傅等做饮品的企业，80% 的茉莉花原料来自横县。

在广西横县的茉莉花茶加工基地中，建有先进的、仅次于美国的"茉莉花茶检测中心"，是目前世界上第二大技术含量较高的花茶检测中心。在广西横县，通过搭建"互联网＋茉莉花"的平台模式，相继开展了茉莉花品种园、1000 亩茉莉花生产数字化试点、2000 亩茉莉花一体化试点等建设项目。鼓励茶企进驻"横县电子商务产业园"，提高物流服务水平。并且横县 70% 的茶企都建立了自己的研发机构。

（四）任务三：茉莉花茶生产于南方地区，为何成名是在清明的北京？

当年北京的水质偏硬，水普遍的苦涩不好喝，而茉莉花茶的香气与甜度正好可以将水苦涩的味道盖过去，所以茉莉花茶就成为老北京人的最爱，清明时节慈禧就十分喜欢茉莉花茶，经常将茉莉花茶作为礼物赠送外宾。所以在慈禧掌权的几十年间，茉莉花一度被认为是"国花"。上行下效之间，京城百姓一一跟风，一来二去便传至整个北方。时间一长，喝顺了口，这种习惯就流传下来了。

（五）任务四：如何冲一杯茉莉花茶？（化学）

通过资料学习茉莉花茶富含的化学物质以及不同的温度、茶具、冲泡时间对茶叶冲泡的影响。

七、课堂小结

张一元茉莉花茶，承载着百年传承与创新，它不仅是一类优质的饮品，更是一种文化的传承和情感的寄托。在这个快节奏的时代，不妨慢下来，品一杯茉莉花茶，感受那份来自自然的宁静与美好，在茶香中找到内心的宁静与满足。

八、课堂练习

茉莉喜高温，抗寒性差，25 ℃以上才能孕育花蕾，32℃—37℃是花蕾成熟开放的最适温度，喜光，根系发达。生长旺季要求水分充足，但土壤过湿不利于其根系发育。开花季节，于天黑之前采成熟花蕾，花蕾开放吐香时间从20时左右至次日10时左右，是将茶叶染上花香、制作茉莉花茶的最佳时间。

广西横县种植茉莉历史悠久。改革开放后，茉莉花朵市场需求旺，横县开始扩大茉莉种植规模。1983年，在广西首次举办的菜新花茶评比中横县茉莉花茶一举夺魁。20世纪90年代，我国茉莉花茶生产重心开始从东南沿海地区向横县转移。2000年，横县获"中国茉莉之乡"的称号。目前，横县的茉莉鲜花和茉莉花茶产量占全国总产量80%以上，占世界总产量60%以上。

习题1.广西壮族自治区简称是＿＿＿，其省会是＿＿＿，南部位于五带中的＿＿＿带，横县县城大致位于南宁的＿＿＿方向。

习题2.与江苏、浙江相比，说明横县有利于茉莉生长的气候条件。

通过北京南城京味文化研究帮助学生树立"崇文争先"理念

● 宋智慧

一、选题缘由

北京市前门外国语学校学生自小都生活在北京南城的前门地区，正阳门下是这些孩子们从小嬉戏的场所。"北京南城文化"是长期居住在打磨厂、珠宝市、大栅栏地区的先辈人智慧的结晶，是生于斯长于斯的我们的精神家园。我们的学生对北京南城文化更感兴趣，因此乐于深入挖掘"北京南城文化"以及背后蕴含的中华优秀传统文化、爱国主义、诚实有信以及工匠精神。我们试图利用一系列北京南城文化的研究活动，帮助学生树立"崇文争先"的理念。[1]

北京市前门外国语学校因独特的地理位置，周边具有丰富的社会大课堂资源单位，在研究活动中具有得天独厚的文化资源优势。距学校几十米就是西兴隆街，如图1所示，西兴隆街现在保存着几十家会馆、商号、钱庄和行业工会遗址。

图1 西兴隆街

北京市前门外国语学校西面500米就是大栅栏街鲜鱼口，那里有众多的老字号商业企业和众多的戏楼、剧场，如图2所示。再向西到廊坊头条二条有众多的磨玉作坊（小说《穆斯林的葬礼》的故事就从这里讲起），京绣、毛猴、鬃人、兔爷、风筝等手工艺制作作坊星罗棋布。

图2　大栅栏街

　　学校校门南面就是深沟胡同，如图3所示，那里有梅兰芳曾经的故居；学校向东300米就是原崇文区新开路二十号（因与原东城区新开路重名现在也叫新革路二十号）四合院，如图4所示。

图3　深沟胡同
（以打磨厂为界北部为北深沟南部为南深沟）

图4　新革路二十号

二、背景分析

2020年4月9日,《北京市推进全国文化中心建设中长期规划(2019年—2035年)》发布。其中强调,确定全国文化中心建设"一核一城三带两区"的总体框架,大力传承发展源远流长的古都文化、丰富厚重的红色文化、特色鲜明的京味文化、蓬勃兴起的创新文化,着力做好首都文化这篇大文章,发挥首都全国文化中心示范作用,为建设社会主义文化强国做出应有贡献。[2]

2021年3月25日,清华大学国家遗产中心主任吕舟宣布国家对正阳门区域进行考古发掘。2021年8月27日至9月17日,北京市文物局在正阳门箭楼东南、前门步行街北端东侧、大北照相馆北侧发掘过程中出土一具石雕镇水兽。这使得正阳桥为广大市民所知道。

历史上的正阳桥,位于正阳门箭楼南侧,桥下为护城河。明永乐年间营建北京城时,将元大都城垣北缩南拓。到正统年间,增修了瓮城、箭楼、左右闸楼、疏浚城壕、修建石桥。正阳门由城楼、箭楼、瓮城、石桥、牌楼等组成,箭楼南侧的护城河上,原建有石拱桥,名为正阳桥,桥面分为三路,中为御路。形成了"正阳门前正阳桥,正阳桥下河水绕"的美景。明清时期正阳门外商贾云集,繁华一时,如图5所示。

图5 历史上的正阳门外照片

图6-1、图6-2、图7、图8是明清时期正阳门及正阳门外的图景,至清朝末年,前门外向东铺铁路、建前门火车站,拆除瓮城城墙、填护城河、拆石桥,正阳桥仅保留古桥的部分望柱和护栏。20世纪五六十年代,因改造道路,石桥地面部分被拆除。

图6-1 《康熙南巡图》第十二卷：康熙回銮京师正阳门段

图6-2 《康熙南巡图》第十二卷：康熙回銮京师正阳门段

图7 正阳门箭楼和瓮城未拆除时的图景 　　图8 正阳门西侧护城河未填埋时的图景

正阳门区域的考古发掘乃至北京"中轴线申遗项目"等一系列新闻报道，引发了我们对于北京南城文化的研究兴趣。为此，我们决定带领学生一起研究北京南城京味文化，并试图通过研究北京南城京味文化的研究帮助学生树立"崇文争先"理念。

三、活动目标

前门位于老北京城外城，老北京有"北贵南贱""内尊外卑"的说法，清朝建立以后成为汉族平民的居住区，如图9所示。前门地区与内城相比受满族文化影响相对小，留有大量反映北京古都风貌的文物建筑和历史遗迹，形成了不同于什刹海、南锣鼓巷的胡同文化和四合院文化，及独具前门地区特色的梨园文化，如图10所示。因为地理位置的优越，修建了大量的各省各地区的会馆，形成了前门独特的会馆文化。[3]

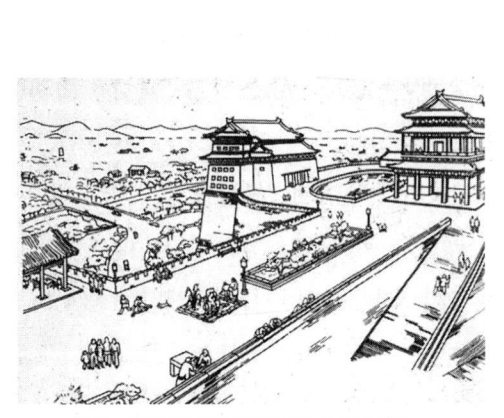

图9 清朝建立后正阳门外成为汉族平民区

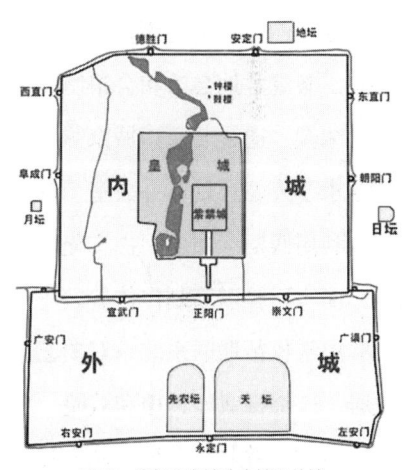

图10 清朝北京城分内城和外城

作为头顶"前门"这一"金字招牌"的前门外国语学校，我们可以通过组织学生参观、游览、走访这些社会大课堂资源，体味北京南城文化特色。从中发现和挖掘中国优秀传统文化，让这一文化的瑰宝在我们这代同学心中生根发芽从而形成"崇文争先"的积极情感。

指导学生以平民的视角考察南城劳动人民生活虽窘困但不乏乐观的庶民文化，及其背后蕴含的团结统一、爱好和平、勤劳勇敢、自强不息的民族精神，从而激发学生产生"崇文争先"的理念。[4]

四、活动流程

1. 产生通过北京南城京味文化研究帮助学生树立"崇文争先"理念活动想法。

2. 通过调查问卷一：学生对北京南城京味文化了解程度。通过调查问卷二：调查学生家长对北京南城京味文化中的逸闻趣事。

3. 通过调查问卷一发现问题，通过调查问卷二找出逸闻趣事背后的中华传统文化和"崇文争先"的理念。

4. 参观走访王麻子刀剪铺、同仁堂药店、全聚德餐厅、便宜坊餐厅、六必居酱菜店、内联升鞋店、天福号酱肉店、瑞蚨祥绸缎庄。

5. 参观前门古文化街，参观新革路二十号、西兴隆街、芦草园、草场1—10条四合院。参观各地会馆和会馆博物馆（原临汾会馆所在地），游览三里河公园。

6. 编撰"通过北京南城京味文化研究帮助学生树立'崇文争先'理念"活动设计，寻求学校德育处、办公室、教务处的支持和帮助。

7. 利用假期参加前门古文化街举办非遗文化体验活动，参与京绣、毛猴、兔爷、风筝、面人、脸谱等制作体验。

8. 由学校帮助联系北京戏曲艺术职业学院"戏曲文化进校园"讲座。参观梅兰芳故居、广德楼戏园、中和戏院、三庆园并欣赏相声和戏曲表演。

9. 对"通过北京南城京味文化研究帮助学生树立'崇文争先'理念"活动材料的汇总、整理、总结，形成"通过北京南城京味文化研究帮助学生树立'崇文争先'理念"活动文字、视频成果。

五、活动过程

1. 通过组织学生参观游览学校周边新革路二十号、西兴隆街、芦草园、草场1—10条四合院，如图11所示。会馆博物馆和各地会馆建筑物及建筑物遗存，让学生对老北京南城四合院有一个感性认识。再指导学生通过文献研究法研究老北京南城四合院的建筑特色，并挖掘在这些老北京南城四合院中生活过的历史名人、发生过

图11　参观南城四合院

哪些历史事件，以及背后所蕴含的中国传统文化之美。

2.通过参观走访挖掘南城大栅栏地区瑞蚨祥、内联升、六必居、王麻子、同仁堂、全聚德等老字号企业，如图12所示。再通过实际交易来体验老字号企业的服务，挖掘老字号企业能够长盛不衰的原因。

3.通过观看戏曲、参观学校南侧的老梅兰芳故居以及大栅栏广德楼戏园、三庆园、广和楼（这三家现在均为德云社剧场）、中和戏园、华乐戏院（后改为大众剧

图12 参观老字号企业

场现已停业），观看相声和戏曲演出。参加学校组织的京剧文化进校园系列活动，如图13所示，让学生对以前很少接触了解的戏曲文化有一个初步感性认识，教师再深入引导学生体会挖掘中国传统戏曲文化背后代表的美学特色，并引申史上起源最早音乐之一的中国民族音乐、中国传统书画、中国古代诗歌背后的意象之美。

4.在教师的指导下，组织学生借助家长资源走访遍布前门地区"燕京八绝"的老工艺美术作坊遗址，探寻"面人郎""泥人张""琢玉四怪"背后的故事。并在教师的带领下利用假期参加前门古文化街举办非遗文化体验活动，实际考察并动手实践京绣、毛猴、脸谱、兔爷、风筝等手工艺制作过程，如图14所示。

六、活动评价

1.通过组织学生对老北京南城四合院的考察活动，我们发现老北京南城四合院在坐落布局上"北屋为尊，两厢次之，倒座为宾，杂屋为附"有着不同于中国其他地区民居的独特的老北京四合院文化。这一布局既有中华传统美学的对称、和谐、规整之美，其背后所代表的父慈子孝、夫唱妇随、事兄以悌、朋交以义中华传统礼制、伦理道德文化内容。[5]

在四合院建筑环境学（堪舆即风水）上老北京四合院根据我国北方风沙大，四合围院防寒防风特点的功能设计；在四合院中的抱柱楹联上集贤哲古训是中华传统文化的先进内容，反映了中国人传统价值观，这里的许多理念与"崇文争先"理念不谋而合。

2.通过组织学生对南城地区百年老字号商业企业的考察，我们总结出其百年不倒、长久不衰的原因，体会到了百年老字号商业企业待人以诚、交友以义、货真价实、诚信经营、童叟无欺。[6]

3.通过组织学生对南城地区戏楼、戏曲文化的考察，我们研究了以梅兰芳为代表的中国戏剧体系（与斯坦尼斯拉夫斯基体系、布莱希特体系并称为世界三大戏剧体系），并进一步拓展到中国传统艺术的多个门类。

研究作为东方造型艺术核心的中国画、研究作为世界文学宝库中璀璨明珠的中国古代诗歌、研究作为史上起源最早音乐之一的中国民族音乐。考察中国戏曲、绘

图 13 京剧文化进校园

图 14 动手实践京绣、毛猴、脸谱、兔爷、风筝等手工艺制作

画、建筑在古代世界的地位，明确中国艺术处于东方文化核心的地位以及对亚洲文化圈和世界文化的影响。我们体会到以梅兰芳、齐白石、于是之、新凤霞等艺术家为代表的北京人民长期以来在实践过程中形成的"爱国、创新、包容、厚德"的"北京精神"和领先于世界两千年的文化艺术，帮助学生树立"崇文争先"理念。

4.通过组织学生参加前门地区"非遗文化"体验活动，我们体会到在后工业时代，传统技艺老工匠虽淡出生活，但传统技艺中所饱含着的"敬业乐群、忠于职守、精益求精、执着坚持、突破创新"的中华民族传统美德，和"执事敬""事思敬""修己以敬"等从前门非遗文化中传递出来的大国工匠精神，也是"崇文争先"理念所包含的内涵。

注释

[1] 王勇.京味文化［M］.北京：时事出版社，2008.

[2] 北京市推进全国文化中心建设领导小组.北京市推进全国文化中心建设中长期规划（2019年—2035年）［S/OL］.（2020-04-09）［2022-10-19］.https://www.beijing.gov.cn/zhengce/gfxwi/t20200409_1798426.html.

[3] 宋卫忠.民俗北京［M］.北京：旅游教育出版社，2005.

[4] 艾君.概述北京优秀传统文化的内涵［J］.工会博览，2019（14）.

[5] 李淑兰.京味文化史论［M］.北京：首都师范大学出版社，2009.

[6] 常人春.老北京风俗［M］.北京：北京燕山出版社，1996.

家庭网络设计

● 肖 琳

一、背景分析

本案例是计算机网络相关内容的设计，参照 2022 年新课标和相关教学指导意见，进行相关方案教学设计。在设计过程中，参考了网络资源，困扰在于，计算机网络基础知识讲解程度应该是怎样的？ IP 地址要不要让学生达到会计算的程度？网络的分类讲几种合适？计算机网络的发展史是否作为重点讲解？互联的的应用是把双刃剑，如何让学生学会甄别使用？考虑到以上相关内容设计本活动方案，让学生设计一个家庭网络，在设计中得以更加清晰地认知网络的相关概念。

七年级的学生对互联网的使用并不陌生，但是对互联网的构成以及由来却并不熟悉。当然，大多数学生使用互联网更多的是休闲娱乐，那么教会学生如何更好地甄别网络信息，如何更好地适度游戏娱乐，应该是课程的侧重点。基于以上考虑，希望学生在家庭网络设计过程中能够全面了解网络的相关知识。

二、活动目标

在家庭网络的设计过程中，全面了解网络相关基础知识。能够达到自主学习的目的。

三、活动流程

如图 1 所示：

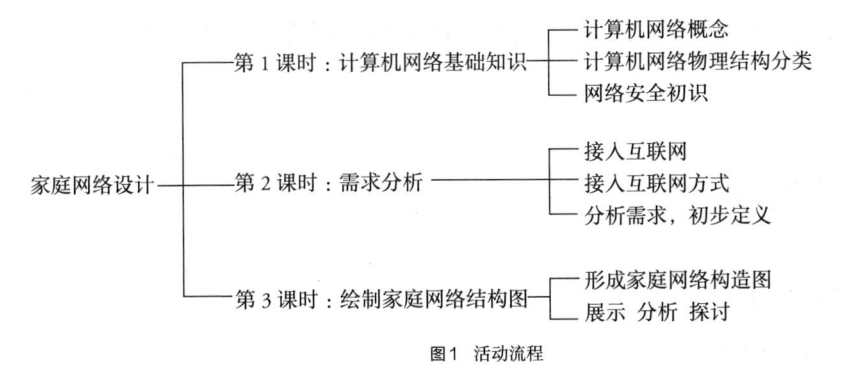

```
                    ┌─ 第 1 课时：计算机网络基础知识 ─┬─ 计算机网络概念
                    │                              ├─ 计算机网络物理结构分类
                    │                              └─ 网络安全初识
                    │
家庭网络设计 ───────┼─ 第 2 课时：需求分析 ─────────┬─ 接入互联网
                    │                              ├─ 接入互联网方式
                    │                              └─ 分析需求，初步定义
                    │
                    └─ 第 3 课时：绘制家庭网络结构图 ┬─ 形成家庭网络构造图
                                                    └─ 展示 分析 探讨
```

图 1 活动流程

四、活动过程

首先，学习了解计算机网络相关知识。其次，学生分析自己家里的网络相关情况。最后，学生绘制一张自己家里的网络结构图进行分享、展示。

五、活动评价

如表 1 所示：

表 1 活动评价

组网方式	是否合理使用相应网络组网形式
网络结构	能够表现出完整的网络结构
实用性	具有一定实用性

六、活动创新（亮点、特色）

本活动本着让学生在学习了解网络相关知识的基础上，观察思考自己家里的网络结构布局。实地考察后，运用所学设计一个相对合理的家庭网络结构。

七、教学设计

（一）教学内容

1. 计算机网络概念。
2. 计算机网络物理结构分类。
3. 网络安全相关知识。
4. 接入互联网的方式。

（二）教学目标

1. 掌握计算机网络相关概念。
2. 能够说出计算机网络的分类并能够举例说明计算机网络类别。
3. 通过举例说明计算机网络的实际应用，感受网络带给我们的便利。
4. 了解 IP 地址与域名之间的关系。
5. 了解计算机网络的物理结构。
6. 了解接入互联网的方式。

（三）教学重难点

教学重点：

1. 了解计算机网络的物理结构。
2. 了解接入互联网的方式。

教学难点：

了解计算机网络的物理结构。

（四）教学准备

1. 相关基础知识教学。

2. 家庭网络结构图展示。

（五）教学过程

1. 导入

【教师活动】展示一段关于日常使用计算机网络发展历程的视频，并安排学生观看完视频后进行讨论。

【教师提问】通过刚刚的讨论，你能否告诉我们什么是计算机网络呢？

【学生活动】小组讨论，回答问题。

【学生回答】计算机网络就是通过连接不同的设备，发送信息的结构。

【设计意图】通过学生的总结引出学习重点。

2. 新课

【教师活动】讲解计算机网络的概念。计算机网络是将地理位置不同并具有独立功能的多个计算机系统通过通信线路互连在一起，在网络软件管理下实现网络资源共享和相互通信的整个系统。

【教师设问】那计算机网络的基本功能和主要特点，同学们可以通过自己组织语言总结出来吗？

【学生活动】独立思考，同时记录。

【教师总结】计算机网络的基本功能和主要特点是：数据通信和资源共享。

【教师活动】根据计算机网络特点，展示选择题，请同学回答。

【学生活动】对问题进行作答。

【设计意图】加深基本概念的记忆。

【教师提问】在当今社会我们生活、学习都离不开网络，生活中常见的网络都有哪些呢？

【学生回答】移动网络、Wi-Fi、校园网。

【教师提问】大家在学校可以连上家里的 Wi-Fi 吗？

【学生回答】不能，在学校只能连上学校内部的网络。

【教师总结】之所以连不上，是因为超出了网络的覆盖范围，根据覆盖范围可以分为不同的网络。不同网络具有什么样的特点呢？带着这样的问题一起来学习"计算机网络的分类"。接下来请同学们观察屏幕上的表格。尝试着总结出按照覆盖范围进行的网络分类。

【学生活动】总结并完成课堂笔记。

【教师活动】给出课堂练习题：

1. 随机说几个实际生活中的例子，由学生判断属于哪一类网络。

（1）家中的 Wi-Fi。（局域网）

（2）Internet。（互联网）

（3）银行专用内网。（广域网）

（4）一个城市的政府公务网。（城域网）

2. 计算机网络按距离分为哪几类？

A. 局域网　　B. 城域网　　C. 广域网　　D. 互联网

3. 你还能举例谈一谈生活中所用到的网络吗？按照传输范围分，属于哪类网络吗？

【学生活动】完成课堂练习。

【教师总结】局域网的组网成本低、应用广、组网方便、使用灵活，因此它深受使用者的欢迎。

【教师提问】请同学谈一谈：你是如何正确使用互联网的呢？

【学生讨论】按时、按需使用等。

【教师总结】合理利用网络资源，正确使用网络学习资源，提升自己。

注意保护自己的信息安全。

合理规划网络娱乐时间。

学会辨别，有选择地使用网络。

3. 课堂小结

【教师提问】什么是计算机网络？

【学生回答】计算机网络是将地理位置不同并具有独立功能的多个计算机系统通过通信线路互连在一起，在网络软件管理下实现网络资源共享和相互通信的整个系统。

【教师提问】网络连接的基本功能和主要特点是什么？

【学生回答】数据通信，资源共享。

【教师提问】计算机网络按覆盖范围分为哪几类？

【学生回答】局域网、城域网、广域网、互联网。

4. 课后任务

（1）请同学们回家实地考察自己家里的网络构造，思考有哪些需要改进的。

（2）根据自己的分析绘制出自己家里的网络结构图，可以根据所学适当更改。

（六）教学实施效果

本活动能够激发学生的观察与创作兴趣。在活动的过程中使学生更进一步地学习到网络的相关知识点。因为是将课堂上所学内容运用到家庭实际使用当中，学生的学习兴趣非常浓厚。真正做到学有所得，学以致用。课堂外也能感受到学生的创作热情，经常会有学生问"老师您知道我家的网络是怎样的吗？""老师，您说我家网络如果这样设置，我上网是不是就更快了？"等等。让课堂内容在家庭生活中得以体现是一件非常奇妙的事儿。当然，课堂时间有限，留给孩子们探讨的时间有限，如果可以将会给出更多的时间，让这项活动更加完善、更加充实。